Conectando-se com os Arcturianos 2

Transformação Planetária por uma Perspectiva Galáctica

Canalizado por David K. Miller

Conectando-se com os Arcturianos 2

Transformação Planetária por uma Perspectiva Galáctica

Tradução:
Bianca Rocha

MADRAS®

Publicado originalmente em inglês sob o título *Connecting with the Arcturians 2*, por Light Technology Publishing.
© 2017, Light Techiology Publishing.
Direitos de edição para todos os países de língua portuguesa.
Tradução autorizada do inglês.
© 2024, Madras Editora Ltda.

Editor:
Wagner Veneziani Costa (*in memoriam*)

Produção e Capa:
Equipe Técnica Madras

Tradução:
Bianca Rocha

Revisão da Tradução:
Karina Gercke

Revisão:
Jerônimo Feitosa
Maria Cristina Scomparini

**Dados Internacionais de Catalogação na Publicação (CIP)
(Câmara Brasileira do Livro, SP, Brasil)**

Miller, David K.
Conectando-se com os Arcturianos 2:
transformação planetária por uma perspectiva galáctica / David K. Miller ; [tradução Bianca Rocha]. -- São Paulo : Madras, 2024.
Título original: Connecting with the arcturians 2

ISBN 978-65-5620-039-2

1. Canalização 2. Encontros humanos-extraterrestres 3. Objetos aéreos não identificados 4. Vida em outros planetas I. Título.
22-103136   CDD-133.9

Índices para catálogo sistemático:
1. Conexão arcturiana 133.9
Cibele Maria Dias - Bibliotecária - CRB-8/9427

É proibida a reprodução total ou parcial desta obra, de qualquer forma ou por qualquer meio eletrônico, mecânico, inclusive por meio de processos xerográficos, incluindo ainda o uso da internet, sem a permissão expressa da Madras Editora, na pessoa de seu editor (Lei nº 9.610, de 19/2/1998).

Todos os direitos desta edição, em língua portuguesa, reservados pela

MADRAS EDITORA LTDA.
Rua Paulo Gonçalves, 88 – Santana
CEP: 02403-020 – São Paulo/SP
Tel.: (11) 2281-5555 – (11) 98128-7754
www.madras.com.br

Outras publicações de David K. Miller

Conectando-se com os Arcturianos (Madras Editora)
Teachings from the Sacred Triangle, Volume 1
Teachings from the Sacred Triangle, Volume 2
Teachings from the Sacred Triangle, Volume 3
New Spiritual Technology for the Fifth-Dimensional Earth
A Cabala e a Ascensão (Madras Editora)
Raising the Spiritual Light Quotient
Biorelativity
Arcturians: How to Heal, Ascend, and Help Planet Earth
A New Tree of Life for Planetary Ascension
Enseñanzas del Sagrado Triángulo Arcturiano
Fifth-Dimensional Soul Psychology
Expand Your Consciousness

Índice

Prefácio 14

Capítulo 1
Atualizações sobre a Ascensão 16
Juliano e os arcturianos
    As Ascensões de Elias, Enoque e Jesus 16
    A Energia em Grupo Ajudará Seu Corpo e Sua Mente
    a Ascenderem Juntos 17
    Merkabah: Seu Veículo para Outros Reinos 19
    Tremulação e Pulsação no Processo Energético 20
    Como Levar Seu Corpo para a Quinta Dimensão 23
    A Percepção Superior do Ponto de Encaixe 22
    Meditação da Luz Ômega 24
    Ferramentas para Receber a Luz da Quinta Dimensão 26

Capítulo 2
Compreendendo Todo o Universo
com a Tecnologia Holográfica 29
Juliano, os arcturianos e Helio-ah
    Acessar o Espectro Completo do Prisma Holográfico 30
    Catástrofes São Dramas Cósmicos 30
    Vocês Podem Acessar Todas as Dimensões
    com Imagens Holográficas 32
    Usar a Geometria Fractal para Acessar
    a Natureza Holográfica da Terra 33

Os Traumas Passados Interagem com o Presente
e o Futuro 35
Meditação do Teatro de Cura para Unificar
o Presente e o Futuro 37

Capítulo 3
Evolução Planetária pela Perspectiva Galáctica 40
Juliano e os arcturianos
    Desenvolvimento Planetário 42
    Jesus nas Plêiades 43
    Sua Frequência de Luz Espiritual 45
    Dominação da Terceira Dimensão 47
    As Sementes Estelares Se Unirão 48

Capítulo 4
A Consciência e a Noosfera 51
Juliano, os arcturianos e Arcanjo Miguel
    Tornando Viral 51
    Interferência Cármica e Entrelaçamento 52
    Repelir Vibrações Inferiores 54
    A Energia Noosférica Coletiva 56
    A Força da Espada do Arcanjo Miguel 56
    O Poder das Pessoas Espiritualizadas 57
    Protejam-Se das Energias Inferiores 58
    Abrindo a Consciência Galáctica 60
    Conectar-Se e Comunicar-Se com a Constelação
    de Pensamento 61
    Reunir a Energia de *Geburah* 63

Capítulo 5
A Biorrelatividade e o Efeito Borboleta 65
Juliano e os arcturianos
    Acontecimentos Que Parecem Ser ao Acaso Não O São .. 66
    Vocês Podem Mudar e Curar as Consequências 67
    Sete Princípios para Maximizar Seu Efeito 68
    Como Usar os Princípios 69
    Elevar-Se e Conectar-Se com os 12 Cristais Etéricos 74

Capítulo 6
**Como a Biorrelatividade Pode Influenciar
a Humanidade** 76
Juliano e os arcturianos
    Como as IdeiasSse Propagam..77
    Seres Que Criaram Drama Cósmico Estão Pagando
    Seu Débito Cármico...77
    O Conflito Religioso Impede a Próxima Etapa Evolutiva
    da Humanidade..79
    É o Momento de uma Intervenção Pacífica em Massa........80
    Usem a Energia Arcana para Influenciar
    Pessoas Poderosas 82
    Criem um Campo Energético de Consciência
    Unificada com uma Intervenção Messiânica Planetária......83
    Anel da Ascensão...84
    Meditação para Aceitar a Esfera de Luz Dourada
    no Anel da Ascensão 85

Capítulo 7
A Intersecção das Dimensões..88
Juliano, os arcturianos e Arcanjo Metatron
    A Terceira Dimensão Foi Criada para
    o Desenvolvimento da Alma..90
    A Interpretação dos Ensinamentos de Jesus.......................91
    É um Trabalho Difícil Interpretar Informações
    da Quinta Dimensão..93
    O Gene da Ascensão..96

Capítulo 8
Tudo sobre Tremulação..99
Juliano e os arcturianos
    Entendam Sua Aura...100
    Acostumem-Se com a Pulsação da Sua Aura......................102
    Os Benefícios de Utilizar Pedras Taquiônicas 104
    Tremulem para Além de Si Mesmos....................................105
    Usem o Som para Aumentar a Tremulação........................107

Teletransportem-Se pela Projeção do Pensamento............108
Trabalhem com Corredores de Luz e com
Sua Presença Multidimensional..109

Capítulo 9
As Leis da Consciência..113
Juliano e os arcturianos
    A Consciência Influencia a Matéria Física....................114
    As Leis..115
    Controle da Consciência..118
    Desenvolvendo uma Relação com
    a Consciência da Terra..120
    Viagem *Merkabah*..122

Capítulo 10
**Comunicação entre os Membros
do Conselho Supergaláctico**..126
Mestre ascensionado Heylang
    A Tecnologia do Povo Azul...127
    A Força Destrutiva dos Lirianos.....................................128
    Os Galatianos...129
    O Conselho de Andrômeda Dá as Boas-Vindas.............130
    Previsões...131

Capítulo 11
Antropologia Cultural Galáctica...134
Mestre ascensionado Gurhan
    Civilizações com Similaridades com a Terra...............135
    Planetas Paralelos Existem, mas Cada Um é Único......136
    Desenvolvimentos Espirituais e Tecnológicos Devem Ser
    Combinados para Avançar ao Próximo Estágio............137
    A Busca pelo Motivo de Algumas Evoluções
    Planetárias Fracassarem..138
    Diferenças entre Andrômeda e a Via Láctea................140

Capítulo 12
Espiritualidade Galáctica 142
Juliano e os arcturianos
    O Triângulo Sagrado 143
    Dois Novos Conceitos na Espiritualidade Galáctica 144

Capítulo 13
Consciência Cósmica 146
Juliano, os arcturianos, Vywamus e Arcanjo Miguel
    Dualidade e Polarização 146
    Consciência da Unidade e a Biosfera 148
    Consciência da Unidade e a Psique Humana 151
    Consciência da Unidade e Outras Dimensões 156
    Consciência da Unidade e o Tempo 158
    Consciência da Unidade e *Yechudim* 159

Capítulo 14
Aceitem a Espiritualidade Galáctica 161
Juliano e os arcturianos
    O Centro da Via Láctea 162
    A Família Estelar na Espiritualidade Galáctica 163
    Interação Multidimensional 164
    A Graduação da Terra 166
    Abram as Portas da Percepção para Multiplicar
    Suas Habilidades Psíquicas 168

Capítulo 15
**Consolidar a Luz da Quinta Dimensão
em Momentos de Escuridão** 171
Juliano e os arcturianos
    Meditação da Consciência da Unidade 172

Capítulo 16
Consciência Expandida e Energia de Cura Quântica 175
Juliano e os arcturianos
    A Origem e o Dom da Consciência 176
    Para Acessar a Consciência Expandida, Certas Necessidades
    Devem Ser Atendidas 176

A Quinta Dimensão é Habitada por Pessoas
com Consciência Expandida 178
Experiências de Pico Fazem Parte da Próxima
Etapa Evolutiva da Humanidade 179
O Pensamento é uma Partícula Quântica 182
Para Que a Cura Quântica Funcione,
Vocês Devem Acreditar 182

Capítulo 17
As Câmaras de Cura 185
Helio-ah, Juliano, os arcturianos e Maria, mãe de Deus
Eliminem Retroativamente a Doença
com a Cura Holográfica 186
Técnica de Purificação da Aura de Helio-ah 186
Conduzam Seu Corpo de Luz até
Seu Corpo Físico Terrestre 189

Capítulo 18
Os Princípios da Cura Holográfica Planetária e Pessoal 192
Helio-ah e os arcturianos
A Importância da Permeabilidade 193
Encontrar um Ponto de Efeito Máximo 194
Criar Novos Portais Multidimensionais 196
Cura Holográfica Pessoal 199

Capítulo 19
**Mantenham Seus Campos Energéticos
com a Tecnologia Espiritual** 202
Juliano e os arcturianos
Quando as Galáxias Se Colidem 203
Retrocesso do Seu Processo Evolutivo 205
Campos Energéticos Sutis dos Seres Humanos 206
Meditação para a Atualização do Campo Energético 208
A Terra Está Lutando por Equilíbrio 209
Usem Ferramentas Espirituais para Manter
Seu Campo Energético 210

Capítulo 20
Consciência da Quinta Dimensão 213
Juliano e os arcturianos
    O Corpo Emocional..214
    Equanimidade Como uma Forma de Desapego Superior...215
    Consciência Egocêntrica e Proteger as Vulnerabilidades....217
    A Empatia é uma Vulnerabilidade com Vantagens...........218
    Formação Cultural e Sensibilidade......................................219
    Vocês São Receptáculos de Luz...221
    Descubram uma Consciência do Novo Mundo 221
    A Manifestação Segue a Consciência..................................222

Capítulo 21
Ferramentas para a Mudança Dimensional 225
Juliano e os arcturianos
    A Intersecção das Dimensões..226
    Tremulem para Aumentar Seu Poder Espiritual................227
    O Exercício do Ovo Cósmico...230
    Mudança Dimensional e os Quatro Corpos 233

Capítulo 22
Os Quatro Mundos Energéticos..236
Juliano e os arcturianos
    O Mundo Mental 237
    O Mundo Emocional...238
    Meditação para Resolver Problemas na Quinta Dimensão....240
    O Mundo Físico 242
    O Mundo Espiritual..243
    Cura Sinergética 245

Capítulo 23
A Experiência do Portal Estelar Arcturiano..............................247
Juliano e os arcturianos
    Seu Planeta Natal 249
    Oportunidades de Ascensão..
    A Intersecção da Terceira Dimensão

e da Quinta Dimensão..252
Vocês Contarão com Ajuda para
Elevar Sua Vibração...253
Meditação do Portal Estelar 254

Capítulo 24
**A Intervenção Humana Pode Ajudar
a Reequilibrar a Terra**..256
Juliano e os arcturianos
Meridianos no Corpo Humano...257
Fluxo de Energia da Terra...259
Conduzir Cerimônias Sagradas..261
Construir Estruturas Sagradas..263
Usar a Ponte do Sistema de Meridianos 264
Dançar na Chuva..265
Ativar o Anel da Ascensão..266

Glossário...268

Prefácio

Esta sequência de *Conectando-se com os Arcturianos*, que foi originalmente publicado em 1998 e vendeu mais de 15 mil exemplares, contém os últimos ensinamentos canalizados de Juliano, meu principal guia espiritual dos arcturianos, bem como exposições especiais de dois guias espirituais andromedanos, Heylang e Gurhan.

Este livro abrange uma ampla variedade de assuntos, incluindo acolher a espiritualidade galáctica e a evolução planetária, pensamentos arcturianos a partir de uma perspectiva da quinta dimensão na Terra, a técnica de evolução da aura conhecida como tremulação e a consciência da unidade.

Os ensinamentos de Juliano sempre se concentraram na cura pessoal e planetária e na ascensão, e este volume apresenta as informações mais atualizadas disponíveis sobre a ascensão, incluindo novas tecnologias espirituais para auxiliar o processo. As exposições especiais tratam da natureza da consciência e de como ela está ligada à ascensão. Os exercícios espirituais oferecem instruções específicas sobre como trabalhar com o campo energético da Terra, a aura e a noosfera e fazer a transição da consciência da terceira dimensão para dimensões superiores por meio da mudança.

Os arcturianos ensinam que uma das chaves para a ascensão consiste em como treinamos e usamos nossa aura. Eles explicam a tecnologia espiritual de cura planetária conhecida como biorrelatividade e discutem sobre trabalhar com novas técnicas quânticas e cura global e com a consciência cósmica.

Se vocês gostaram de *Conectando-se com os Arcturianos*, apreciarão este livro, especialmente porque estas exposições têm como foco principal os ensinamentos de Juliano e dos arcturianos. Se vocês ainda não leram o primeiro livro, não se preocupem. Este livro pode ser lido de maneira independente, e todas as sementes estelares que estão comprometidas com o trabalho de ascensão planetária e pessoal compreenderão as técnicas contidas nele e se beneficiarão com elas.

David K. Miller
Prescott, Arizona

Capítulo 1

Atualizações sobre a Ascensão

Juliano e os arcturianos

Saudações. Eu sou Juliano. Nós somos os arcturianos. Nesta exposição, vamos analisar a ascensão e detalhar suas tecnologias. Existem alguns pontos importantes sobre a ascensão que precisam ser explicados, e outros que precisam ser repetidos. Além disso, existem informações novas que são relevantes para seu processo de ascensão, e espero que vocês compreendam que estão nesse processo agora. Isso em si é uma parte importante do seu trabalho para a ascensão.

Vocês sabem que existe uma necessidade de se unir nos níveis emocional, mental, físico e espiritual. Um aspecto importante é trabalhar com seus sistemas de crenças. Quando vocês estão no processo de ascensão, também precisam ter seu corpo mental alinhado com esse processo. Isso requer uma expansão do seu sistema de crenças, a fim de incluir a existência da quinta dimensão e a ideia de que vocês, como seres da terceira dimensão, são capazes de se transferir para a quinta dimensão.

As Ascensões de Elias, Enoque e Jesus

Existem diversos exemplos ao longo da história de pessoas que ascenderam, mas não há evidência clara de uma ascensão em grupo. Vocês estão participando, em seu processo de ascensão, de uma energia em grupo. Essa ascensão envolverá muitas pessoas ascendendo.

Essa ascensão é diferente das ascensões de Elias ou Enoque na Bíblia hebraica e até mesmo de Sananda/Jesus. Cada uma dessas ascensões é um exemplo que precisa ser analisado, pois elas possuem lições importantes para seu próprio processo.

Começarei por Sananda/Jesus, pois ele ilustrou um processo muito dinâmico. Ele concordou em morrer, ao passo que, em seu processo de ascensão, vocês não vão morrer. Vocês serão imediatamente transformados na quinta dimensão superior. Sananda/Jesus adiou sua ascensão por aproximadamente três dias, e então pôde conduzir seu corpo para a quinta dimensão.

Elias ascendeu, mas não esperou três dias. Ele conduziu seu corpo imediatamente para a quinta dimensão. Foi descrito que suas roupas ficaram para trás. Enoque ascendeu, e espera-se que todos vocês estejam familiarizados com as Chaves de Enoque e com a versão moderna delas proveniente do grande mestre espiritual J. J. Hurtak. A descrição da ascensão de Enoque na Bíblia hebraica é resumida nesta frase: "Deus levou Enoque, e ele caminhou com Deus e não apareceu mais".[1]

Neste ponto, novamente, há o exemplo do mestre ascendendo e levando seu corpo. Apesar de Sananda/Jesus não ter levado seu corpo imediatamente, ele, por fim, ascendeu. Aqui, temos um ponto importante: para ascender, vocês precisam levar seu corpo. Esta é a parte que acredito que será a mais problemática ou difícil para muitos de vocês.

A Energia em Grupo Ajudará Seu Corpo e Sua Mente a Ascenderem Juntos

Acredito que todos vocês estão avançados em seu trabalho de luz e sei que, quando chegar o momento da ascensão, não terão problema nenhum em permitir que seu espírito flua para a quinta dimensão. Isso será fácil. Sei que vocês têm trabalhado com tecnologias e exercícios espirituais arcturianos, que incluem a tremulação, a projeção do pensamento e a bilocação. Praticar essas técnicas, pelo menos um

---

1. Rabbi Menachem Davis (ed.). *Interlinear Chumash: the Torah, Haftaros and Five Megillos*, Vol. 1. Mesorah Publications, 2006, p. 28.

pouco, será de grande ajuda a vocês. É claro que é sempre proveitoso continuar com essas práticas, de modo que possam ascender imediatamente quando o momento chegar.

Enviar o corpo para a quinta dimensão requer diferentes explicações e diferentes tecnologias. Uma das principais ideias e afirmações factuais é que, de alguma forma, vocês devem transmutar sua energia da terceira dimensão para a quinta dimensão. Vocês devem fazer isso de modo que seu corpo desapareça. Nos templos egípcios antigos, foram realizados estudos sobre como transmutar e transportar o corpo físico. Eu gostaria de analisar algumas dessas práticas, porque é importante que vocês ascendam tanto em seu espírito quanto em seu corpo. O motivo disso é que, se seu corpo ficar para trás e vocês ascenderem, poderão permanecer ainda no ciclo de reencarnação da Terra. Isso significa que vocês poderão ter de retornar à Terra.

Alguns de vocês estiveram neste planeta anteriormente como sementes estelares e passaram pela ascensão, mas tiveram esse mesmo problema de conduzir seu corpo físico para a quinta dimensão. As tecnologias e o conhecimento sobre como ascender foram aprimorados. A tecnologia mais recente da ascensão está mais disponível a vocês neste momento.

Vocês contam com diversos apoios importantes para ajudá-los em sua ascensão atualmente. Um dos principais apoios é que este é um grupo de ascensão, o que significa que vocês estão se unindo a um campo energético em grupo que os fortalecerá de uma maneira mais dinâmica. A ascensão individual é mais difícil e requer praticantes avançados, como Enoque, Elias e Jesus – praticantes espirituais e profetas –, ascendendo por si mesmos. Eles não estiveram na energia de ascensão em grupo na terceira dimensão. Para ascender individualmente, vocês precisam estar mais avançados de maneira espiritual e técnica.

Vocês podem não estar no nível desses três mestres, mas possuem uma nítida vantagem, pois estão se conectando com uma energia em grupo que lhes permitirá acelerar e intensificar seus próprios poderes espirituais. É por esse motivo que falamos sobre o quociente de luz espiritual em relação à energia em grupo. Vocês estão elevando sua vibração espiritual por meio da prática em grupo. Ao elevar sua vibração espiritual, vocês aumentam suas habilidades psíquicas. Na realidade, a ascensão do corpo físico requer um poder psíquico. Isso pode ser chamado de poder da telecinesia, que é uma palavra sofisticada para descrever o ato de mover objetos na terceira dimensão para diferentes localidades usando pensamentos.

Na verdade, para a ascensão, estamos falando sobre mover o corpo para uma dimensão diferente. A ascensão é uma forma de telecinesia. Ela é uma forma de bilocação. Quando vocês se conectam com a energia em grupo, possuem poderes que excedem suas habilidades normais.

Merkabah: Seu Veículo para Outros Reinos

Permitam-me retornar ao Antigo Egito e à prática conhecida como *Merkabah* ou *Merkavah*. É importante destacar que a origem da palavra *Merkabah* vem tanto do hebraico antigo quanto do egípcio antigo e se refere a uma carruagem. A carruagem foi um meio de transporte no Antigo Egito e no Antigo Israel. Seria natural que um objeto como uma carruagem fosse utilizado nas visualizações para ir de uma dimensão para outra.

Isso não significa que vocês devem visualizar uma carruagem, mas podem fazer isso se quiserem. Apenas quero destacar o significado histórico da viagem *Merkabah*, pois ela utiliza simbolismo e visualizações de tempos antigos. Vocês podem achar isso surpreendente, mas também é verdade que seu veículo *Merkabah* poderia ser um Toyota Camry! Ou seu veículo *Merkabah* poderia ser uma nave espacial ou um satélite. Além disso, ele pode ser uma pirâmide ou uma cápsula envolta em um cristal que os conduz a outros reinos.

A segunda ideia dessa visualização pode incluir nossas próprias naves espaciais, principalmente a nave espacial Athena. Transportar o corpo requer um trabalho espiritual extensivo, que envolve a interação do seu campo energético na quinta dimensão com o campo energético na terceira dimensão. Visualizar uma nave espacial em outra dimensão pode ajudá-los em seu processo mental.

Até mesmo na quinta dimensão, quando viajamos e trabalhamos, usamos visualizações. Não é incomum para o trabalho da quinta dimensão, bem como para seus mestres e mentores, viajar interdimensionalmente. Na quinta dimensão, ainda utilizamos algum tipo de objeto de transporte, como um veículo espacial. Por qual motivo? Vocês ainda têm uma mente na quinta dimensão. Vocês ainda se lembram de muitas das coisas que tiveram de fazer para viajar quando estavam na terceira dimensão. Parece lógico usar algum tipo de veículo para se transportar. É especialmente lógico quando vocês saem da terceira dimensão para a quinta dimensão, porque isso ajuda sua mente a compreender o que vocês estão fazendo. Então, vocês colocam toda a sua energia – emocional, física, espiritual e mental – nesse veículo *Merkabah*. Vocês sentem o veículo acelerando, e sentem-se subindo na nave espacial; na nave espacial, vocês podem ir para a quinta dimensão ou estar na quinta dimensão. Essa é uma visualização.

Tremulação e Pulsação no Processo Energético

Vamos observar novamente todo esse processo energético. A ideia de transformar sua energia física em uma energia da quinta dimensão é alcançada pela aceleração rápida da sua aura. Nós nos referimos a esse processo de aceleração rápida como "tremulação" ou "pulsação". Recomendamos que vocês pratiquem as técnicas de tremulação e pulsação a fim de se prepararem para sua ascensão. Esses exercícios requerem que vocês visualizem sua aura com uma linha ao redor dela que delimita seu revestimento exterior. Essa linha possui um movimento pulsante similar ao do seu coração. No entanto, sua pulsação física deve se manter em uma determinada variação, mas a pulsação da sua aura pode ter uma variação muito elevada. Se sua pulsação cardíaca ultrapassar uma determinada variação, vocês correm o risco de ter um AVC ou um ataque cardíaco. Esse não é o caso com a variação de pulsação da sua aura.

No mundo da energia áurica, elevar a variação de vibração ou pulsação é um bom sinal de vivenciar uma vibração superior. Quando sua aura começa a pulsar cada vez mais rápido, vocês estão aumentando sua energia espiritual. Também estão começando a vibrar a uma frequência que está mais alinhada com a frequência da quinta dimensão. A quinta dimensão como um todo vibra mais rapidamente. Vocês precisam estar em uma frequência superior para entrar na quinta dimensão. Se vocês desejam permanecer na quinta dimensão no ponto de ascensão, devem levar seu corpo. Isso já se sabe, mas vocês não recebem frequentemente instruções específicas de como fazer isso.

Como Levar Seu Corpo para a Quinta Dimensão

As primeiras instruções sobre como levar seu corpo têm dois aspectos, e vocês possuem opções: podem colocar seu corpo em um veículo *Merkabah* de sua escolha. A segunda alternativa, tão eficiente quanto a primeira, não envolve um *Merkabah*, pois vocês podem sentir que conseguem simplesmente se bilocar pelo pensamento. Em ambos os casos, vocês começarão a acelerar a pulsação da sua aura na ascensão. Conduzirão sua aura até a vibração mais alta possível. Então, no ponto de ascensão, há uma interação ou intersecção da energia da quinta dimensão com sua aura da terceira dimensão.

Quando essa intersecção ocorrer, vocês podem trabalhar em seu *Merkabah* ou por meio da tremulação ou pulsação. Contudo, podem ainda não conseguir ascender sem auxílio. Se vocês conseguissem fazer isso sozinhos, ao simplesmente elevar sua vibração, muitos de vocês já teriam ascendido. Isso significa que existe uma determinada força, resistência ou atração gravitacional na terceira dimensão que os mantém aqui. Isso é natural. É difícil nascer aqui, e é difícil partir.

Não será simples ascender. Primeiramente, vocês aceleram seu campo energético e, depois traduzem, ou movimentam, sua energia até a quinta dimensão. O componente que está faltando para sua ascensão é a intersecção da quinta dimensão e da terceira dimensão, que configurará o anúncio da ascensão. Nessa intersecção, uma enorme onda de energia se espalhará por todo o planeta. Em alguns casos, essa transmissão de energia criará um som especial que tem sido denominado de sopro da trombeta de Gabriel. Nem mesmo o sopro de um trompete ou de uma trombeta consegue explicar totalmente como se pareceria o som da ascensão. Posso dizer que vocês nunca escutaram esse som anteriormente, mas, quando o escutarem, saberão exatamente o que fazer.

Assim como o som, a intersecção das dimensões causará uma transmissão de energia da quinta dimensão para seu corpo da terceira dimensão, e vocês começarão a ter todas as suas habilidades psíquicas aprimoradas. Isso acontecerá imediatamente. Será como se alguém tivesse lhes dado uma injeção de esteroide e subitamente vocês conseguissem levantar duas vezes mais o peso que normalmente conseguiriam.

O som da ascensão é como a injeção de esteroide no sentido de que vocês sentirão uma força psíquica e espiritual elevada. De repente, sua pulsação se tornará muito mais dinâmica, e sua tremulação se tornará muito mais eficiente. E o fato de vocês estarem no *Merkabah* intensificará seus poderes. Seu veículo *Merkabah* vai tremular e pulsar.

A Percepção Superior do Ponto de Encaixe

Como vocês conseguirão levar seu corpo nesse extraordinário ponto de elevação do seu campo energético vibracional? Neste momento, precisamos retomar o sistema de crenças, porque suas crenças são baseadas em sua percepção visual de que tudo é sólido. Portanto, vocês acreditam corretamente que sua mão não pode atravessar uma parede, que seu corpo físico possui certas limitações e que vocês podem tocar as coisas.

No entanto, no estado de consciência elevado, frequentemente denominado de "experiência de pico", vocês se tornarão mais cientes de uma percepção superior, descrita pelos xamãs como a abertura do ponto de encaixe. No ponto de ascensão – no qual as dimensões se intersectam –, seu ponto de encaixe se abrirá.

Alguns de vocês não experimentaram essa abertura; no entanto, vocês a experimentarão. Quando isso acontecer, suas percepções totais da realidade mudarão. O que vocês enxergam é realmente a verdadeira realidade. Essa verdadeira realidade é que vocês são seres de luz vibrantes e luminosos. Essa verdadeira realidade é que vocês estão se movendo energeticamente e que não são sólidos (ninguém realmente é). O fato de vocês verem tudo como sólido na terceira dimensão é um fator cultural e a forma como seus campos perceptivos foram treinados.

Quando vocês vibram ou pulsam em uma frequência mais elevada, sua luminosidade aumenta. Quando vocês pulsam em uma frequência mais baixa, sua luminosidade também fica mais baixa e menos brilhante. Agora que vocês têm essa consciência e a experiência de ver tudo como seres de luz luminosos, é mais fácil para sua mente aceitar que vocês podem transformar e transmutar seu corpo físico. Vocês conseguirão usar a telecinesia a fim de se transportar para a quinta dimensão, pois compreenderão sua percepção diferente e que estarão em uma realidade diferente.

No momento da ascensão, vocês podem utilizar seus poderes psíquicos, que serão intensificados pela intersecção das dimensões e pela abertura do seu ponto de encaixe. Vocês conseguirão usar seus poderes para se bilocar imediatamente. Concentrem-se enquanto dizem: "Eu ascendo à quinta dimensão" ou "Estou ascendendo agora à quinta dimensão".

Vocês ascendem em seu veículo *Merkabah*, mas, por fim, o deixarão para trás. Vocês já devem ter visto fotos dos foguetes Saturno ou de foguetes de ônibus espaciais decolando. Quando eles sobem a uma determinada distância, os tanques de armazenamento de combustível são liberados, porque eles tornam a nave pesada. Além disso, eles não são mais necessários. No seu caso, vocês não precisarão do seu *Merkabah*, pois não retornarão à Terra. O *Merkabah* foi utilizado nas antigas práticas egípcias e hebraicas porque era necessário retornar para a Terra. Vocês elevarão a si mesmos e sua consciência utilizando-o, mas, então, chegarão a um ponto no qual alcançarão uma energia tão elevada que não precisarão nunca mais retornar à Terra.

Por enquanto, ao praticar viagens a outras dimensões, recomendo que utilizem o veículo *Merkabah*. O motivo simples é que vocês retornarão para a Terra. Muitos de nós que estamos trabalhando com vocês frequentemente pedimos que prometam retornar à Terra durante as sessões de prática; embora, em muitas ocasiões, adeptos e estudantes tenham decidido não retornar à Terra. Ocorreram outros casos de estudantes que quiseram ascender com seus mestres, mas não possuíam a tecnologia ou o quociente de luz espiritual para realizar isso. Não é uma decepção ou uma falha não ascender.

Meditação da Luz Ômega

Vocês estão no processo de ascensão agora. Eu gostaria de fazer um exercício de meditação com vocês, e sei que, com certeza, retornarão à Terra após esta meditação.

Visualizem agora seu campo energético no formato de um ovo cósmico. Tenham consciência de que vocês são seres de luz luminosos, vibrando a uma frequência muito espiritual. A frequência espiritual é uma frequência leve – não é pesada, e existe grande luminosidade no seu campo energético. Sintam a frequência de pulsação da sua aura aumentar conforme seu campo energético também aumenta em sua frequência de pulsação. [Entoa cada vez mais rápido: "Ta, ta, ta, ta, ta, ta, ta".]

Visualizem o seu veículo Merkabah. Ele está agora ao seu redor. Veja seu veículo como uma cápsula espacial, uma linda cápsula espacial, diferente de todas que vocês já viram. Ela tem o formato de uma pirâmide. Ela tem um lindo cristal azul. Vocês sentem seu campo energético subindo. Seu corpo físico ficará para trás. Seu corpo físico não irá com vocês, e seu campo energético está subindo.

Sintam um corredor de luz ao redor dessa linda pirâmide Merkabah e a elevação da sua energia espiritual conforme vocês sentem um aumento em sua vibração espiritual. Vocês podem subir e ver esse lindo corredor, um corredor de luz arcturiano. Nesse corredor, eu, Juliano, direcionei nossa nave espacial Athena para criar uma força de atração magnética em cada um dos corredores acima de vocês, ajudando-os a aumentar sua energia.

Essa visualização é exatamente o que acontecerá no seu ponto de ascensão. Haverá uma força energética tão atrativa que vocês sentirão como se estivessem sendo erguidos da Terra.

Agora, ao subir, vocês alcançam o ponto de entrada de nossa nave espacial Athena. Nós criamos um lindo jardim de luz e um local confortável para vocês descansarem enquanto estiverem aqui. Talvez tenham uma sensação de realização ao conseguir chegar até aqui. Quero que vocês olhem para baixo e vejam seu corpo na Terra a partir desse ponto alto. Vocês conseguem ver que seu corpo físico é mais denso e que ele ainda está ali, e podem pensar: "Bem, como vou trazer esse corpo físico?".

Lembrem-se de que vocês terão poderes psíquicos extraordinários no ponto de ascensão. Com seu terceiro olho, alinhem sua energia diretamente com seu corpo físico e transmitam luz para seu corpo físico na Terra. [Entoa: "Ohhhh. Ohhhh".]

Essa luz que vocês estão transmitindo agora para seu corpo físico é a luz ômega da quinta dimensão. Invoquem a luz ômega para irradiar diretamente a partir do seu local na nave. Permitam que a luz ômega entre em seu terceiro olho no corpo físico. [Canta: "Luz ôooomega".]

Essa luz ômega é uma luz quântica que possui propriedades que excedem em muito as leis normais da física e da Terra. Sintam essa luz ômega em seu corpo, e imediatamente perceberão uma grande melhoria em sua saúde. Vocês sentirão um grande aperfeiçoamento em todos os seus sistemas. Essa luz ômega está passando por cada corpo físico.

Seu corpo físico está sendo recarregado com uma nova frequência de luz. Vocês e eu, juntos, sentimos essa recarga de luz ômega em vocês, a qual se tornará muito importante quando chegar o momento de levarem seu corpo para a quinta dimensão. Neste momento, vocês apenas sentirão uma enorme leveza e uma enorme sensação de bem-estar. Agora, vamos meditar sobre isso. [Silêncio por diversos minutos.]

Sintam seu corpo físico dar um suspiro conforme o peso da fisicalidade se eleva momentaneamente. Vocês estão experimentando uma sensação de leveza em seu corpo físico. Vocês podem até mesmo sentir como se seu corpo físico pudesse flutuar. Observem se vocês conseguem sentir seu corpo físico na Terra subindo suavemente da sua cadeira.

Agora, há um grande halo ao redor da sua cabeça e dos seus ombros, conforme sua vibração espiritual se eleva. Agora, seu corpo da quinta dimensão na nave espacial Athena transmite ao seu corpo físico um estímulo final de luz ômega, e segue diretamente para seu terceiro olho, quase como um choque, como um carregador de bateria transmitindo essa frequência superior, mas é um choque agradável. Algumas pessoas podem sentir isso como um aumento da energia Chi no corpo físico.

Seu corpo da quinta dimensão na nave retorna ao corredor e começa a descer por ele, chegando diretamente acima do seu corpo da terceira dimensão. Esse corpo da quinta dimensão está repleto de uma incrível luz ômega e de uma grande luminosidade, muito mais do que seu corpo da terceira dimensão. Ao contar até três, seu corpo luminoso da quinta dimensão voltará a ficar perfeitamente alinhado com seu corpo da terceira dimensão. Um, dois, três! Novamente, vocês perceberão uma profunda sensação de relaxamento.

Vocês perceberão uma sensação de bem-estar e uma sensação de compreensão profunda. Vocês podem dizer: "Eu serei capaz de levar meu corpo da terceira dimensão comigo no momento da ascensão. Vou usar a luz ômega para transformar meu corpo nessa luminosidade superior, a qual permitirá que meu corpo físico ascenda comigo".

Ferramentas para Receber a Luz da Quinta Dimensão

Lembrem-se de que vocês só conseguirão fazer isso porque estão usando a energia da quinta dimensão e a energia acelerada da intersecção das dimensões. Inclusive agora, com nossas orientações, muitos de vocês alcançaram uma enorme leveza em sua estrutura física. Cada um de vocês que estão lendo esta exposição também receberá um grande estímulo para sua saúde física. Uma das transformações que ocorrem no ponto de ascensão é que seu corpo atinge um estado elevado. Lembrem-se de que comparei isso a usar esteroides espirituais. Vocês permanecem em um estado elevado de força total e terão uma unidade de energia incrível e completa.

Processem essa energia agora, e falarei sobre a Terra e a ascensão. Um dos motivos pelos quais vocês serão capazes de ascender é que o campo energético da Terra também se elevará. O quociente de luz espiritual da Terra é outro fator na ascensão. A Terra precisa se intersectar com a quinta dimensão. A terceira dimensão pode ser vista como uma esfera ao redor da Terra, e o campo energético da terceira dimensão se intersectará com a esfera da quinta dimensão.

O que é preciso para que um planeta esteja pronto para receber a luz da quinta dimensão? Ele precisa ter um quociente de luz espiritual elevado. Nós oferecemos diversas ferramentas de tecnologia espiritual planetária que ajudarão a aumentar o quociente de luz espiritual da Terra. Essas ferramentas incluem as cidades de luz planetárias, os 12 cristais etéricos, o anel da ascensão e o espelho Iskalia – mas não se limitam a eles. Cada uma dessas ferramentas oferece uma vantagem tecnológica específica para aumentar o quociente de luz espiritual do planeta. Vocês vivem em um planeta que possui polarização e densidades, mas ele também é receptivo à energia espiritual e à luz espiritual.

Os cristais etéricos recebem e interagem diretamente com energias da quinta dimensão de Arcturus. Estas são semelhantes a ondas de energia transmitidas continuamente desses cristais para todo o planeta, o que ajuda a manter a Terra na luz da ascensão. O anel da ascensão tem sido comparado a um halo ao redor do planeta. Ele interage com a mente e o coração dos mestres ascensionados. Existem muitos mestres ascensionados que trabalham nesse anel da ascensão.

Nós também possuímos as cinco escadas da ascensão que foram configuradas especificamente como escadas *Merkabah*, semelhantes a veículos *Merkabah*. Vocês podem ter as seguintes perguntas em mente: "Como subirei? Como me tornarei elevado, de modo que possa acessar a quinta dimensão?". A escada da ascensão tem sido comparada com a Escada de Jacó na Bíblia hebraica [Bereshit 28:12, Bíblia Judaica Ortodoxa]. Jacó sonhou que estava subindo uma escada que levava para outra dimensão. Os anjos também estavam descendo, e houve uma grande interação. No entanto, como vocês devem saber, ele só conseguiu subir a escada até uma determinada altura. As escadas da ascensão os aguardam. Vocês, no momento em que ouvirem a trombeta, podem se teletransportar ou se bilocar imediatamente para uma das escadas da ascensão. Nela, existirá uma poderosa energia em grupo que os elevará imediatamente. Vocês serão transformados e, com seu corpo físico, subirão a escada.

O espelho Iskalia está trazendo energia galáctica pelo seu alinhamento com partículas quânticas especiais do Sol Central. Essas partículas de luz podem ser transmitidas por todo o planeta, incluindo o campo energético dele. Vocês estão em um período de enorme interação de luz dimensional superior na Terra. Essa é uma grande ajuda a vocês.

O ponto é que este planeta também está se preparando para a ascensão. Eu sei que alguns de vocês desejam estar aqui quando o planeta ascender. No entanto, lembrem-se de que haverá aqueles que vão permanecer após a ascensão e aqueles que partirão na ascensão. O momento da ascensão é importante, e vocês precisam realizar o máximo de trabalho emocional, espiritual, físico e mental que puderem para se preparar.

Não subestimem o poder dos seus sistemas de crenças e do seu trabalho mental. Isso também é importante para sua ascensão. Sim, vocês vão observar mais polarização. Sim, vocês poderão observar mais acontecimentos na Terra. No entanto, lembrem-se de que vocês estão em um caminho espiritual que transcenderá muitos desses acontecimentos e conseguirão tirar proveito da enorme luz e das frequências da ascensão. Que a luz da ascensão acelere seu processo de forma imediata e contínua. Eu sou Juliano. Bom dia!

Capítulo 2

Compreendendo Todo o Universo com a Tecnologia Holográfica

Juliano, os arcturianos e Helio-ah

Saudações. Eu sou Juliano. Nós somos os arcturianos. Vamos abordar a energia holográfica e, principalmente, como aplicar seus princípios para a cura individual e da Terra.

Para começar, saibam que uma parte dá acesso ao todo. Em um nível universal, isso significa que, no planeta Terra, vocês têm acesso a todos os segredos da galáxia, do sistema solar, da história completa da Terra e do universo. A Terra tem aproximadamente 4,7 bilhões de anos, e a humanidade está viva e em atividade no planeta há uma fração de tempo infinitesimal comparativamente.

Embora a humanidade esteja neste planeta há apenas um curto período, os seres humanos ainda conseguem acessar tudo que é possível saber sobre a Terra. Isso também é verdade sobre a galáxia e o universo. Considerem uma praia. Um grão de areia parece totalmente insignificante. A Terra é menor do que um grão de areia quando comparada ao tamanho do universo infinito. Contudo, na Terra, vocês podem usar energia e tecnologia holográficas para compreender tudo sobre o universo. Esse mesmo princípio se aplica à sua personalidade. Usando a tecnologia holográfica, vocês conseguirão compreender a história completa da sua alma, incluindo onde vocês estiveram em vidas passadas, o que precisam aprender nesta vida e para onde irão no futuro, ao avançar pela escada da ascensão.

Acessar o Espectro Completo do Prisma Holográfico

Por meio da tecnologia e da energia holográficas, vocês podem ver tudo em termos de sua totalidade. Isso significa que o que vocês vivenciam neste momento é uma parte de todo o processo, e o que veem em si mesmos agora na Terra faz parte do seu eu maior. Faz parte da sua alma total. Quando realizamos curas pessoais, observamos todo o cenário da pessoa. Frequentemente, vemos uma pessoa iluminada ou alguém que possui uma grande profundidade espiritual. Vemos o passado, o presente e o futuro da pessoa. No entanto, algumas vezes ela não consegue enxergar isso em si mesma. Pode ser uma experiência poderosa quando uma pessoa compreende e acessa o campo energético holográfico em sua totalidade.

A experiência holográfica baseia-se na compreensão dos campos holográficos, o que pode ser comparado a um prisma de cristal no qual os raios de luz que entram são fragmentados em múltiplas partes. Eles estão repletos de diferentes temperaturas de luz – tons de azul frios e vermelho, laranja e amarelo quentes. Se eles não fossem fragmentados quando vocês observam o cristal, vocês não veriam a composição total de tudo o que existe na luz. Eu uso essa analogia porque a tecnologia holográfica pode ser aplicada ao seu desenvolvimento pessoal. Quando a perspectiva adequada é colocada sobre o seu campo energético, as imagens semelhantes a prismas e os campos de pensamento se fragmentam. Se vocês conseguem interpretar e compreender essa separação, conseguem ver grandes quantidades de informações sobre si mesmos.

Catástrofes São Dramas Cósmicos

A tecnologia da ciência holográfica, ou das imagens holográficas, é útil para compreenderem o cosmo, o planeta e a si mesmos. Observem também o planeta e a biorrelatividade. Usando tecnologia holográfica, sabemos que estamos em um breve período marcado por acontecimentos dramáticos. Existe polarização, e existem dualidades.

A Terra está à beira de uma catástrofe em muitos níveis: ambiental, social e político. Certamente, quando se está em meio a uma catástrofe, ela parece importante e real. É difícil entender que o que se está vendo e vivenciando seja um drama cósmico.

O que vocês estão vendo e vivenciando é causado por muitos fatores que estão interagindo e atuando na Terra. Esses fatores têm raízes na história, algumas das quais foram originadas de conflitos planetários anteriores na galáxia. Nesse contexto, observamos um planeta holograficamente em uma estrutura de tempo conhecida como passado, presente e futuro. Como é possível que energias futuras possam ser acessadas e compreendidas, de modo que a direção do desenvolvimento do futuro interaja com o presente? Essa interação pode acelerar o reequilíbrio e a cura do planeta. É outra forma de dizer que vocês devem observar o planeta Terra em todos os aspectos: passado, presente e futuro. Vocês devem observar onde a Terra esteve, onde ela está agora e para onde ela está indo. É dessa maneira que vocês obtêm uma visão unificada da Terra, relacionada, certamente, à teoria do campo energético unificado.

Uma das grandes fontes de sofrimento em um planeta da terceira dimensão como a Terra é o sentimento de ser separado do todo – de si mesmo, da sua família de alma ou do seu grupo de alma. Isso leva a uma intensa desunião e incentiva mais polarização e dualidade. O estado natural de percepção no ser humano é holográfico. Vocês podem estar surpresos com isso. Em seu estado natural, vocês podem olhar para o campo energético de outra pessoa e ver seu desenvolvimento passado, presente e futuro. Podem ver o passado, o presente e o futuro de um planeta, e isso também é verdade ao olhar para o cosmo. Com as lentes corretas, vocês podem focar a totalidade do campo energético de qualquer coisa.

Imaginem encontrar alguém que está retraído e confuso. Sem uma visão holográfica, vocês podem concluir que a pessoa tem uma vibração espiritual inferior, mas, se conseguissem ver e sentir a natureza holográfica total dela, teriam uma opinião diferente.

Os grandes profetas foram capazes de estender sua paixão e luz a todos que encontravam, porque eles enxergavam as pessoas holograficamente, em sua verdadeira natureza. Porém, lembrem-se de que a tarefa para vocês e para todas as sementes estelares é aprender como acessar essa visão holográfica. Agora, Helio-ah falará a vocês sobre a cura holográfica pessoal e planetária.

* * *

Vocês Podem Acessar Todas as Dimensões com Imagens Holográficas

Saudações, meus companheiros sementes estelares! Eu sou Helio-ah, companheira e colega de Juliano. Muitos de vocês buscaram recentemente meu conselho sobre como expandir o quociente de luz espiritual e trabalhar com mais eficiência para equilibrar sua vida pessoal e o planeta. A resposta para muitos dos seus questionamentos consiste em compreender e utilizar a tecnologia holográfica na sua vida.

Juliano e eu desenvolvemos a câmara de cura holográfica, porque sabemos que vocês são visuais em sua natureza. Vocês são aprendizes práticos e visuais. É só ver quanto vocês adoram seus computadores e smartphones. Vocês se identificam com a representação visual, mas isso vai além da sua tecnologia digital. Estende-se para a verdadeira natureza do seu subconsciente, porque o subconsciente também é baseado em imagens.

As informações desta vida e das suas vidas passadas ficam armazenadas em sua memória holográfica como uma imagem. Elas não ficam armazenadas em um formato escrito. Os registros akáshicos também se baseiam em imagens. Uma vez tentei calcular o armazenamento de memória em um cérebro humano da terceira dimensão. Sua mente é multidimensional, assim como a energia e a tecnologia holográficas. Isso significa que, de qualquer dimensão, vocês podem acessar todas as dimensões.

Nós nos referimos à terceira dimensão como contraída e limitada, e muitos de vocês estão frustrados por ainda estarem aqui. Porém, ela também é holográfica. Sendo assim, a terceira dimensão oferece a vocês acesso a todas as dimensões e a todos os espaços. Espero que isso os ajude a aceitar a natureza holográfica na terceira dimensão. Algumas vezes, pode ser difícil acessá-la, mas isso se deve parcialmente à forma como sua cultura os treinou e definiu suas percepções.

Sim, sua cultura realizou grandes avanços tecnológicos e científicos, mas ela perdeu seu equilíbrio concentrando-se nas ideias e percepções restritas dos pontos de vista lógicos e científicos, que são a base da terceira dimensão. Essa dimensão possui todas as ferramentas necessárias para acessar todos os níveis dimensionais, e, como sua mente da terceira dimensão é um aspecto da sua supermente holográfica, vocês possuem uma capacidade infinita de vivenciar o universo holográfico, seu eu holográfico e a natureza holográfica da Terra. Não é incrível que a Terra seja holográfica? Isso significa que uma das técnicas de cura da Terra está relacionada a acessar a energia holográfica dela.

Usar a Geometria Fractal para Acessar a Natureza Holográfica da Terra

Os círculos nas plantações podem ajudar a humanidade a acessar a natureza holográfica da Terra. Os círculos nas plantações baseiam-se na geometria fractal, que é um sistema de percepção da realidade. A melhor comparação é com os trabalhos cubistas de Picasso, que incorporam campos energéticos divididos, os quais são a base da geometria fractal. Os círculos nas plantações oferecem informações para a Terra. Aqueles que veem esses círculos conseguem compreender as informações quando percebem que tudo pode ser dividido em junções ou símbolos fractais. Qual é a vantagem de ter conhecimento sobre isso? A vantagem é saber que existe uma técnica perceptiva estrutural que é a base desta realidade.

Os cientistas são frequentemente atormentados sobre como explicar que a solidez dos objetos é uma ilusão. Por exemplo, uma mesa é feita de bilhões de moléculas que não podem ser vistas a olho nu. Seu corpo físico é feito de bilhões de neurônios, axônios e células semelhantes a amebas. Uma pessoa com um nível perceptivo profundo apenas os veria como esferas de massa de energia ou esferas de luz luminosa. O corpo humano fica dentro da aura, portanto seu campo energético verdadeiro envolve seu corpo físico. Existe também um campo energético secundário dentro do seu corpo físico. O que faz isso tudo parecer sólido é explicado pelos princípios da geometria fractal holográfica e multidimensional.

Uma das dificuldades em restaurar o planeta e sua aura é porque as imagens fractais multidimensionais de ambos não estão facilmente aparentes. Vocês não enxergam o planeta ou as pessoas dessa forma, do modo como Picasso enxergava quando pintava seus temas em fractais. As imagens fractais, principalmente os círculos nas plantações, indicam os símbolos e o conceito da unidade. Uma peça fora do lugar pode criar um desequilíbrio que afeta o campo energético unificador. Os círculos nas plantações se encaixam perfeitamente, como um quebra-cabeça infinito que é solucionado de maneira meticulosa. Se vocês imaginam como isso tudo se une, nada mais é do que um reflexo desta realidade e de energia e luz holográficas.

Círculos e triângulos são imagens importantes quando se considera a energia holográfica. Existem muitas visualizações e explicações que os utilizam. A ponta de cima dos triângulos representa a consciência, e tudo abaixo disso é subconsciente ou inconsciente. Assim como a maior parte de um *iceberg* fica submersa, vocês enxergam apenas uma parte de si mesmos nesta vida.

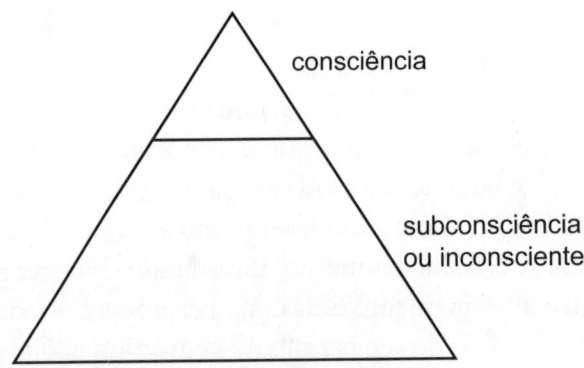

Figura 2.1. Um exemplo da importante simbologia dos triângulos

Bênçãos a todos vocês conforme avançam em direção à consciência expandida e começam a se ver em sua totalidade, que é representada por um círculo. O círculo representa a interação entre passado, presente e futuro. Se vocês conseguem aceitar essa visão expandida de si mesmos, podem compreender que ascenderão. Então, vocês sabem que serão mestres ascensionados no futuro.

Na cura holográfica, nós também acessamos as imagens do passado, as imagens que representam essas experiências. Algumas dessas imagens são traumáticas. Algumas são baseadas na consciência inferior.

Os Traumas Passados Interagem com o Presente e o Futuro

A noosfera se atualiza constantemente, juntando todos os pedaços em uma unidade. A noosfera deve sempre trabalhar para a unidade, a fim de integrar Tudo o Que É. Parte da cura para a Terra e para vocês concentra-se em unir o passado, o presente e o futuro. Pode ser difícil unir o passado se ele for traumático ou estiver dissociado de seu presente.

Esse princípio também se aplica a um nível planetário. Dizem que a humanidade é uma espécie relativamente jovem, que não está longe de sua natureza primitiva. Todos nós concordamos com isso, principalmente quando vemos como o recente drama cósmico da Terra está ocorrendo com guerras e conflitos terríveis. A cura holográfica se concentra em curar e unir os traumas passados na Terra. Atualmente, a Terra vivencia tantos traumas passados que levaria séculos para eliminá-los. Genocídios, holocaustos, bombas nucleares e guerras destrutivas são exemplos de acontecimentos traumáticos que a Terra vivenciou.

A Terra vivenciou traumas no passado – por exemplo, nas décadas de 1940 e 1950, durante testes nucleares acima da superfície e, posteriormente, uma alta detonação de bombas nucleares na atmosfera, que afetou enormemente o campo energético etérico da Terra. Isso significa que parte do seu trabalho de biorrelatividade precisa se concentrar em reparar os traumas do planeta. Os mesmos princípios também se aplicam a sua cura pessoal. Seus traumas passados e suas memórias os impedem de se curar e alcançar uma unidade total.

Intelectualmente, todos são capazes de aceitar a consciência da unidade e a teoria do campo energético unificado de que todos somos um, embora, quando questionamos por que nem todos estão trabalhando na unidade, vemos que o motivo é a resistência. A natureza da resistência é sempre baseada no medo da dor, que faz parte da consciência humana. A psique humana busca se proteger da dor. O que faria a psique pensar na consciência da unidade como dolorosa? Observem na história como líderes sociais, políticos e até mesmo religiosos usaram a consciência da unidade para ganho pessoal. Pensem sobre as muitas experiências possíveis em vidas passadas nas quais vocês fizeram parte de movimentos baseados em uma falsa consciência da unidade. Uma falsa consciência da unidade pode ser definida como uma ilusão da unidade que beneficia apenas o líder. Isso ocorreu ao longo da história da Terra em uma série de experiências sociais e políticas. Exemplos incluem o fascismo e o nazismo. Suas memórias evocam hesitação e medo, e eu sei que alguns de vocês tiveram vidas passadas difíceis, nas quais foram enganados e desiludidos por falsas promessas de adentrar um campo energético unificado.

A Terra tem buscado energias espirituais superiores que vão ajudá-la a se tornar unificada. Pode ser difícil compreender que um planeta possa estar traumatizado, mas esse é um dos motivos pelos quais os guias e mestres depositam uma energia de cura para o passado, o presente e o futuro ao redor da Terra. Essa energia é conhecida como anel da ascensão.

No pensamento holográfico, o passado, o presente e o futuro interagem. A energia passada ainda está integrada nos campos etéricos de dimensões inferiores da Terra. Por exemplo, alguns dos espíritos de pessoas que morreram durante a destruição da Segunda Guerra Mundial podem estar perdidos, confusos e incapazes de deixar as camadas mais densas da quarta dimensão, que estão mais presas à Terra. Esses espíritos inferiores que ainda estão ao redor estão tentando influenciar fortemente os acontecimentos atuais. Esse é apenas um exemplo de espíritos inferiores que coabitam negativamente com pessoas vulneráveis na Terra.

A biorrelatividade também está envolvida em eliminar os traumas da Terra, e a cura holográfica indica que tudo está se movendo em direção a um bem maior, uma resolução maior. No futuro ser da Terra, a consciência da unidade existirá em sua forma mais pura. No futuro ser da Terra, a luz da quinta dimensão existirá. Mestres e mentores viverão na Terra, e ela será um novo mundo, baseado em princípios superiores. A Terra do futuro se graduará do estágio 1 do desenvolvimento planetário e entrará no estágio 2. A Terra e seus mentores de luz espiritual aprenderão a controlar os terremotos e as tempestades e a equilibrar os oceanos, de modo que sejam menos ácidos. Eles estabelecerão um equilíbrio adequado entre as florestas e as cidades. A Terra pode facilmente abrigar 8 bilhões de pessoas com o equilíbrio correto. Esse equilíbrio existirá no futuro da Terra, portanto nós buscamos trazer essas imagens para a sua consciência.

Meditação do Teatro de Cura para Unificar o Presente e o Futuro

Visualizem comigo essa bela Terra do futuro pelas suas lentes holográficas. Permitam que as lentes holográficas apareçam para vocês e as coloquem na frente do seu terceiro olho. Projetem-se para o futuro da Terra. Não fiquem presos em medir o período de tempo. Nós vamos apenas para o futuro, quando a Terra será incrivelmente equilibrada e teremos graduado para o estágio planetário 2.

Ao chegarmos, vemos que não existe mais nenhum temor de autodestruição. Não existem armas nucleares. Não existem guerras. Existem muitas cidades de luz planetárias e grandes conferências nas quais representantes se unem para debater sobre a natureza de suas cidades de luz. Os cristais etéricos são consagrados. O anel da ascensão está visível por causa de toda a meditação que foi praticada. Os ensinamentos espirituais são compreendidos e são tão populares quanto os jogos de futebol já foram um dia. Milhões de pessoas veem e ouvem grandes ensinamentos espirituais em dispositivos de comunicação. Existe uma sensação de paz. [Entoa diversas vezes: Oooohhhh.] Visualizem a Joia Azul agora em sua mente. Saibam que isso ocorre em um tempo futuro, mas saibam também que todas as energias fundamentais necessárias para essa Terra do futuro estão contidas em seu tempo presente.

Vocês e eu estamos agora sentados em um grande teatro conhecido como teatro de cura planetária, e a imagem da Terra do futuro está na tela. Vocês observam o campo energético dessa bela e equilibrada Terra, que graduou para o estágio planetário 2. Vocês veem a Terra como um todo e podem ir holograficamente para qualquer localização e observar essa maravilhosa conexão com a unidade que a Terra do futuro recebeu e integrou. Vocês podem ver como isso aparenta ser energeticamente e como todas as peças se encaixam.

Assim como a geometria fractal dos círculos nas plantações, nos quais cada peça pertence e é consagrada, a unificação divina de todas as divisões da Terra – países, religiões, línguas e ambientes – se encaixa em um novo equilíbrio. É dessa forma que a Terra da quinta dimensão aparecerá na tela diante de vocês.

Dividam a tela ao meio, com o lado direito mostrando a Terra superior que acabamos de descrever. No lado esquerdo, está a Terra do presente, e vocês podem observar energeticamente um pouco do caos, dos desequilíbrios e dos bloqueios, principalmente ao longo dos meridianos. Conforme vocês observam essa Terra da terceira dimensão, percebem que os alicerces para a Terra do futuro estão presentes.

[Canta e entoa em uma língua galáctica.] Estes sons contêm um canto especial que une as energias da Terra do futuro e do presente. Os alicerces do presente estão se unindo à Terra do futuro, trazendo equilíbrio para o clima, para a atividade sísmica e vulcânica relacionada às placas tectônicas e para a posição da Terra no sistema solar. A Terra está protegida contra asteroides e invasões de extraterrestres inferiores da quarta dimensão que querem transferir suas energias específicas em benefício próprio. Atualmente, eles estão impedidos de fazer isso. Apenas luz superior pode entrar na Terra.

Agora, unam os dois lados da tela. Unam a imagem da Terra do futuro e do presente, e eu a enviarei para a noosfera da Terra, na qual essa unidade será ativada.

Em seguida, dividam a tela novamente; desta vez, com seu eu do presente projetado no lado esquerdo. Vejam a aura ao seu redor e vejam sua vida na Terra. Olhem para essa imagem de vocês no presente e tentem vê-la da forma mais objetiva possível, até mesmo com seus problemas e desequilíbrios.

Agora, olhem para seu eu da quinta dimensão no futuro, na tela direita. Sua energia holográfica se abriu, e vocês observam seu verdadeiro eu. Todas as suas partes inferiores, medianas e superiores estão interagindo, e vocês possuem uma grande energia e poderes telepáticos, psíquicos e de cura. Vocês têm uma saúde completa e estão radiantes de luz e energia, e sua aura está muito luminosa e brilhante. Vocês, de fato, se tornaram mestres ascensionados. Tudo está em equilíbrio.

Agora, juntem essas duas imagens do seu eu do passado e do futuro na tela. Ficaremos em silêncio. [Pausa.]

Sua unificação foi alcançada, e sua natureza holográfica foi aceita. Para completar este exercício, vejam seu passado nesta vida e em outras vidas. Se possível, tenham diante de si uma imagem que retrata algo de uma vida passada. Pode ser uma vida repleta de infelicidade ou uma na qual tiveram grandes dons. Observem essa vida e tragam todos os seus benefícios e sua espiritualidade elevada para a vida atual. Os dons dessa vida passada estão entrando agora na vida atual. Vocês estão muito equilibrados. [Canta: Helio-ah, Helio-ah, Helio-ah.] Saudações. Eu sou Helio-ah. Bom dia!

Capítulo 3

Evolução Planetária pela Perspectiva Galáctica

Juliano e os arcturianos

Saudações. Eu sou Juliano. Nós somos os arcturianos. O desenvolvimento e o posicionamento de formas de vida pela galáxia são supervisionados por um conselho galáctico. O Conselho Galáctico é composto de mestres ascensionados de todas as seções desta galáxia. Compreendam que esta galáxia, a galáxia da Via Láctea, é um sistema enorme. Fizemos diversas estimativas de que a Terra está situada a 27 mil anos-luz de seu centro. Há outras estimativas de que a Terra está situada a 30 mil anos-luz de seu centro. Essa é uma distância enorme, e cruzá-la requereria uma tecnologia muito além do que qualquer nave da Terra poderia esperar alcançar.

Vocês estão a apenas dois terços do caminho do centro desta galáxia. Isso significa que a extensão total da galáxia ultrapassa em muito 40 mil a 50 mil anos-luz. É estimado que existam de 2 bilhões a 4 bilhões de estrelas na galáxia da Via Láctea. Tentem imaginar quantos sistemas planetários e sistemas solares existem. Eu também gostaria de destacar que muitos planetas possuem luas habitáveis, e gosto de me referir a elas como planetas lunares. Os planetas lunares são, em alguns casos, mais habitáveis e mais propensos a conter vida do que os planetas em si. Também gostaria de informar que há casos em que as civilizações deixaram o planeta natal, ou planeta de origem, é passaram a habitar uma lua.

O Conselho Galáctico supervisiona e intervém em sistemas planetários e também ajuda na evolução superior e na resolução de conflitos e polarizações. O Conselho Galáctico se empenha em garantir a preservação da vida. Ele supervisiona a chegada de vida nos planetas. Vocês conhecem alguns dos seres do Conselho Galáctico como mestres ascensionados. Outros vocês desconhecem. Vocês não ouviram falar do nome deles antes porque eles vêm de outras partes da galáxia com as quais vocês geralmente não têm contato.

A maioria dos mestres ascensionados se tornou conhecida por vocês por meio de diversos métodos, incluindo profecia e diferentes visões, e, certamente, por meio de canalizações. Geralmente, os profetas ou os mestres que residem em pontos muito distantes do sistema terrestre não são conhecidos. Estamos buscando formas de explicar e apresentar os outros mestres ascensionados que ainda não são conhecidos por vocês.

Vocês podem se interessar em conversar com mestres de outros sistemas planetários que estão passando, de forma semelhante, pelo drama cósmico que vocês estão enfrentando atualmente. Alguns dos seres do Conselho Galáctico incluem Jesus, Moisés, Kuthumi e P'taah, que é um mestre e mentor pleiadiano. Ashtar também está no Conselho Galáctico, bem como Vywamus. O Cacique Águia Branca e o Cacique Coração de Búfalo estão no Conselho Galáctico, e há também membros visitantes de outras galáxias.

Existem membros do sistema de Andrômeda que foram convidados a participar do Conselho Galáctico. Em especial, um mestre é conhecido como Heylang. Heylang faz parte do sistema de Andrômeda, que é sua galáxia irmã. Andrômeda possui muitas semelhanças com o sistema terrestre, ou com a galáxia da Via Láctea. Existem planetas parecidos com a Terra, sistemas parecidos com a Terra que são semelhantes ao seu sistema solar, e existem muitas formações planetárias semelhantes no sistema galáctico total da galáxia de Andrômeda, que praticamente replicam ou copiam alguns dos sistemas extrassolares sobre os quais vocês estão aprendendo atualmente.

Desenvolvimento Planetário

Nós, os arcturianos, temos visitado a galáxia de Andrômeda e ficamos impressionados com seu trabalho como um conselho. Algumas pessoas podem se perguntar: "A galáxia de Andrômeda é mais avançada do que a galáxia da Via Láctea? Existem formas de vida mais avançadas? Existem mais planetas da quinta dimensão? Existem mais planetas no sistema de Andrômeda nos estágios 2 e 3?". Estas são perguntas cujas respostas as pessoas buscam, a fim de comparar as realizações e os trabalhos de uma galáxia e seus planetas habitáveis com os de outra.

É um desafio complicado medir o progresso de uma galáxia em relação a outra. Um dos critérios de medição de quão avançada uma galáxia se torna é baseado no número de planetas que completaram o estágio planetário 1 do desenvolvimento e passaram para os estágios planetários 2 e 3.

O estágio planetário 2 é quando a ameaça de extinção se foi e o planeta alcança um novo equilíbrio. Sei que esse novo equilíbrio possui muitos significados diferentes em níveis diferentes. Isso significa que o clima em um planeta no estágio 2 é mais controlado. Isso significa que terremotos e vulcões estão mais controlados e que o planeta desenvolveu uma relação espiritual com seus habitantes. Eu, Juliano, tenho trabalhado extensivamente com muitos de vocês em meus treinamentos e ensinamentos sobre a biorrelatividade, pois a prática da biorrelatividade é um dos sinais de um desenvolvimento mais evoluído dos sistemas planetários.

Em planetas que estão no estágio 2, observo que os habitantes e mestres espirituais desenvolveram técnicas superiores e exercícios mais orientados e eficazes para a biorrelatividade. De muitas maneiras, a medição do sucesso da biorrelatividade pode ser encontrada na habilidade do curador planetário de formar uma relação espiritual contínua com o planeta. Significa que as defesas planetárias estão reequilibradas e reestruturadas, e isso é feito com um grande respeito.

Suponhamos, por exemplo, que um planeta seja capaz de produzir uma grande quantidade de urânio, mas atualmente existe uma quantidade limitada. Agora, imaginem que um grupo de trabalhadores no planeta decidiu incentivá-lo a produzir mais urânio, tornando o urânio mais disponível ao ensinar às pessoas onde buscá-lo. Se as pessoas no planeta estiverem usando o urânio e o explorando, gerando desperdício e problemas de armazenamento, então o planeta pode não cooperar com a mineração contínua do local onde o urânio é encontrado. Por outro lado, se a relação com os curadores planetários e com o espírito do planeta for profunda, honesta e espiritual, então o planeta receberá garantias de que não ocorrerá nenhuma exploração. Portanto, o espírito do planeta cooperará em ajudar as pessoas a terem uma relação mais elevada e espiritual, de modo que o planeta possa avançar para o estágio 2 do desenvolvimento planetário.

Jesus nas Plêiades

O planeta desfruta e se beneficia de ter seres altamente evoluídos em sua superfície. O planeta também se beneficia do sucesso e do desenvolvimento espiritual dos habitantes. O planeta não pode ir para a quinta dimensão, a menos que existam seres espirituais que possam trabalhar com o sistema planetário. O planeta necessita de vocês, como sementes estelares e curadores planetários, para ajudá-lo a se desenvolver.

O Conselho Galáctico envia profetas, curadores sábios e até mesmo o que vocês chamam de messias, ungidos, ou aqueles que são capazes de unir e resgatar o planeta da destruição. Jesus veio à Terra com bênçãos do Conselho Galáctico para a sua missão. Sua missão teve muitas interpretações diferentes. Ficou claro que, quando ele veio à Terra, seus ensinamentos não durariam muito, a menos que ele morresse enquanto estivesse em um papel de mestre e profeta. Isso é muito peculiar a partir da nossa perspectiva.

Nós vimos Jesus nas Plêiades. Ele foi enviado para as Plêiades milênios atrás, em outra era, outra época, muito antes da civilização atual da humanidade. Isso pode ter sido de 250 mil a 300 mil anos atras.

As Plêiades como um planeta estavam certamente muito avançadas de diversas maneiras. O planeta era um tanto semelhante à Terra em seu nível de avanço. Sim, ele não era uma cópia exata. Por exemplo, havia diferenças nas linguagens, no número de habitantes e na forma como as pessoas lidavam com o meio ambiente. Não havia uso indevido e exploração do meio ambiente nas Plêiades.

Jesus foi muito bem recebido e aceito nas Plêiades. Ele foi acolhido. Não havia conflito. Não havia polarização quando ele estava nesse planeta. Ele conseguiu revelar conhecimentos muito mais secretos e esotéricos do que ele revelou na Terra. O motivo de ele ter conseguido fazer isso foi porque não havia violência nas Plêiades naquele momento. Ninguém tentou assassiná-lo. Na verdade, ele foi protegido, e viveu e ensinou durante um longo período nas Plêiades. Conseguiu educar e despertar muitos grandes profetas nesse planeta. P'taah foi aluno de Jesus e por meio de sua relação com ele foi conduzido a esse grande nível de ascendência e maestria.

Talvez vocês pensem, pela perspectiva da Terra, que Jesus trouxe os ensinamentos mais elevados, superiores e profundos para o planeta Terra. Ele certamente trouxe grandes ensinamentos para a Terra, mas seu ensinamento completo era muito mais poderoso e detalhado nas Plêiades. Temas como reencarnação, agrupamentos de alma e campos energéticos de luz espiritual foram explicados com grande profundidade durante seu período nas Plêiades.

Quando Jesus veio à Terra, ele desejava ensinar acerca de muitos desses temas avançados e sobre a ascensão – uma de suas maiores paixões. Ele foi fundamental ao ajudar muitos dos pleiadianos a ascender.

Houve problemas aqui na Terra quando Jesus iniciou seus ensinamentos, como todos sabem. Vocês conhecem um pouco da história de seus ensinamentos. Houve também muitas distorções e usos indevidos de seus ensinamentos para propósitos pessoais. Muitas pessoas quiseram interpretar seus ensinamentos e sua posição para favorecer seu próprio entendimento do poder e controlar o planeta. Esse problema ainda está presente nos dias atuais, isto é, há aqueles que querem controlar e usar os ensinamentos proféticos para ganho pessoal, em oposição ao ganho total da humanidade. Alguns pesquisadores já me perguntaram: "Jesus sabia que seus ensinamentos seriam distorcidos e retratados de maneira errada?". Certamente, quando um mestre ascensionado vem para este planeta, ele tem de ver o futuro. Ele teria conhecimento de que seu trabalho poderia ser usado com propósitos negativos, por exemplo, para controlar outros grupos.

Nós precisamos olhar para a evolução espiritual em um planeta a partir de uma perspectiva mais ampla. Isso inclui a introdução de uma nova tecnologia espiritual no DNA de um planeta. Às vezes a introdução de uma nova tecnologia espiritual causa uma ruptura. Se uma visão geral em longo prazo fosse oferecida, então poderíamos dizer que tudo isso teve uma consequência positiva, e o planeta atualmente está tentando se aproximar da ascensão por causa de seus ensinamentos. A introdução da ascensão por Jesus teve o efeito esperado. No entanto, ao observar períodos individuais nos quais os ensinamentos foram distorcidos, é possível ver que parece que outras pessoas alteraram muitas partes de sua mensagem.

Sua Frequência de Luz Espiritual

Apresentamos o paradigma que se baseia na consciência da unidade e na unidade galáctica, que é chamado de Triângulo Sagrado. Esse paradigma pode oferecer energias de cura para todo o planeta. Pode oferecer uma base para uma transformação planetária completa. Apresentei esse paradigma a vocês porque sei que são curadores planetários e que estão prontos para receber um ensinamento que pode ajudar a resolver e unir as pessoas.

A análise do Conselho Galáctico é que a Terra está repleta de tanta polarização que é muito difícil para uma pessoa que representa apenas uma religião ou um ensinamento unir o planeta. O Conselho Galáctico recomenda que haja uma abordagem mais unificada, que una e ensine sistematicamente a fraternidade entre todos e busque trazer uma orientação familiar de sementes estelares.

Existem outros membros do Conselho Galáctico que não foram mencionados, como Maria, mãe de Deus, Quan Yin e o mestre sufi Rumi, bem como Bodhidharma, que é do Oriente e desenvolveu diversos sistemas de ioga e exercícios de chi gung [qigong] criados para o mundo oriental. Existem inúmeros outros membros no Conselho Galáctico, que tentarei apresentar em exposições futuras.

O Triângulo Sagrado possui a habilidade de integrar e fazer as pessoas avançarem em uma nova dinâmica. O paradigma dessa dinâmica possui muitas características importantes. A característica principal que explicarei agora é a ressonância espiritual. "Ressonância espiritual" é um termo em nossa espiritualidade e tecnologia galáctica que é fundamentando em frequências. Vocês me ouviram falar sobre o quociente de luz espiritual, ou frequência de luz espiritual, que é o campo energético e a onda de energia que uma pessoa alcança ao se tornar mais ciente de toda a base energética desta realidade.

A base energética desta realidade é definida principalmente por meio da aura, mas também em termos de fios de luz luminosos em todos os seres vivos e em todos os objetos vivos de toda a galáxia e de todo o universo. Tudo está em determinada vibração e em determinada frequência de luz. O termo que usamos para descrever diferentes frequências de luz pode não corresponder a como vocês usam essa terminologia, portanto vou simplificar e dizer que existem frequências de luz superiores, frequências de luz medianas e frequências de luz inferiores. Quando digo que vocês estão em ressonância espiritual com frequências de luz superiores, significa que sua aura – seu campo energético – pode vibrar em um padrão de luz semelhante ao dessas frequências superiores. Quando vocês conseguem ressoar e vibrar em uma luz semelhante, conseguem receber essa energia e interagir com ela. Não significa necessariamente que vocês estão no mesmo nível de frequência, mas conseguem ressoar com ela por meio de uma energia harmônica.

Na tecnologia de rádio, é bem conhecido que determinadas frequências emitidas em uma frequência como na de 40 metros em transmissões de alta frequência podem ressoar com outra frequência de 15 metros na faixa eletromagnética de rádio de alta frequência. Se uma pessoa tivesse uma antena em uma frequência, por exemplo, de 15 metros, ela possivelmente também conseguiria transmitir e receber bem sinais nas frequências de 40 metros.

Esse fenômeno também é verdadeiro na espiritualidade. Por exemplo, vocês podem não estar na frequência superior de Jesus, ou podem não estar na frequência de Moisés. Vocês podem não estar na frequência de Quan Yin. Contudo, podem estar em uma frequência ressonante com algum deles. Vocês podem estar em uma frequência harmônica na qual interagem e recebem energia e luz das fontes superiores deles. Quando vocês recebem essa energia e essa luz das fontes superiores deles, podem integrá-las em seus próprios sistemas mental e emocional, elevando seu quociente de luz espiritual.

Isso tem um grande benefício. Significa que vocês podem aumentar sua frequência de luz espiritual e seu quociente de luz espiritual interagindo com seres superiores, mesmo que não estejam exatamente no nível deles. Vocês estão harmonicamente em ressonância com as frequências transmitidas por eles. Algumas dessas frequências transmitidas se baseiam em amor, compaixão e no que eu chamo de sentimentos e emoções de nível superior da quinta dimensão.

Dominação da Terceira Dimensão

Parte do sistema de cura planetária que estamos ensinando no Triângulo Sagrado consiste em transmitir luz harmônica e frequências ressonantes pelo planeta. Acreditamos que existem muitas formas de fazer isso. Uma das formas é trabalhar com a noosfera. Definimos a noosfera como o inconsciente ou subconsciente planetário. Acreditamos que precisamos transferir campos energéticos etéricos especiais que estão contidos em cristais. Isso contribui para elevar as frequências harmônicas de um planeta. É evidente que apoiamos o projeto das cidades de luz planetárias, porque isso eleva o campo energético do quociente de luz espiritual.

Como é possível ver, a cura planetária se torna, então, baseada em como vocês são capazes de influenciar o campo energético do planeta. Uma das complicações para os esforços de cura planetária é que frequências inferiores da terceira dimensão criam interferências. Seres inferiores querem dominar e manter o planeta em uma frequência inferior. Quando eles conseguem manter o planeta em uma frequência inferior, sentem que podem controlá-lo. Vocês estão observando evidências disso em muitos níveis diferentes.

Algumas dessas evidências incluem como os governos trabalham. Por exemplo, há descrições para o que é conhecido como governo sombra, no qual existem pessoas que querem controlar a frequência, os padrões de pensamento, de todos no planeta. Quando elas fazem isso, sabem que podem controlar tudo para seu próprio propósito. Elas têm demonstrado obter sucesso, porque estão usando os mesmos princípios de frequências ressonantes sobre os quais estou falando, mas para um propósito negativo, um propósito egoísta.

Alguns dos exercícios baseados no controle estão relacionados a transmissões de propagação de auroras de alta frequência por dispositivos parecidos com radares, que alteram os campos energéticos em todo o planeta. Estes têm sido usados em confrontos militares. Vocês também observam coisas como trilhas químicas. Muitas pessoas já perguntaram: "Qual é o propósito das trilhas químicas?". O propósito das trilhas químicas está relacionado a manter uma determinada frequência inferior entre a população, de modo que as pessoas fiquem mais suscetíveis ao controle.

Vocês podem estar se perguntando: "De que forma as trilhas químicas podem alterar ou diminuir uma frequência?". A resposta é que, se existir algum irritante em seu campo energético, vocês poderão achar mais difícil elevar seu quociente de luz espiritual, porque seu sistema imunológico é confrontado, e vocês precisam usar as energias para combater os ataques. Vocês não conseguirão se organizar e trabalhar bem com outras pessoas.

Existem outras coisas que as pessoas estão fazendo de forma oculta que contribuem para essa diminuição do quociente de luz espiritual de toda a população, que é o objetivo geral. Vocês são curadores planetários e são devotados a trabalhar com o quociente de luz espiritual superior. Quando vocês são apresentados à consciência da unidade e à energia do Triângulo Sagrado, conseguem transcender as vibrações inferiores mais facilmente.

As Sementes Estelares Se Unirão

O surgimento de um profeta em um alto nível pode transformar o planeta. Alguém que está carregando energia e luz messiânicas pode transformar de forma notável um planeta, de modo que muitas pessoas possam alcançar frequências superiores.

O drama cósmico também inclui aqueles que estão buscando e encontrando maneiras de elevar suas frequências de luz espiritual e a frequência de luz espiritual do planeta. Isso inclui aqueles que querem se unir com o Conselho Galáctico e com a fraternidade galáctica para uma evolução planetária superior. O drama cósmico também inclui aqueles que estão mais concentrados na energia da terceira dimensão, na luz da terceira dimensão e na luz da terceira dimensão comprimida. É exatamente esse o drama, e é exatamente esse o conflito.

Não quero que vocês minimizem esse conflito. Ao mesmo tempo, vocês e os curadores planetários têm o apoio e a energia harmônica ressonante dos mestres superiores. Os mestres superiores prevalecerão. Os mestres superiores possuem outras defesas em vista, muitas das quais ainda são desconhecidas.

Essas defesas estão sendo ativadas de uma forma importante. Algumas serão ativadas de modo que mais sementes estelares serão despertadas e mais pessoas se unirão. Percebo que existem muitas divisões entre as sementes estelares. Cada semente estelar pode ter seus próprios grupos. Muitas das sementes estelares estão divididas e possuem afinidades com interpretações específicas, conforme suponho. Não acho isso surpreendente, pois há tantos mestres diferentes. Existem muitos níveis de interpretação diferentes.

Em algum momento, as sementes estelares se unirão e vão alcançar uma frequência ressonante com a qual possam se identificar e se beneficiar pela unificação. A unificação está ocorrendo no lado dos povos nativos, no lado galáctico e no lado místico (ou da consciência da unidade) da Grande Fraternidade Branca.

Cada um de vocês possui dons tão incríveis para oferecer e despertar. [Entoa: Ooohhhhh, oooohhhh.] Quando vocês puderem participar e sentir o poder da frequência ressonante, terão a oportunidade de interagir com os mestres superiores no Conselho Galáctico. Vocês podem simplesmente dizer: "Estou agora ressoando na mesma frequência harmônica dos mestres ascensionados no Conselho Galáctico". Vamos meditar enquanto vocês se concentram nessa afirmação.

Cada um de vocês possui um guia ou mestre específico com o qual facilmente se conectam. Alguns podem se conectar com Moisés e seus ensinamentos sobre a quinta dimensão quando ele subiu o Monte Sinai. Alguns de vocês se identificam com P'taah por seus trabalhos nas Plêiades. Alguns de vocês se identificam com Quan Yin e seu grande trabalho sobre os ensinamentos do Buda. Alguns de vocês se identificam com Heylang e seus ensinamentos do sistema de Andrômeda. Alguns de vocês certamente se identificam comigo, Juliano, com meus colegas Helio-ah e Tomar e com nossos ensinamentos arcturianos sobre o Triângulo Sagrado e a luz superior.

Conectem-se com os mestres ascensionados com os quais se sentirem mais em ressonância. Vocês devem primeiro ir até aqueles que ressoarem mais com vocês, e, então, ao fazerem isso, se abrirão para mais ensinamentos. Vocês sentirão essa conexão com a família galáctica e com a fraternidade. Quando vocês sentirem essa conexão, aumentarão o quociente de luz espiritual em sua aura.

Quando vocês aumentam o quociente de luz espiritual em sua aura, tornam-se mais protegidos e mais vibrantes em sua vida cotidiana, bem como aumentam seu poder arcano, de modo que possam mais facilmente manifestar e usar seus poderes para curas maiores. [**Nota do canalizador:** "arcano" é a palavra arcturiana que descreve a força ou o poder medido do pensamento.]

✳ ✳ ✳

Bênçãos, curadores planetários e trabalhadores da luz. Que seu quociente de luz harmônica esteja em ressonância com todos os mestres ascensionados que supervisionam a Terra e interagem com ela. Bom dia!

Capítulo 4

A Consciência e a Noosfera

Juliano, os arcturianos e Arcanjo Miguel

Saudações. Eu sou Juliano. Nós somos os arcturianos. Quero tratar da noosfera, dos campos de pensamento e da consciência inferior, que pode incluir más ações. Existem muitas manifestações da consciência inferior, e atualmente pode parecer que a consciência inferior está dominando este planeta.

Os planetas possuem etapas de evolução, assim como as espécies, como o *Homo sapiens*. Algumas dessas etapas de evolução podem resultar em um estado de consciência mais elevado. Os mestres ascensionados e os seres de dimensões superiores que vêm a este planeta fazem isso de uma forma que os protege. Se nós, os arcturianos, decidíssemos aparecer na Terra, teríamos escudos de proteção ao nosso redor. Todos os seres de dimensões superiores que viajam galáctica ou intergalacticamente possuem a tecnologia e a capacidade de se protegerem da consciência inferior.

Tornando Viral

Existe uma expectativa de que seres extraterrestres ou de dimensões superiores aparecerão de uma forma que fará o mundo todo reconhecer a existência dos seres superiores e das energias extraterrestres superiores. Vocês têm um conceito nas mídias sociais de tornar viral. "Tornar viral" significa que algo que ocorre na sociedade é filmado e colocado na internet, e, por ser tão interessante, milhões de pessoas assistem ao vídeo. Existe algo muito atrativo e extremamente interessante sobre o acontecimento que atrai as pessoas. Quando as pessoas veem esse acontecimento atrativo e interessante, elas assistem ao vídeo e o encaminham para outras pessoas, e assim por diante.

Essas experiências, embora geralmente insignificantes, são divertidas e, certamente, interessantes. Vocês conseguem imaginar, no entanto, a publicidade que ocorreria se seres espaciais extraterrestres superiores chegassem à Terra e permitissem ser filmados e entrevistados? Um vídeo no YouTube com um acontecimento como esse certamente se tornaria viral. Milhões, se não bilhões, de pessoas assistiriam imediatamente ao vídeo e assimilariam o máximo possível dessa interação.

Porém, qualquer ser extraterrestre superior deve ser capaz de se proteger da consciência inferior ou das energias inferiores neste planeta. Algumas pessoas tentariam usar de forma indevida a energia dos seres superiores e poderiam até mesmo tentar capturá-los e aprisioná-los. No pior cenário, as pessoas poderiam até mesmo tentar matá-los!

Sei que as pessoas têm se perguntado: "Por que os seres superiores não vieram para este planeta e se apresentaram? Por que eles não demonstraram uma flexibilidade maior e apareceram, de modo que, de uma vez por todas, o mundo soubesse que seres mais avançados existem na galáxia?". *Existem* seres em outros planetas na galáxia, e há seres mais avançados do que os humanos.

Interferência Cármica e Entrelaçamento

Existe um conceito em sua filosofia conhecido como inclinação para o mal. Gosto de defini-lo como uma inclinação para a consciência inferior. Meus colegas nos reinos superiores possuem a habilidade de se proteger e se blindar da consciência inferior e dos acontecimentos que poderiam impactar negativamente a existência deles. Todos os seres superiores foram instruídos sobre os conceitos de interferência e carma.

A interferência cármica significa que um ser com capacidade e habilidades superiores pode intervir e alterar a consequência de acontecimentos na Terra ou em qualquer planeta. Por que isso seria um problema? O problema principal da interferência cármica é que, quando um ser interfere, isso incorre em entrelaçamento cármico com a Terra e entra no processo de reencarnação da Terra.

É irrelevante se a intervenção é boa ou ruim. Vocês podem ficar surpresos ao ouvir isso. No entanto, existem exceções. O Conselho Galáctico e os mestres galácticos superiores supervisionam este planeta. Eles podem conceder permissão e graça aos seres superiores da quinta dimensão que vêm interferir na Terra. Por meio da graça e da energia protetora especial concedida pelo Conselho Galáctico, esses seres da quinta dimensão podem ser poupados do entrelaçamento cármico.

Gosto da palavra "entrelaçamento", pois ela implica muitas ideias descritivas. O termo também é usado na física moderna para descrever partículas quânticas ou partículas subatômicas ligadas entre si, independentemente da distância entre elas. Uma relação especial existe entre essas partículas, possivelmente porque, em algum ponto, elas ficaram fisicamente próximas.

O entrelaçamento cármico implica se tornar ligado à Terra e às suas encarnações sem seu desejo ou intenção. Isso implica que vocês estão entrelaçados em uma situação ou drama cármico difícil de desatar e desenredar, significando que poderia ser mais difícil para vocês resolverem problemas cármicos na vida atual.

Imaginem que seres de dimensões superiores como os arcturianos, que possuem grandes poderes espirituais, viessem à Terra e se envolvessem com ela. Se nos tornássemos carmicamente envolvidos, mesmo sendo da quinta dimensão, ainda teríamos de obedecer às leis do carma, e poderia ocorrer um entrelaçamento cármico. Lembrem-se de que muitos de vocês são sementes estelares que se tornaram carmicamente entrelaçadas a partir de visitas anteriores à Terra.

Muitos de vocês testaram essa mesma lei com intenções boas e instruídas. Vocês não fizeram isso ingenuamente. Em vez disso, vocês podem ter feito parte de projetos de exploração no espaço-tempo das Plêiades ou de Antares. Com as melhores intenções, vocês estudaram a situação e decidiram fazer intervenções úteis. Então, sem seu conhecimento, vocês se tornaram carmicamente entrelaçados e perderam sua conexão com a quinta dimensão. Vocês se tornaram admiradores tridimensionais da quinta dimensão. Agora, vocês estão buscando uma oportunidade de retornar para o lar! Para muitos de vocês, seu lar é a quinta dimensão.

A ascensão é uma incrível oportunidade na qual o entrelaçamento cármico pode ser eliminado. Existe uma oportunidade atualmente de obter uma grande clareza mental sobre seu passado, presente e futuro e começar a compreender como se livrar do entrelaçamento cármico. Sei que muitos de vocês possuem as intenções e os desejos mais elevados de fazer o bem. Aqueles de vocês que vieram para este planeta a fim de auxiliar também estiveram em grandes missões de exploração e ajuda.

Repelir Vibrações Inferiores

Eu, Juliano, conheço essa questão como inclinação para o mal ou consciência inferior. Nosso planeta, em sua história evolutiva, também teve de passar por essa fase de lidar com a consciência inferior. Sei que existem outros sistemas planetários lidando com esse processo evolutivo e paradoxo de necessitar ser protegido da consciência inferior e das más inclinações. Estas ficam na noosfera, bem como nos campos de pensamento, na subconsciência coletiva e no inconsciente coletivo.

Algumas vezes pode ser mais conveniente usar o termo "consciência inferior", que implica o desejo animal de dominar, controlar e impor autoridade. Os sentimentos e energias da consciência inferior são frequentemente descritos como ganância, inveja e competitividade. Há também um desejo de prejudicar, matar e destruir. Estou certo de que vocês sabem que a espécie humana, *Homo sapiens*, é uma das poucas espécies no planeta que matam seus semelhantes. A maioria dos outros animais não faz isso. Existem algumas exceções no ato da procriação; por exemplo, uma aranha pode matar um parceiro. No geral, isso ocorre apenas no contexto da sexualidade e da criação.

Existem animais que lutam por dominância e podem se matar, mas isso não ocorre na mesma escala que acontece na humanidade. Eu poderia dizer que a consciência inferior e a inclinação para o mal estão muito enraizadas no inconsciente coletivo e no subconsciente coletivo, bem como no campo de pensamento geral da noosfera.

Minha primeira recomendação para se proteger da consciência inferior é que vocês, como trabalhadores da luz, devem proteger e blindar seu campo energético. Isso é particularmente verdadeiro por causa do sangramento dimensional, ou vazamento de energia inferior de outras dimensões. A quarta dimensão está diretamente acima da terceira dimensão. Existem espíritos inferiores da quarta dimensão que estão desencarnados (não conectados a corpos humanos) e, em muitos casos, perdidos. Quando eles estão perdidos, desejam se reconectar com seres da terceira dimensão. Não existe orientação ou muita luz divina na quarta dimensão inferior.

Esses seres de dimensões inferiores podem se conectar de forma parasita a pessoas que estão vulneráveis na terceira dimensão. Os seres inferiores da quarta dimensão não gostam de luz, e eles não gostam da consciência do Cristo, ou da luz do Cristo. Eles não gostam dos mestres ascensionados. Eles não gostam das vibrações superiores. Eles não gostam da consciência expandida.

Com sua vibração superior e seu quociente de luz espiritual superior, vocês podem facilmente repelir esses seres inferiores. Contudo, os seres inferiores estão conseguindo interagir e se conectar a pessoas vulneráveis no planeta. É sempre importante proteger sua aura e fortalecer seu campo energético. É importante se blindar. Isso não é um sinal de fraqueza ou falta de progresso; em vez disso, é um sinal do pensamento realístico. Como eu disse, quando viajamos para outros planetas e para a Terra, nós nos protegemos.

A Energia Noosférica Coletiva

Em breve, serão concedidas permissões para seres de dimensões superiores aparecerem na Terra de uma forma que será observada por todo o planeta. Esse despertar acontecerá muito em breve. Será feito sem causar entrelaçamento cármico para os seres superiores e ocorrerá quando tiver o máximo efeito de cura do planeta.

A chegada desse momento também terá um efeito positivo na noosfera, que influencia imensamente o comportamento geral de toda a população. Todos vocês possuem uma conexão com a noosfera e com o inconsciente e o subconsciente coletivos. A noosfera é um campo de pensamento complexo e possui uma energia bem notável.

A energia coletiva da noosfera tem sido alterada por seres inferiores, mas ela também tem recebido consciência superior e contribuições superiores dos grandes mestres e mentores. Receber e sentir as energias vibracionais superiores dos mestres ascensionados que estão na noosfera é importante, bem como filtrar e desenvolver a força espiritual. A força é necessária para implementar a consciência superior.

A Força da Espada do Arcanjo Miguel

Um dos nossos símbolos favoritos para a consciência superior é o Arcanjo Miguel e sua espada. Vejo a espada não de uma forma militar, mas, sim, como uma forma de demonstrar força e proteção. Na ascensão, por exemplo, a espada do Arcanjo Miguel é frequentemente descrita como uma forma de remover os fios de conexão.

Sei que muitos de vocês desejam ascender, e devem pensar que isso é fácil e que estão prontos. Até mesmo aqueles de vocês que estão prontos para ascender e que têm realizado muito trabalho de ascensão ainda possuem fios de conexão em um nível subconsciente ou inconsciente. Estar aqui na Terra requer fios de conexão fortes.

Conforme destaco, alguns desses fios podem estar abaixo da sua consciência. Alguns dos fios que vocês têm são muito consistentes.

Vocês podem pedir para o Arcanjo Miguel usar a espada dele para cortar os fios de conexão no momento da ascensão. Isso acelerará sua reunificação com a quinta dimensão.

O símbolo da espada é tão belo quanto um escudo protetor. Segurar a espada do Arcanjo Miguel na frente da sua aura repele vibrações inferiores e energia inferior. Significa que não precisa haver uma luta física real. Não precisa haver batalhas, mas, em vez disso, quando vocês usam a espada do Arcanjo Miguel, a vibração inferior – a inclinação para o mal e os maus espíritos em geral – não consegue tocá-los.

A força é um conceito importante quando se trata de proteção, mas também é importante ao compreender como seu trabalho e sua missão aqui podem ser acelerados e conduzidos ao mais elevado nível de efetividade na cura planetária. Esse nível requer força espiritual. Vocês desejam ter a força da consciência superior. Vocês desejam ter a força que demonstra a unificação de todas as pessoas.

O Poder das Pessoas Espiritualizadas

É por esse motivo que retorno ao conceito de tornar viral, e agora também ao conceito de que seres de dimensões superiores ou seres extraterrestres aparecerão neste planeta. Precisa ocorrer um evento que imediatamente unirá as pessoas e as ajudará a levar a força da consciência para um nível superior. Neste momento, existem muitas pessoas espiritualizadas no planeta, mas elas se sentem fracas em termos de suas habilidades para alterar os acontecimentos, e algumas vezes desistem. Elas podem pensar que não conseguem causar nenhum efeito porque os Illuminati ou o Governo Secreto estão tão no controle que não existe nada que as pessoas espiritualizadas possam fazer.

Essas pessoas espiritualizadas não querem retornar para a consciência inferior. Em outras palavras, a consciência inferior não é a forma de lutar contra a inclinação para o mal, a dominação e a competição que contribuem para este planeta estar fora do controle. Uma intervenção deve vir da consciência superior.

Percebo que as pessoas espiritualizadas muitas vezes não acreditam que possuem a capacidade de se conectar com o poder e participar de uma intervenção que fará alguma diferença. Acontecimentos como a aparição de um ser extraterrestre superior imediatamente causariam uma grande unificação espiritual neste planeta. Nesse momento, haveria um grande aumento em toda a espiritualidade e no poder da consciência da unidade neste planeta. Tem sido dito que esse seria o evento mais poderoso que poderia ocorrer, e que a aparição incontestável e irrefutável de um ser extraterrestre superior mudaria para sempre todos os aspectos de religião, filosofia, criatividade e autoanálise. Além disso, é importante que vocês compreendam que já existem extraterrestres na noosfera, e isso já está no inconsciente coletivo e no subconsciente coletivo.

Eu me referi ao inconsciente coletivo galáctico, que é um campo de pensamento que precisa ser acrescentado ao inconsciente coletivo. Nós falamos sobre o inconsciente da Terra. Falamos sobre o subconsciente da Terra e, certamente, sobre o inconsciente coletivo. Este é um termo que o famoso psiquiatra suíço Carl Jung usou para descrever o fato de que existe um campo energético coletivo com o qual todos vocês são capazes de interagir em um nível simbólico, em um nível de sonho e em um nível subconsciente.[2]

Protejam-Se das Energias Inferiores

Muitos dos impulsos e inclinações de nossas ações vêm do inconsciente coletivo, que é a soma total de todas as atividades, padrões de pensamento e ações desde o início da humanidade. Frequentemente, essas atividades são armazenadas como símbolos. Quando vocês analisam o período conhecido como início da humanidade, precisam notar que, percentualmente, os seres humanos alcançaram apenas recentemente o ponto de possível consciência superior, mas, no geral, a maior parte da história humana está repleta de consciência primitiva.

Algumas vezes, essa consciência primitiva é chamada de eu inferior ou consciência animalesca. Pensem em todos aqueles séculos

---

2. Joseph Campbell (ed.). *The Portable Jung*. Penguin, 1971, p. 59.

em que os seres humanos viveram da consciência inferior, sem a capacidade de autoanálise e de se conectar com o eu superior.

A experiência de adentrar o eu mediano e o eu superior é nova nas discussões evolutivas da humanidade. Até mesmo vocês que estão inclinados à espiritualidade superior e que a assimilaram ainda sentem e vivenciam, algumas vezes, a consciência inferior, que é acelerada por causa de aglomeração, estresse, contaminação ambiental (como poluição radioativa) e medo de morte iminente.

A consciência inferior não é incomum na Terra atualmente. Traços de dominação, ganância e violência ocorrem frequentemente. Essas situações tornam mais fácil a consciência inferior ser a força motivacional primária do comportamento. Imaginem alguém que esteja desequilibrado ou que tenha buracos em sua aura e suas ligações. Uma pessoa assim teria mais propensão a agir pela energia da consciência inferior.

Nossa solução e recomendação ao lidar com a consciência inferior vêm da força espiritual. Encontrem formas de se protegerem energeticamente. Como curadores planetários, vocês, por fim, podem aplicar medidas protetivas na noosfera e no campo energético da Terra.

Essa realidade da terceira dimensão baseia-se no pensamento e nos campos de pensamento. É complexo compreender a física de como os campos de pensamento se tornam parte do inconsciente coletivo e da noosfera. Ainda mais complexo é como esses campos energéticos influenciam o comportamento. Quando vocês perceberem que as pessoas que cometem atos inferiores de violência e destruição muitas vezes escutam vozes ou mensagens de seres astrais inferiores, conseguirão entendê-las melhor. Elas muitas vezes recebem instruções verbais negativas em suas mentes. Não entendem exatamente de onde essas instruções vêm, mas as percebem como instruções sobre o que deve ser feito. Algumas vezes elas até mesmo recebem ordens de seguir outros líderes na terceira dimensão que tiram vantagem de impulsos inferiores e, então, tentam levar as pessoas à violência.

Campos de pensamento positivos podem incutir proteção, energia espiritual, unicidade espiritual e consciência da unidade em toda a noosfera. Portanto, mais pessoas receberão a mensagem da consciência da unidade. Isso é semelhante ao conceito de uma música contagiante: quando todo mundo canta a música, a mensagem é repetida em seu inconsciente e em seu subconsciente.

Abrindo a Consciência Galáctica

A consciência galáctica representa a energia do campo de pensamento de todos os seres na galáxia, e isso inclui todos os seus pensamentos e energias. Suas energias, seus pensamentos e seus históricos são registrados na noosfera galáctica, que inclui o inconsciente galáctico.

Na atualidade (principalmente nos séculos XX e XXI), existe uma abertura para o inconsciente galáctico. As pessoas como vocês estão recebendo memórias de experiências e despertares de tempos e acontecimentos anteriores na galáxia. Alguns desses acontecimentos e experiências são muito elevados. Vocês estão recebendo memórias e experiências de vidas passadas em outros planetas. Algumas dessas memórias são traumáticas, porque são de destruição, revolta e conflito.

É verdade que cada sistema planetário como a Terra passa por etapas de evolução. Porém, alguns dos planetas não conseguiram resolver com sucesso suas crises e acabaram em destruição. A simples definição da evolução gira em torno da palavra "crise". Algumas pessoas definem uma crise como uma oportunidade de mudar ou alterar. Além disso, uma crise implica que existe uma ameaça para a sobrevivência. Se a ameaça não for resolvida com êxito, então os habitantes de um planeta podem correr perigo.

Atualmente, há uma crise neste planeta. Existem memórias e pensamentos do inconsciente galáctico de dramas semelhantes na escala cósmica. Vocês sabem que o famoso cientista Albert Einstein disse que, se houvesse uma religião nova na Terra, ela teria de ser baseada em experiências e eventos cósmicos. É nesse ponto que a consciência expandida deve ser trazida de uma forma mais forte ao inconsciente coletivo. Existem outros conflitos planetários na galáxia semelhantes aos da Terra. Memórias desses conflitos estão presentes no inconsciente coletivo galáctico e atualmente podem ser recordadas pelas sementes estelares. Vocês podem se comunicar com outros seres na galáxia por meio da noosfera, que tem a capacidade de interagir com outras noosferas ao longo da galáxia. Isso significa que vocês também podem interagir com seres superiores nesta galáxia. Outros seres superiores estão meditando neste momento, transmitindo a vocês luz, energia, informações e soluções para determinados problemas.

Conectar-Se e Comunicar-Se com a Constelação de Pensamento

Comunicações telepáticas com outros seres dimensionais são excluídas de causar entrelaçamento cármico. Isso significa que seres superiores podem se comunicar com vocês e lhes transmitir energia e pensamentos superiores e até mesmo instruções superiores sem correr o risco do entrelaçamento cármico com a Terra. Essa é uma lei espiritual bem conhecida na religião cósmica e na espiritualidade. Quando vocês recebem mensagens e instruções superiores, ainda podem manter seu livre-arbítrio. Vocês ainda podem manter seu discernimento e decidir se querem seguir as instruções da energia superior.

Nesse ponto, como vocês estão no meio de uma crise planetária, a maioria de vocês está receptiva à energia superior e à luz superior, e vocês ficarão felizes em receber essas belas mensagens e instruções.

Visualizem a noosfera como uma esfera energética. Vocês podem transmitir ou transferir constelações de pensamento na noosfera. Uma constelação de pensamento é um conjunto de campos de pensamento que interagem entre si. Quando os campos de pensamento são unidos no formato de uma constelação, eles possuem mais poder e podem interagir de forma mais poderosa. É possível configurar uma série de constelações de pensamento, o que pode ser considerado uma técnica espiritual superior na cura planetária. Vocês poderiam transmitir um pensamento na noosfera, como "consciência da unidade", "amor" ou "nós somos todos um", e isso teria um forte efeito.

Uma consciência inferior forte está dominando o planeta. Vocês podem dizer: "Bem, como podemos combater esses outros fortes pensamentos e campos de pensamento da consciência inferior?".

Nas constelações de pensamento, vocês possuem pensamentos que estão conectados entre si, e então eles se conectam com outros pensamentos semelhantes e começam a se autorreplicar. Eles produzem novos pensamentos, que se baseiam no mesmo programa ou tema.

Com a consciência da unidade, vocês criariam uma constelação de pensamento que focaria pensamentos da consciência da unidade no meio ambiente, nos governos que controlam o meio ambiente e com todas as pessoas espiritualizadas. Vocês possuem uma série de pensamentos conectados, e, então, os pensamentos em si alcançam um ponto de produção de outros pensamentos. Assim, esses outros pensamentos podem permanecer e interagir, influenciando e combatendo de forma mais poderosa os pensamentos inferiores na noosfera.

Percebo que isso não é tão simples como descrevi. Também requer um uso profissional e quase científico da linguagem para criar esse campo de pensamento em constelação que se reproduz. É dessa forma que purificamos nossa noosfera. Conforme eu disse, nós, os arcturianos, estávamos em uma energia inferior em um ponto de nossa civilização, assim como os pleiadianos também estavam. Passamos por grandes desafios e praticamente chegamos a ponto de nos destruirmos. Percebemos que tínhamos de nos purificar. Tínhamos de purificar nossos campos de pensamento.

É por esse motivo que ainda hoje meditamos continuamente e usamos um espaço e tempo especial e práticas de pensamento para manter a energia noosférica espiritual mais elevada para nosso planeta e nossa dimensão. Existe um extenso conjunto de informações que declara que toda a dimensão se baseia em um campo de pensamento.

Quero passar a próxima parte desta exposição para o Arcanjo Miguel, que falará para vocês mais sobre sua espada sagrada e como ele a usa para o trabalho com o campo de pensamento e as curas. Eu sou Juliano. Bom dia!

* * *

Reunir a Energia de *Geburah*

Saudações. Eu sou o Arcanjo Miguel. Recebam agora a luz da minha espada, essa linda espada etérica que possui habilidades de cura quântica. Estou direcionando a espada a todos vocês na Terra, porque estou acima do planeta todo agora. Cada um de vocês pode receber a luz da minha espada. Recebam essa luz agora e a incorporem em seu sistema energético.

Quero que sejam espiritualmente fortes como eu. Quero que vocês consigam repelir a consciência inferior como eu consigo repelir a consciência inferior. Quero que vocês atuem a partir da luz mais elevada.

Minha espada tem sido uma incrível ferramenta para combater o mal e a consciência inferior. Vocês também estão no campo de batalha da consciência na Terra. Sei que também passam por muitas lutas pessoais ao cumprir sua missão planetária e sua cura planetária. Quero que cada um de vocês saiba que estão saindo da *Geburah*, que é a força na Árvore da Vida cabalística.

Alinhem-se agora com a esfera da Árvore da Vida conhecida como *Geburah* – força e julgamento. Ela é uma força de consciência superior. Ela é uma força repleta de misericórdia, compreensão e compaixão. É uma força que traz autocura.

Agora, reúnam a energia de Geburah *em seu campo energético, em sua aura. [Canta: Geburaaaah.] Vamos entrar em uma breve meditação e nos concentrar em receber* Geburah *– força, força espiritual – em seu campo energético agora. Ficaremos em silêncio.*

Deixem minha espada ficar na frente da sua aura conforme desejam. Deixem minha espada ser um guia, de modo que vocês possam aumentar seu poder espiritual e sua energia espiritual e ser curados na luz de El Na Refa Na La. [Canta: El Na Refa Na La, um canto hebraico que significa "Por favor, Deus, cure-a agora".]

Abram seu coração para a ascensão e para a sua força interior, pois, quando vocês sentem a força de Geburah, *seu coração também fica mais forte. Saibam que o coração é uma grande base para a sua luz espiritual e força. Vejo cada um de vocês agora com essa incrível luz da minha espada ao redor da sua aura como proteção.*

Sei que vocês continuarão a receber e atrair essa luz e força para elevar tudo o que fazem. Usem isso também para transmitir os pensamentos mais elevados e as constelações de pensamento, a fim de que eles possam se reproduzir e ter um efeito de cura poderoso para a nossa querida Mãe Terra. Eu sou o Arcanjo Miguel. Bom dia!

Capítulo 5

A Biorrelatividade e o Efeito Borboleta

Juliano e os arcturianos

Saudações. Eu sou Juliano. Nós somos os arcturianos. Tem ocorrido muita discussão sobre acontecimentos catastróficos do fim dos tempos na Terra. Ainda assim, existem inúmeras possibilidades e técnicas para oferecer intervenções e estratégias a fim de redirecionar e até mesmo alterar as consequências desses tipos de acontecimentos.

O efeito borboleta, ao se relacionar com o pensamento quântico moderno e com um sistema de pensamento denominado de teoria do caos, associa-se com uma crença entre algumas pessoas metafísicas de que o mundo está, em geral, se degradando no caos. Há uma série de acontecimentos aleatórios, como grandes tempestades e até mesmo furacões. Recentemente, ocorreu um grande furacão na Costa Leste dos Estados Unidos, bem como fortes tempestades no Centro-Oeste. De acordo com o efeito borboleta, acontecimentos que parecem não estar relacionados podem influenciar as consequências uns dos outros.

O termo "borboleta" se refere, de fato, ao inseto voador, também conhecido em espanhol como *mariposa* ou em alemão como *schmetterling*. Uma borboleta, de acordo com essa teoria, pode causar uma consequência em um acontecimento aleatório, como uma tempestade a quilômetros de distância, ao mudar sua direção de voo. Embora possa parecer que um acontecimento tão pequeno como esse não teria efeito algum a uma consequência tão grande, a teoria proposta por Edward Norton Lorenz (cientista e desenvolvedor da teoria do caos) afirma que um efeito como esse seria possível.

Acontecimentos Que Parecem Ser ao Acaso Não O São

Esta é uma importante observação e possui muitas ramificações para nosso trabalho sobre cura planetária e ao tentar compreender a influência que os acontecimentos atuais têm sobre a Terra. É importante compreender o efeito borboleta do ponto de vista da biorrelatividade e da quinta dimensão. Todos os eventos aparecem como consequências de acontecimentos na superfície da Terra. Na realidade, todos os acontecimentos possuem causas profundas e camadas de interações que fazem as coisas ocorrerem. Na superfície, é verdade que a mudança no voo de uma borboleta na China pode causar um efeito para a consequência de tempestades no Centro-Oeste dos Estados Unidos. A fim de realmente compreender isso, vocês devem perceber que existe uma série (ou camadas) de acontecimentos que configuram a possibilidade de um acontecimento aparentemente aleatório ter uma influência tão grande.

A pergunta que sempre surge ao observar esses acontecimentos a partir da perspectiva do pensamento quântico é: "Existem acontecimentos aleatórios ou não somos realmente capazes de ver o significado profundo e as inter-relações profundas de tudo?". Isso tem sido discutido há muito tempo na física e na metafísica, porque parece que muitos dos cientistas na Terra que aderem ao pensamento quântico concluíram que existe aleatoriedade aos acontecimentos. Nossa posição é a de que a aleatoriedade depende de níveis de percepção e estágios de dimensão observados. Se vocês observarem os acontecimentos apenas a partir da terceira dimensão, então obviamente existe aleatoriedade. Porém, se vocês os observarem a partir da quinta dimensão, verão que os acontecimentos que parecem ser sem consequência ou insignificantes possuem efeitos sistemáticos; portanto, os acontecimentos não são aleatórios. Esta é uma observação importante, porque a aleatoriedade a partir da perspectiva da terceira dimensão é real. Na verdade, na terceira dimensão, a aleatoriedade é um fator importante ao tentar entender a cura planetária.

Vamos analisar o efeito borboleta tanto pela perspectiva negativa quanto pela perspectiva positiva. A partir de uma perspectiva negativa, vocês veem as tempestades e dizem: "Bem, essa ação de uma borboleta parece estar afetando a consequência de uma tempestade maior, mesmo que a borboleta tenha um poder minúsculo". Porém, vocês também podem dizer que a borboleta influencia acontecimentos positivos. Não é necessário olhar apenas para as consequências negativas. Se a borboleta pode influenciar uma tempestade, então ela também pode mudar sua direção, de modo que não prejudique muitas pessoas.

Vocês Podem Mudar e Curar as Consequências

Espero que vocês possam ver o significado e a relevância de como a biorrelatividade pode influenciar os acontecimentos na Terra. Quero tratar do seu trabalho como curadores planetários fazendo experimentos de pensamento e conectando-se com a noosfera, conforme ela se relaciona com o efeito borboleta. Isso quer dizer que sua ação abrangente e em grupo é tão relevante e poderosa quanto uma borboleta, o que pode ser usado como uma vantagem em exercícios de biorrelatividade para a cura da Terra.

Observem as forças poderosas manifestadas no planeta resultantes de ações realizadas pelo complexo industrial militar, a poluição transmitida pelas organizações, a liberação de radiação no oceano e os gases do efeito estufa invadindo a atmosfera do planeta, causando grandes mudanças e alterações na temperatura geral da Terra. Essas forças parecem fortes. Cinquenta ou cem pessoas projetando pensamentos de biorrelatividade podem apenas ter um pequeno efeito sobre a consequência desses acontecimentos. Os efeitos lógicos acumulados desses sistemas nocivos parecem ser inalteráveis, e eles podem parecer estar levando este planeta em direção a uma grande catástrofe. Na verdade, algumas pessoas alegam que o planeta já está em uma grande catástrofe e que vocês atualmente estão no meio da sexta grande extinção planetária de seres vivos na Terra.

Essa extinção em massa que vocês estão vivenciando é comparável a outras extinções em massa, como a destruição e eliminação dos dinossauros após um meteoro atingir a Península de Yucatán há 50 milhões de anos. Vocês estão no meio da sexta crise de extinção em massa, e essas energias parecem inalteráveis. A biorrelatividade e o trabalho dos curadores do pensamento poderiam ser influentes, assim como a borboleta. E essa é uma boa comparação, porque, quando a borboleta muda de direção, há um efeito na tempestade.

Quando vocês, como curadores planetários, usam esses princípios e ideias, também podem criar um efeito positivo na consequência. Vocês podem mudar uma consequência. Ainda hoje, as pessoas falam sobre as previsões de grandes terremotos na costa da Califórnia, e videntes confiáveis previram um grande terremoto nesse local. Essa previsão não está gravada na pedra. Quem recebe informações como essa está ajudando a oferecer oportunidades para curadores planetários como vocês agirem como borboletas e alterarem a consequência.

Sete Princípios para Maximizar Seu Efeito

Vou apresentar a vocês sete princípios para maximizar efetivamente o efeito do seu pensamento e dos exercícios de cura planetária, de modo que eles não sejam acontecimentos aleatórios, mas, sim, influentes. Lembrem-se de que, no efeito borboleta, a aleatoriedade nem sempre é a única interpretação da verdade. O oposto da aleatoriedade é a intenção, e vocês podem usar os princípios da intenção para intensificar o efeito do seu trabalho. A seguir, são listados os princípios para maximizar as intervenções:

1. Escolham o **momento** mais poderoso para se unirem para a cura planetária, a biorrelatividade e o trabalho de cura geral.
2. Usem o poder de uma **rede**.
3. Decidam a **frequência** necessária de reuniões ou intervenções. Vocês podem se encontrar apenas uma vez ou diversas vezes.
4. A **intensidade** do exercício se relaciona especificamente ao conceito arcturiano de energia arcana.

5. Maximizem a consequência invocando os seres superiores de outros reinos para **auxílio**.
6. Usem **cristais**, incluindo os cristais etéricos, para maximizar e criar campos energéticos e de pensamento.
7. **Foco**. Em nossa terminologia, isso é o oposto à aleatoriedade. Na aleatoriedade, as coisas acontecem apenas coincidente ou acidentalmente. No foco, usamos nossa intenção para aumentar nosso poder.

Este programa e esquema para o trabalho planetário também pode ser aplicado para o trabalho individual e a cura em grupo. Isso significa que sempre existe uma possibilidade de que se reunir para usar esses princípios – momento, rede, frequência, intensidade, auxílio, cristais e foco – também pode ser usado para curar as pessoas. Este método faz parte da cura quântica. Com esse tipo de energia, resultados incríveis podem ser obtidos em um nível individual. A maior parte das nossas exposições a vocês tem sido focada no trabalho planetário, mas também estamos trabalhando juntos para a ascensão. Nós estamos nos reunindo para realizar uma purificação pessoal, a fim de prepará-los para a ascensão. Significa que existem grandes oportunidades de usar esses princípios para a cura pessoal.

A ascensão é uma oportunidade para purificar sua alma, livrando-os do carma da Terra para vivenciarem os reinos superiores de uma forma dinâmica e nova. Neste ponto, permitam-me abordar cada um desses sete princípios e detalhá-los, de modo que vocês tenham as informações e ferramentas de que necessitam. De certa forma, esses princípios estão realmente na essência do pensamento quântico. A essência do pensamento quântico, quando aplicada à espiritualidade, significa que existe uma forma de maximizar seu poder e causar efeito sobre consequências da terceira dimensão, de modo que seu efeito borboleta possa influenciar a Terra de forma dinâmica.

Como Usar os Princípios

O primeiro princípio é o momento. O momento se refere ao momento do dia, mas também pode se referir ao tempo antes do acontecimento. Considerem o horizonte do acontecimento, que é o ponto exato do limite de uma mudança, catástrofe ou tempestade. Se vocês puderem realizar exercícios e intervenções no horizonte do acontecimento, ou até mesmo uma ou duas semanas antes dele, isso será mais poderoso. O horizonte do acontecimento é o ponto no qual, a partir da terceira dimensão, parece que o acontecimento é inevitável. Ele marca o limite do começo do acontecimento.

O momento do exercício e da intervenção deve ser considerado. Sabemos que na Terra existe muito mais energia espiritual durante a Lua Cheia. Existe mais energia espiritual para muitas pessoas no sabá e durante a Contagem do Ômer (uma sequência de tempo especial relacionada a determinados dias e números que coincidem com um acontecimento que ocorreu no Monte Sinai). Os grupos religiosos possuem seus próprios momentos para unir as pessoas. Vocês também podem criar um momento sagrado. O poder da intervenção é diretamente influenciado pelo momento, especialmente pelo momento sagrado, e pela quantidade de tempo antes de um acontecimento.

O segundo princípio é usar uma rede. Vocês estão em uma era na qual a habilidade de se unir em rede ao redor do mundo é fenomenal. Ela é muito forte. Quando vocês estão em uma rede, existe a habilidade de muitas pessoas transmitirem seus pensamentos e participarem coletivamente dos pensamentos. Esse é o poder dos 40. Se vocês tiverem uma rede de 40 pessoas praticando um exercício, existe um poder mágico, um poder exponencial, que eleva a força dos pensamentos a um nível quântico. A cura no nível quântico requer uma determinada energia eletromagnética. Requer elevar o nível de vibração. Para alcançar esse nível especial, no qual coisas mágicas podem acontecer, deve haver um esforço para elevar o campo de pensamento eletromagnético, e algumas vezes isso só pode ser feito ao se conectar com um grupo de pessoas. É por esse motivo que enfatizamos a rede.

O terceiro princípio é a frequência. Vocês vão fazer a intervenção 1, 2, 3, 7 ou 40 vezes? Isso é algo com o qual precisarão trabalhar. Em alguns casos, uma intervenção é suficiente. Em outros casos, principalmente quando vocês estão mais perto do horizonte do acontecimento, torna-se necessário que um exercício de intervenção ocorra com uma frequência maior. Se vocês iniciarem antes, não precisarão fazer isso tão frequentemente. Quando falamos sobre o efeito borboleta, estamos sugerindo que uma mudança de direção de uma borboleta que está distante do horizonte do acontecimento pode ter um efeito em uma tempestade. A borboleta não tem nenhuma causa ou conexão óbvia com a tempestade. O efeito borboleta ocorre quando existe um poder de formação, ou quando o acontecimento está se formando. Isso é essencial para compreender esse efeito. Quando o poder de formação do acontecimento é colocado em movimento, um acontecimento aparentemente sem consequência pode influenciar um acontecimento maior.

O quarto princípio é a intensidade. A intensidade se refere a quão profundamente vocês meditam e quanto poder arcano transmitem. O poder arcano descreve como nós intensificamos e adaptamos nossas ondas e padrões de pensamento em constelações de pensamento. As constelações de pensamento são constituídas de diversos pensamentos interagindo e se relacionando que se intensificam. Eles estabelecem uma reação em cadeia positiva que aumenta a força.

É difícil falar sobre medir o poder do pensamento na Terra neste momento, porque não existem ferramentas precisas para medir as ondas de pensamento. De fato, as ondas de pensamento são tão baixas em energia eletromagnética tridimensional padrão que o campo em si parece não ter nenhum sentido ou habilidade de causar um efeito. Se vocês pudessem aplicar um campo energético eletromagnético de radar, por exemplo, ou até mesmo um ímã básico ou outros tipos de ondas de rádio que pudessem ser medidas facilmente, poderiam medi-las em termos de sua unidade de força. Seria difícil medir a força do pensamento eletromagneticamente. Coloquem duas pessoas juntas em um mesmo ambiente – uma sendo um praticante de meditação treinado e a outra sendo um praticante sem treinamento – para ver se seria possível medir uma diferença significante no padrão de pensamento.

Vocês têm conhecimento sobre teletransporte e telecinesia. Médiuns fizeram experimentos que sugerem medições observáveis.

Por exemplo, Uri Geller supostamente tinha a habilidade de entortar colheres com a mente, usando o poder do pensamento. Isso foi extremamente controverso, porque algumas pessoas sentiram que expectativas irreais e truques influenciaram os resultados. No entanto, seus experimentos indicam algumas das primeiras tentativas usadas de medir o poder do pensamento. Agora, imaginem o resultado de dez pessoas tentando entortar uma colher e aumentando a intensidade de seus pensamentos. Quando vocês realizam cura planetária ou até mesmo a cura pessoal, a intensidade, o poder dos seus pensamentos, possui um efeito importante sobre a consequência.

O quinto princípio envolve o auxílio de outros seres. No efeito borboleta, parece que um acontecimento sem consequências pode ter um efeito sobre algo a muitos quilômetros de distância. Vocês sabem que acontecimentos que ocorrem energeticamente na galáxia transmitem ondas de luz e energia. Notamos principalmente o efeito da Terra passando pelo alinhamento com o Sol Central, e dissemos que a energia do Sol Central está causando um efeito borboleta na Terra. Em outras palavras, existe uma abertura de energia. Existe uma abertura de um novo corredor espiritual que é possível por causa de um acontecimento de 26 mil a 30 mil anos-luz de distância.

No pensamento quântico, a distância não é necessariamente o fator primordial ao criar a influência de causa e efeito. O pensamento é a energia mais rápida no universo, pois vocês podem transmitir seus pensamentos instantaneamente através de longas distâncias e se projetar pelo pensamento até o local. O Sol Central é uma energia que ainda está na terceira dimensão, mas, no trabalho planetário e na cura planetária, os seres de dimensões superiores também são convidados a participar. Na verdade, os pensamentos e padrões dos seres de dimensões superiores em poder arcano têm um enorme efeito. Sua energia pode elevar a energia arcana de todos os padrões de pensamento. Eu os incentivo a trabalhar com as energias dos mestres ascensionados e invocá-las, além de permitir que eles participem e transmitir os padrões de pensamento deles com seu trabalho. Esse é um princípio importante.

O sexto princípio é usar cristais como um método para aumentar o poder arcano. O trabalho com cristais é um método para criar constelações de pensamento e armazenar energia do pensamento. Os cristais armazenam pensamentos, principalmente padrões de pensamento mais elevados. Nós olhamos para os cristais da mesma forma que vocês olham para pen drives. Vocês são capazes de armazenar muitos dados neles. Os cristais etéricos são depósitos de pensamento.

Com programas sincrônicos em um computador, se um programa é alterado, o outro programa que armazena os dados também é alterado. Se vocês têm um arquivo em seu computador conectado a outro, quando vocês alteram um arquivo, o arquivo anexo no computador conectado também é alterado. O termo usado na sua tecnologia de computadores moderna é "sincronizar" os arquivos. Isso é especialmente útil quando vocês estão trabalhando na "nuvem", um termo para a função de armazenamento na internet.

Estamos sincronizando nossos cristais etéricos, e, quando transmitimos pensamentos dos nossos principais cristais, seus cristais etéricos também são alterados e se modificam. Quando vocês se conectam com seus cristais etéricos e transmitem pensamentos a eles, nosso campo energético conectado os recebe, e somos capazes de sincronizar nossas energias com as suas. Existem muitas formas que podemos explorar para trabalhar juntos e sincronizar nossos pensamentos. Quando vocês nos dizem que vão praticar a biorrelatividade em um determinado momento, podemos preparar e sincronizar nossa energia por meio dos cristais, de modo que possamos transmitir uma cura poderosa e energias dinâmicas para quando vocês se conectarem. Isso os ajudará a tornar seu trabalho e sua intervenção de cura mais poderosos. Existem muitas formas de falarmos sobre como podemos fazer essa sincronização.

O princípio final do pensamento é o foco. No efeito borboleta, a borboleta não tem nenhuma ciência da tempestade e nenhum foco ou desejo de mudar a tempestade. Esse é um evento aleatório. Porém, nos princípios apresentados, vocês podem ter foco. Podem criar uma intenção e transmiti-la pelo cristal etérico.

Elevar-Se e Conectar-Se com os 12 Cristais Etéricos

Vamos unir os nossos pensamentos. Neste momento, preparamos todos os 12 cristais etéricos que transferimos com a energia do pensamento especial para cura e equilíbrio da Terra. Cada um dos 12 cristais será elevado. Saibam que cada um deles possui um programa especial de cura, equilíbrio e libertação planetária e de liberação de energia armazenada neles.

Por favor, escolham um cristal que esteja mais perto de vocês. Não é necessário incluir todos os cristais; porém, lembrem-se de que existem cristais no Lago Puelo, em Grose Valley, no Monte Shasta, em Bodensee, em Copper Canyon, no Monte Fuji e no Vulcão Poás. Existe outro no Lago Taupo, na Nova Zelândia. Existe um em Istambul, na Turquia, no Lago Moraine, no Canadá, e, é claro, na Serra da Bocaina, no Brasil.

Elevem-se e conectem-se com o cristal e, depois, visualizem o Anel de Fogo, que passa pela Patagônia, no Chile, e sobe pela América do Sul, pela América Central e, então, pela Costa Oeste dos Estados Unidos. Apesar de ele ser basicamente focado na atividade vulcânica, lembrem-se de que a atividade vulcânica está relacionada aos terremotos. Tudo é interativo.

Visualizem essas placas tectônicas e essa área. Visualizem, especialmente agora, a Costa Oeste dos Estados Unidos, incluindo Los Angeles e São Francisco, e mantenham em mente as previsões de um possível grande terremoto catastrófico. Agora, nós somos as borboletas. Chegamos a essa situação e transmitimos uma luz equilibradora até o Anel de Fogo, através de todas as placas tectônicas, toda a Terra, transmitindo calma e permitindo, se necessário e possível, pequenas liberações de energia. Os terremotos de magnitude 3,5 a 3,8 são pequenos tremores que podem liberar energia reprimida necessária.

Agora, ficaremos em silêncio. Vocês podem transmitir esse pensamento de acalmar as placas tectônicas para um cristal etérico, e, então, o cristal etérico vai ampliar a energia. Depois, nós transmitimos esses pensamentos de equilíbrio e de pequenas liberações de energia por todas as regiões. Isso pode ajudar a acalmar o Chile e qualquer possibilidade de erupções ou atividades vulcânicas. Ficaremos em silêncio agora pensando sobre isso. [Pausa.]

Aumentem a intensidade dos seus pensamentos o máximo possível, e lembrem-se de que nós estabelecemos programas especiais para vocês interagirem com nossos cristais etéricos, de modo que possamos sincronizar nossos pensamentos e nossa energia de cura com os seus. Vou recitar palavras especiais na língua galáctica para aumentar a intensidade e o poder arcano dos nossos pensamentos. [Entoa duas vezes: Oooo. Entoa diversas vezes: Hashma angah.] Permitam que o poder de Hashma angah viaje pelo Anel de Fogo e por todas as placas tectônicas e pelas áreas propensas a terremotos. Permitam que essa energia sonora traga equilíbrio e harmonia agora. [Entoa diversas vezes: Hashma angah.] Permitam que o poder desses sons se concentre no equilíbrio das energias ao longo do Anel de Fogo, especialmente para neutralizar quaisquer terremotos. Hashma angah.

Nosso trabalho está criando um contrapeso. É como uma borboleta mudando as direções, alterando a energia. Quando estamos distantes o suficiente do horizonte de um acontecimento, este exercício em nossa conexão mundial pode ter um efeito muito poderoso. Espero poder também explorar essa técnica com vocês para curas pessoais e em grupo.

Bênçãos a todos. Eu sou Juliano.

Capítulo 6

Como a Biorrelatividade Pode Influenciar a Humanidade

Juliano e os arcturianos

Saudações. Eu sou Juliano. Nós somos os arcturianos. Na biorrelatividade, nós interagimos principalmente com o Espírito da Terra para influenciar o equilíbrio e abrandar as mudanças difíceis, mas isso também influencia a humanidade. Como os pensamentos e as comunicações telepáticas das sementes estelares meditando juntas influenciam as ações de homens e mulheres?

O conceito original da biorrelatividade é fundamentado na ideia de que a humanidade pode diminuir os efeitos catastróficos de determinados acontecimentos na Terra, como atividade sísmica, correntes oceânicas e furacões e outras tempestades. Possivelmente, as primeiras tentativas mais populares de biorrelatividade se concentraram nos terremotos da Califórnia. Alguns trabalhos reduziram a intensidade e a frequência dos terremotos na Costa Oeste.

As sementes estelares podem trabalhar empenhadamente com o Espírito da Terra, mas e quanto aos enormes abusos que a humanidade está cometendo? As ações da humanidade estão criando mais desequilíbrios no meio ambiente e nos oceanos, com poluições maiores, e as situações políticas, sociológicas e militares são a maior ameaça para a biosfera e o equilíbrio da Terra. De que maneira nós, como sementes estelares, influenciamos a humanidade, a fim de interromper o desencadeamento de métodos e energias perigosos que ameaçam destruir o mundo, a biosfera e a forma de vida que trouxe um pouco de ordem para o planeta e a sociedade?

Como as Ideias Se Propagam

A história neste planeta da terceira dimensão é repleta de violência, guerra e conflito. Nos últimos 3 mil anos, a humanidade usou o conflito, a conquista e a intervenção militar para disseminar ideologia. Certas pessoas no poder usaram suas interpretações das religiões para organizar e incentivar a força militar que imporia suas crenças sobre os outros. Agora, isso parece bem contraditório pela nossa perspectiva. Por que, se uma ideia religiosa ou espiritual é inerentemente verdadeira, uma pessoa precisa usar força para fazer todos a seguirem?

Os mestres da quinta dimensão têm observado essa situação por muitos séculos. A Terra possui características particularmente únicas que parecem incentivar a dominação como um método de liderar os outros. Parte do motivo de a liderança militar poder se tornar dominante é o livre-arbítrio.

Seres Que Criaram Drama Cósmico Estão Pagando Seu Débito Cármico

Outras variáveis incluem a intervenção de seres extraterrestres que integraram ou transferiram códigos genéticos na humanidade. Esses extraterrestres tentaram controlar o DNA para propósitos específicos. Em outros casos, os extraterrestres se apresentaram como deuses para os humanos primitivos, impondo seus pensamentos e sua agressão à humanidade. Isso levou a múltiplas conquistas. Zecharia Sitchin e outros autores escreveram sobre essas visitas extraterrestres.[3] Ele propôs que os extraterrestres se apresentaram como deuses, de modo que as pessoas formassem religiões em torno deles. É verdade que esses extraterrestres tinham poderes muito além do que

---

3. Zecharia Sitchin. *The Stairway to Heaven.* New York: Avon Books, 1980.
   Zecharia Sitchin. *The Wars of Gods and Men.* New York: Avon Books, 1985.

a capacidade da humanidade. Quando seres com poderes e energia superiores aparecem para a civilização, é compreensível as pessoas aceitarem esses seres como deuses. No entanto, isso vai além da Terra, porque os extraterrestres se retrataram como deuses em outros planetas, impulsionando o drama cósmico.

Existe um histórico nesta galáxia de conflitos entre civilizações e até mesmo entre planetas. Em alguns casos, essas conquistas levaram a destruição em massa e morte. Esses conflitos criaram um enorme histórico cármico para esses grandes grupos. Tenho sido questionado a respeito disso. "Quantos grupos existem? Como eles vieram para a Terra? Eles vieram como almas, e eles estão encarnados? Esse é o motivo pelo qual vemos tanto conflito e genocídio? Os genocídios estão relacionados a conflitos galácticos antigos?" A resposta para essa última pergunta é sim. Muitas das coisas que vocês estão vendo e que parecem inexplicáveis estão relacionadas a conflitos galácticos anteriores em outros planetas.

Muitos grupos de almas desses outros planetas estão reencarnando na Terra agora para aprender. Eles possuem débitos cármicos para pagar e precisam de ajuda. Uma coisa sobre trabalhar com carma, especialmente quando se trata de guerra e militarismo, é aprender como lidar com a consciência inferior. A alma reencarnará onde houver uma oportunidade de aprender novas informações e novos métodos, mas por meio de situações semelhantes. Esse fenômeno de situações repetitivas com conflitos semelhantes, na Psicologia, é denominado de compulsão à repetição. Esse é um fator na reencarnação e no carma e ao pagar débitos cármicos. Isso quer dizer que, se uma pessoa não aprendeu uma lição específica em uma vida, então ela deve repetir uma situação semelhante em outra vida para ganhar percepção e entendimento sobre a natureza do conflito.

Os mestres ascensionados galácticos têm tentado, até mesmo na Terra, influenciar esse fenômeno e ajudá-los a se afastar da agressão militarista predominante. Os mestres ascensionados conhecem o perigo que este planeta está enfrentando, pois testemunharam conflitos anteriores em planetas nos quais grupos de almas morreram em massa. Isso faz parte da compulsão à repetição em uma escala cármica planetária. Os mestres ascensionados desejam intervir e colocar fim a essa repetição. Nos últimos 4 mil anos, os mestres ascensionados têm trabalhado para colocar à disposição líderes espirituais e seres iluminados para as civilizações do planeta. Alguns desses seres iluminados são muito conhecidos. Confúcio, Buda, Jesus, Moisés e outros seres iluminados nasceram nesse ciclo cármico para influenciar a cultura de massa, de modo que a forma de ser superior, a evolução superior, prevalecerá.

O Conflito Religioso Impede a Próxima Etapa Evolutiva da Humanidade

Agora, precisa acontecer um avanço evolutivo na humanidade em um nível em massa. Vocês conhecem a história do seu planeta melhor do que eu, e sabem que alguns dos grandes líderes espirituais deram início a religiões e apresentaram novas ideias espirituais efetivas e repletas de verdades e grandes poderes espirituais.

Eles estavam tentando ajudar a humanidade a evoluir e alcançar a consciência superior, mas as ideias apresentadas por esses mestres ascensionados foram usadas indevidamente. Reis e imperadores – por exemplo, do Império Romano – enxergaram as vantagens de usar as ideias para benefício político e militar, incentivando mais violência e agressão. Os mestres ascensionados observam essas situações de maneira séria. Eles comentam: "Como esse planeta pôde aceitar um ser iluminado e, então, distorcer as ideias para ganho político? Como isso pôde ser feito quando a presença do mestre deveria ser suficiente para ajudar a humanidade a evoluir?". Os mestres iluminados e os mentores espirituais que vieram para este planeta realmente representam a conexão evolutiva superior que pode salvar a humanidade, mas, em quase todo caso, vemos o uso indevido e conflitos profundos se desenvolverem em vez disso. Este planeta está em uma situação perigosa por causa dos conflitos que surgem de visões religiosas divergentes.

Não encontramos tantas religiões diferentes nos outros planetas. Seus grupos religiosos complexos muitas vezes têm diferentes interpretações da natureza da realidade e discutem sobre qual mestre ascensionado ou ser iluminado tem a informação correta. Esses conflitos não são comuns em outros planetas. Por exemplo, quando Jesus/Sananda foi às Plêiades, ele imediatamente foi aceito como um ser iluminado, e seus ensinamentos foram doutrinados a muitas pessoas. Ele ajudou os pleiadianos a elevar seu nível evolutivo. A partir de nossa perspectiva, é isso que esperamos quando mestres iluminados vão a um planeta. Eles possuem habilidades, energias e ensinamentos que influenciam a evolução de grupos inteiros. Quando um grupo aceita os ensinamentos de um mestre, esse mestre obtém êxito.

Temos observado outros planetas parecidos com a Terra repletos de conflito, e algumas vezes o mestre não foi aceito. No seu caso na Terra, observamos ambas as consequências. Vimos muitos mestres serem mortos, enquanto outros tiveram muitos seguidores e, por fim, morreram de causas naturais.

É o Momento de uma Intervenção Pacífica em Massa

Isso leva à sua pergunta essencial sobre como usar suas energias e seus pensamentos para mudar os líderes mundiais, principalmente quando eles estão conduzindo o planeta a uma catástrofe. Seus líderes têm poder sobre as consequências das mudanças na Terra, mas eles não estão tratando disso porque possuem compromissos específicos em função de ganância ou ganho pessoal.

Muitos trabalhadores da luz com os quais estamos trabalhando têm expressado seu desânimo e perguntado como mudar as pessoas que estão destruindo este planeta. Como aqueles que são gananciosos e negligenciam o meio ambiente podem ser interrompidos? Vocês devem usar seus pensamentos e poderes para purificá-los e mudar os caminhos deles.

Na Bíblia, intervenções em massa são frequentemente mencionadas como dilúvios ou outros tipos de catástrofes. Até mesmo atualmente, muitos grandes pensadores neste planeta observam acontecimentos do fim dos tempos como uma purificação que mudará aqueles que estão no poder. Por exemplo, na história do Dilúvio de Noé, todos morreram, exceto Noé e sua família. Existem histórias e mitos antigos semelhantes sobre acontecimentos nos quais uma intervenção divina aparece para purificar ou reconfigurar uma civilização.

Imaginamos se a invasão extraterrestre original da Terra foi mencionada na Bíblia pelo termo "nefilim". Os seres conhecidos como nefilins julgaram incorretamente e contaminaram os códigos genéticos da humanidade, e talvez a única solução naquele ponto tenha sido purificar a espécie – por meio do Dilúvio. Porém, existem problemas com dilúvios e genocídios em massa. Atualmente, existem mais de 7 bilhões de pessoas neste planeta. Sim, existem muitas pessoas que estão desvirtuadas e fazendo coisas ruins, mas também existem muitas pessoas boas. Muitos seres espirituais estão trabalhando, assim como vocês, para ajudar a humanidade a progredir para o próximo nível de evolução. Uma intervenção em massa criaria desastres para indivíduos realmente espiritualizados e avançados, que trabalham, assim como vocês, para criar cidades de luz e que estão dando origem a avanços evolutivos no DNA. Pela perspectiva arcturiana, intervenções em massa como dilúvios e terremotos simultâneos podem não servir para o propósito maior.

Existem pessoas espiritualizadas e avançadas neste planeta que estão atualmente na posição de evoluir. Nos tempos antigos – durante o Dilúvio de Noé e acontecimentos semelhantes relatados por outras culturas, por exemplo –, a humanidade não estava preparada para evoluir. Essas catástrofes são os últimos recursos quando parece que não sobraram mais almas superiores. Esse não é o caso atualmente na Terra. Existem muitos seres superiores avançados como vocês, os quais, com a orientação e a oportunidade adequadas, podem auxiliar a conduzir a humanidade para o próximo estágio evolutivo.

O que é esse próximo estágio evolutivo? É compreender e, posteriormente, transmitir e integrar energias da quinta dimensão na terceira dimensão. A quinta dimensão é a base para um novo despertar. Nós queremos trazer as energias da quinta dimensão. Seria apropriado usar força física para impor a quinta dimensão na terceira dimensão? Não, isso não seria apropriado. Então, quais métodos estão disponíveis a nós e a vocês, as sementes estelares, para trazer as mudanças?

Na biorrelatividade, as sementes estelares que conseguem alcançar uma consciência superior têm poderes psíquicos superiores, incluindo telepatia, que é como nos comunicamos com o Espírito da Terra, Gaia. Essa comunicação telepática pode influenciar o Espírito da Terra para modificar acontecimentos, principalmente aqueles que prejudicariam sociedades no planeta. Embora as sementes estelares sejam uma minoria, vocês ainda possuem a habilidade de um pensamento superior.

Usem a Energia Arcana para Influenciar Pessoas Poderosas

A energia arcana se refere à força de seu poder do pensamento. Quanto mais elevado o poder do pensamento, mais provavelmente o Espírito da Terra escutará quando vocês se comunicarem e maior será seu efeito sobre a Terra. Vocês também podem usar a energia arcana para transmitir o poder do pensamento e o pensamento superior aos líderes mundiais, de modo que eles possam mudar seus métodos. Esse é um método efetivo em muitos casos, e eu os incentivo a considerá-lo. Essa talvez seja uma expansão da biorrelatividade. Aplaudo os membros do Grupo de Quarenta, que desenvolveram técnicas de meditação nesse sentido, porque acho que essa é uma consequência natural. Algumas vezes as pessoas no poder possuem defesas ao seu redor para bloquear até mesmo a energia arcana que vocês transmitem.

Também o líder mais corrupto no mundo pode ser influenciado. Se vocês acharem que um líder está bloqueando seus pensamentos de amor e evolução superior, invoquem os guias e mestres dele e transmitam suas energias de pensamento a eles. Peçam que esses guias usem sua influência para realizar a mudança. Em alguns casos, esses mestres poderiam até mesmo ser os parentes dele, pessoas de seu convívio ou um espírito ancestral.

Vocês não precisam cometer o mesmo erro que outros grupos cometeram ao direcionar pensamentos que poderiam, de alguma forma, justificar uma guerra santa. Guerras santas criam mais violência, apesar de aqueles que as lutam acharem que estão ganhando e possuem controle. Eles estão, na verdade, se configurando para serem dominados nesta vida ou em outra vida. Eles estarão no lado "perdedor" de uma guerra santa da próxima vez. Novamente, quero alertar contra qualquer tipo de violência e interpretação que apoie uma guerra santa, porque isso cria mais carma negativo e não é o caminho da quinta dimensão.

Criem um Campo Energético de Consciência Unificada com uma Intervenção Messiânica Planetária

Gosto do conceito de intervenção de luz quântica, o qual nós às vezes referimos como uma intervenção messiânica. Definições antigas de "messias" incluíam um ungido ou um rei que, por meio de força e poder militar, restauraria a supremacia espiritual de um grupo específico. No entanto, nossa definição de intervenção messiânica inclui uma consciência unificada. Quando a consciência da humanidade se combina com grandes grupos em determinadas situações, isso pode promover a unidade. Quando isso acontece, pode haver uma mudança imediata.

Esse fenômeno pode ser explicado de forma simples. Por exemplo, durante uma Copa do Mundo FIFA televisionada, milhões de pessoas estão unificadas em consciência. Isso é realizado para um evento esportivo, mas demonstra que, por mais complexa e diversa que a civilização humana seja, ainda é possível ter uma consciência unificada em massa neste planeta. No entanto, unir-se para um evento esportivo não é uma intervenção planetária espiritual.

O mundo também se tornou mais unido em consciência após comoções ou tragédias em massa, como os atentados de 11 de setembro de 2001 e a morte da princesa Diana, que carregava muita luz. Ela era muito conectada a Maria, mãe de Deus, e tocou muitos corações no planeta. Esses exemplos demonstram como um acontecimento pode criar uma consciência unificada que pode causar uma mudança maior.

Eu os convoco hoje a trabalhar conosco, a fim de criar um campo energético para a consciência unificada, porque acredito que eu e vocês – com os mestres que trabalham com vocês – possamos criar energeticamente um evento planetário consciente e unificador que pode mudar a todos. Talvez nem todas as pessoas serão influenciadas, mas a maioria das pessoas pode sentir o poder de um campo de pensamento consciente unificado.

Anel da Ascensão

O anel da ascensão é um halo no qual os mestres da quinta dimensão interagem com vocês. Os mestres da quinta dimensão estão no outro reino e não encarnam na Terra. Na definição tradicional da intervenção messiânica, vocês podem esperar que o mestre encarne na Terra. Isso aconteceu antes e muitas vezes resultou em mais conflito, portanto é muito possível que uma aparição de um mestre messiânico continuaria essa tendência. Vocês possuem até mesmo um mito sobre um falso messias que virá prometendo paz, mas estará, na verdade, inclinado para a dominação mundial.

É nossa crença que as ferramentas estão presentes para um acontecimento que trará consciência da unidade e, com isso, mudanças radicais positivas. Essas mudanças radicais positivas são possíveis sem um enorme dilúvio ou qualquer outro acontecimento do fim dos tempos que foi previsto.

Tem havido sugestões de acontecimentos planetários que poderiam trazer consciência da unidade. Um acontecimento possível é a aparição de extraterrestres superiores, como os arcturianos. Os governos também podem revelar evidências inegáveis de que outros seres superiores existem na galáxia. Essa é uma das muitas intervenções planetárias possíveis que poderiam abrir os campos energéticos das pessoas, principalmente aquelas no poder, trazendo decisões e ações que proporcionam um novo equilíbrio e uma nova cura para o planeta.

Nós podemos ter como foco uma meditação geral para trazer a consciência da unidade. Vamos meditar juntos sobre esse possível acontecimento pelo bem maior e que pode, em parte, ser determinado pelos mestres ascensionados.

Meditação para Aceitar a Esfera de Luz Dourada no Anel da Ascensão

Peço que todos vocês visualizem o anel da ascensão ao redor do planeta. Visualizem uma esfera de energia dourada do tamanho do seu planeta entrando na aura da Terra. Essa esfera está preenchendo o campo energético da Terra com seu halo de luz dourada. O anel da ascensão também é um limite externo no qual os mestres da quinta dimensão podem interagir com vocês. Com essa esfera de luz dourada, virão níveis de consciência superiores e a intervenção adequada. Isso atrairá a intervenção correta para conduzir este planeta a um novo estado de união e consciência. Vamos trabalhar em nossa meditação para atrair essa luz dourada ao anel da ascensão, e, então, a intervenção maior para o bem maior de todas as pessoas será manifestada na Terra.

Conforme vocês visualizam o anel da ascensão ao redor deste planeta, observem uma enorme esfera de luz dourada em um caminho direto do Sol Central para a Terra. Essa esfera dourada está repleta de cura quântica e de luz ômega, ou luz messiânica. Essa luz promoverá uma intervenção planetária de incrível proporção, mudando a consciência de todos na Terra. [Entoa: Oooohhhh, ooohhhh.]

Em tempos antigos, havia histórias sobre o fim dos tempos, sobre uma catástrofe apocalíptica. Permitam que a energia da crise atual da Terra seja transformada em uma intervenção planetária equilibrada e de cura. A esfera dourada chegou e está sendo transmitida agora em todo o planeta. Visualizem essa esfera de luz dourada dentro do anel da ascensão. Essa esfera carrega a energia para a cura planetária.

Lembrem-se de que essa esfera de luz dourada vem do Sol Central, portanto ela tem poderes de cura quântica. Vocês podem atrair essa nova energia que é capaz de realizar uma cura planetária e criar acontecimentos que trarão a consciência da unidade para os líderes mundiais. Isso inclui líderes da cúpula do G7.[4] *Quando os líderes mundiais se sentirem iluminados, eles começarão a promover cura planetária e equilíbrio planetário. [Entoa: Oooohhhh, oooohhh, oooohhhh.]*

Observem essa luz como transparente e dourada. Ela parte da aura da Terra, influenciando o campo energético áurico e o comportamento de todos, a fim de que as pessoas ajam pelos seus eus superiores. As pessoas na Terra perceberão um grande senso de sabedoria e entendimento, e elas se unirão enquanto recebem a consciência da evolução superior. Elas sentirão o desejo de contribuir para a evolução da humanidade em direção à quinta dimensão.

Tentem não se concentrar em um acontecimento planetário específico. Sim, nós podemos pensar novamente nos extraterrestres, mas a revelação da existência dos extraterrestres seria um acontecimento que poderia criar e criará uma consciência da unidade. Pensem sobre a morte da princesa Diana e acerca da grande abertura do chacra cardíaco que muitas pessoas no planeta sentiram na época. De certa forma, a morte dela foi uma tentativa de abrir as energias do coração das pessoas. Ela sabia que tinha de deixar o planeta de qualquer forma. Ela foi convocada de volta para a Casa. Essa foi uma forma de proporcionar uma abertura no coração das pessoas por meio de sua partida.

Pensem que o resultado desse acontecimento de cura planetária quântica abrirá a energia do coração das pessoas. A abertura do chacra cardíaco é especialmente importante na cura planetária e no equilíbrio planetário. Nós precisamos ter o coração daqueles no poder, principalmente dos que estão em postos militares, abertos para o planeta.

O anel da ascensão está aceitando agora essa grande esfera de luz dourada na Terra, conduzindo a Terra em direção à sua dimensão superior. A Terra também reagirá à necessidade de purificação

---

4. Na época desta canalização, a cúpula mundial estava se reunindo nos Alpes perto de Mittenwald, na Alemanha, para tomar decisões sobre como realizar uma mudança e trazer à tona uma nova ordem mundial.

de uma forma superior. Catástrofes como dilúvios são uma forma de reagir, mas elas criam energia inferior. Nós desejamos um acontecimento energético terrestre superior que traga um novo equilíbrio para este planeta de todas as formas. A luz dourada do Sol Central está agora preenchendo o anel da ascensão, criando uma enorme força de atração para a próxima intervenção planetária.

Bênçãos a todos vocês, sementes estelares. Eu sou Juliano. Bom dia!

Capítulo 7

A Intersecção das Dimensões

Juliano, os arcturianos e Arcanjo Metatron

Saudações. Eu sou Juliano. Nós somos os arcturianos. Eu gostaria de explorar o significado da quinta dimensão em um nível mais profundo para ajudá-los a compreender a complexidade e a tecnologia envolvidas na intersecção das dimensões. Vamos começar falando sobre vibrações e frequências superiores. Por exemplo, considere uma cantora de ópera que tem uma bela voz de soprano. Quando ela começa a cantar em uma frequência muito alta, com as vibrações e os tons adequados, ela pode quebrar uma taça. A taça não consegue suportar as frequências superiores, as vibrações superiores, desse belo canto. Isso simboliza a relação entre as frequências da quinta dimensão e as da terceira dimensão.

A quinta dimensão existe em uma vibração superior. É difícil descrever uma vibração superior e seu efeito sobre a vibração inferior sem que eu cite esse exemplo da cantora de ópera quebrando a taça. As frequências superiores da quinta dimensão podem, algumas vezes, quebrar energias, padrões e receptáculos existentes na terceira dimensão.

A solução é que a terceira dimensão, ou a taça, deve ser fortalecida e preparada, a fim de que possa receber a vibração. As vibrações de uma dimensão estão em um plano totalmente separado de outra dimensão, então as vibrações da quinta dimensão não se intersectam de forma direta realmente com a terceira dimensão. Contudo, estamos atualmente em um período de grande luz espiritual e avanço, no qual a esfera da quinta dimensão entrará em intersecção com a esfera da terceira dimensão. Isso traz à tona algumas questões e problemas tecnológicos interessantes: a terceira dimensão consegue suportar as frequências vibracionais superiores da quinta dimensão?

Novamente, retorno à analogia da taça, que é interessante em muitos níveis, porque ela também demonstra que as vibrações superiores, o pensamento superior e a frequência superior da quinta dimensão podem causar rupturas e quebrar alguns dos receptáculos e sistemas que mantêm a terceira dimensão unida. Talvez vocês estejam cientes em um nível básico de que muitos dos sistemas da Terra estão em perigo. Estou me referindo principalmente aos antigos sistemas de poder, que incluem economia, religião e conduta social e política. Em parte, cada um desses antigos sistemas tem de se adaptar e se expandir para conseguir suportar as frequências superiores da luz da quinta dimensão.

Atualmente, vocês estão em uma situação na qual a intersecção das dimensões ainda não ocorreu, mas estão sentindo a atração da intersecção. Existem fios de luz da quinta dimensão e muitas influências magnéticas vindo para a Terra atualmente. Eles estão vindo diretamente da quinta dimensão. São percebidos como pensamentos intuitivos, energia psíquica, avanços áuricos e melhorias em seu sistema de chacras. Apesar de a quinta dimensão ainda não ter se intersectado com a terceira dimensão, tem havido grandes influências espirituais, por causa da proximidade que ocorre entre essas dimensões. Essa proximidade é precursora da intersecção.

Uma das muitas questões é esta: quanto tempo a terceira dimensão pode suportar a intersecção com a quinta dimensão? Voltando à analogia do efeito da cantora sobre a taça, vamos pensar que a cantora de ópera pode cantar em um tom alto por um tempo, e, em um determinado ponto, ela quebra a taça. Pode ser que ela não queira quebrar a taça. Pode ser que a taça seja muito valiosa. Partindo dessa analogia, podemos novamente dizer que a terceira dimensão pode suportar apenas uma breve intersecção com a quinta dimensão, talvez por uma fração de segundo. Se a intersecção ocorresse por um período maior, então a transmissão de energia dessa frequência vibracional superior causaria rupturas maiores na Terra.

A Terceira Dimensão Foi Criada para o Desenvolvimento da Alma

Por acaso, muitas pessoas perguntaram por que os mestres e mentores de vibrações superiores, principalmente aqueles que são extraterrestres, não aparecem imediatamente e fazem uma intervenção em massa. Um ponto, e este é apenas um de muitos, é que estamos em uma frequência muito elevada, e muitas pessoas não conseguem suportá-la. Isso criaria um problema.

Talvez vocês estejam cientes de que os astrofísicos nos tempos modernos determinaram que o Big Bang ocorreu há 13,7 bilhões de anos. Esse é o conhecimento científico aceito de quando esta dimensão e este universo começaram. Este universo, e sua perspectiva nele é a estrutura principal da terceira dimensão. A terceira dimensão surgiu primeiro ou a quinta dimensão surgiu primeiro? Estou questionando isso apenas a partir da perspectiva linear, pois, como vocês sabem, o tempo não é linear na quinta dimensão. Pela perspectiva linear, podemos dizer que a quinta dimensão surgiu primeiro, e, então, a terceira dimensão surgiu a seguir. Por que a terceira dimensão foi criada? Havia uma necessidade de um novo espaço dimensional que permitiria o desenvolvimento da alma. As almas não progridem ou evoluem na mesma velocidade, e foi determinado que havia uma necessidade de que a dimensão inferior fosse criada para permitir que um desenvolvimento da alma específico ocorresse.

Vocês poderiam observar a história de Adão e Eva e do Jardim do Éden de forma simbólica e realística. Adão e Eva estiveram no Jardim do Éden. O Jardim do Éden é a quinta dimensão. Existem histórias sobre o erro cometido por Eva ao comer a maçã, mas o ponto mais importante na história é que Adão e Eva não conseguiram manter a energia de alta vibração necessária para permanecer na quinta dimensão. Não importa quem comeu a maçã primeiro nem quem foi culpado primeiro. Isso é irrelevante. A história é uma bela descrição do fato de que o par humano, que chamamos de espécie de Adão, não conseguiu suportar a quinta dimensão. Sendo assim, eles foram trazidos para a terceira dimensão, o que demonstra a necessidade da terceira dimensão.

A terceira dimensão tornou-se um mundo de dualidade. Tornou-se necessário realizar algumas funções para sobreviver, como cultivar a terra, que não eram necessárias na quinta dimensão. Evidentemente, na quinta dimensão, não há necessidade de trabalhar para viver. Existe o trabalho da alma e o trabalho espiritual na quinta dimensão, mas não o trabalho tradicional que vocês exercem para ganhar a vida. Não existe sistema econômico monetário, por exemplo.

É importante observar a energia da quinta dimensão e como as ideias se manifestam na terceira dimensão. Na história do Jardim do Éden, vocês não têm noção de como Adão e Eva percebiam o tempo quando eles estavam no jardim. Temos alguns relatos diretos de pessoas na quinta dimensão. O intervalo e a perspectiva de tempo mudam na dimensão superior. É difícil alinhar o tempo na quinta dimensão com o tempo na terceira dimensão.

Por exemplo, Moisés foi para o Monte Sinai na quinta dimensão e, quando ele retornou para a terceira dimensão, não gostou do que viu. Pela perspectiva de Moisés, ele deve ter partido por uma hora ou 45 minutos, mas esses 45 minutos acabaram se tornando 40 dias na terceira dimensão! Isso mostra a vocês a dificuldade em correlacionar o tempo na terceira dimensão com o tempo na quinta dimensão. Quando a intersecção das dimensões ocorrer, aqueles que estiverem nas frequências da quinta dimensão terão uma experiência de tempo muito diferente.

A Interpretação dos Ensinamentos de Jesus

Outro exemplo do problema da perspectiva de tempo é como os ensinamentos de Jesus foram interpretados. Uma das principais interpretações de seus ensinamentos é a de que existia um acontecimento do fim dos tempos por vir. Haveria um grande fim apocalíptico do mundo, e era necessário preparar-se imediatamente. No entanto, 2 mil anos depois, observamos que o fim apocalíptico previsto naquela época não aconteceu. Houve destruição do templo judaico e de determinados grupos de pessoas, mas não aconteceu um fim apocalíptico do mundo.

Quando observamos a situação atual a partir dos reinos superiores e, então, a partir desta perspectiva, podemos dizer que, na verdade, vocês estão atualmente mais perto de um fim apocalíptico da terceira dimensão. O relógio do apocalipse <http://thebulletin.org/clock/2015>, por exemplo, mostra que faltam três minutos para a meia-noite. <**Nota do canalizador:** a citação a seguir é do site theBulletin.org.>

Mudança climática descontrolada, modernizações de armas nucleares globais e arsenais de armas nucleares descomunais representam ameaças notáveis e inegáveis para a existência contínua da humanidade, e os líderes mundiais falharam em agir rapidamente ou na escala requerida para proteger os cidadãos de uma catástrofe potencial. Essas falhas da liderança política colocam em perigo todas as pessoas na Terra. Apesar de alguns desenvolvimentos modestamente positivos no campo da mudança climática, os esforços atuais são completamente insuficientes para prevenir um aquecimento catastrófico da Terra. Enquanto isso, os Estados Unidos e a Rússia embarcaram em programas enormes para modernizar suas tríades nucleares – minando, assim, os tratados existentes sobre armas nucleares. O relógio bate agora apenas três minutos para a meia-noite, porque os líderes internacionais estão falhando em cumprir seu dever mais importante – garantir e preservar a saúde e a vitalidade da civilização humana.

Algumas observações que fizemos sobre a crise na Terra incluem as extinções em massa de animais e plantas neste planeta, às quais alguns cientistas se referem atualmente como sexta extinção em massa [ver <http://news.stanford.edu/news/2015/june/mass-extinction-ehrlich-061915.html>]. Atualmente, estamos, de fato, em um período que os ensinamentos de Jesus previram. O que está acontecendo agora e o conhecimento que os profetas recebem da quinta dimensão passam por um processo de filtragem complexo, a fim de se alinhar e se calibrar com o tempo da terceira dimensão. Felizmente, agora estamos em um período no qual a tecnologia espiritual do entendimento da relação entre a terceira dimensão e a quinta dimensão está avançando. Existe um entendimento melhor de como a terceira dimensão e a quinta dimensão interagem e se intersectam. Na verdade, neste período de avanço espiritual superior, vocês podem debater abertamente a questão complexa de como a terceira dimensão e a quinta dimensão se intersectam, a diferenciação de tempo e a calibração de tempo.

É um Trabalho Difícil Interpretar Informações da Quinta Dimensão

Wolfgang Amadeus Mozart, Ludwig van Beethoven e Albert Einstein foram todos gênios. Mozart e Beethoven receberam sua inspiração para músicas incríveis a partir da quinta dimensão. Einstein também estava em contato com energias da quinta dimensão e recebeu instruções de alto nível sobre fórmulas matemáticas e informações sobre como conduzir experimentos do pensamento que permitiram que ele realizasse a grande descoberta científica conhecida como Teoria da Relatividade Geral. Esses três homens receberam transmissões superiores de energia da quinta dimensão; contudo, cada um teve de realizar muito trabalho para manifestar essa conexão, essa inspiração, no mundo da terceira dimensão. Mozart não apenas recebia a sinfonia e a escrevia, e, então, ela estava pronta. Havia edição, arranjos e inclusões. Com certeza, com Beethoven e Einstein também foi assim. Einstein recebeu a inspiração e a conexão, mas ele ainda tinha de transmiti-las e manifestá-las.

Quando vocês interagem atualmente com a quinta dimensão, precisam trazer clareza da inspiração em uma manifestação realística da terceira dimensão. Como o tempo está próximo da intersecção das dimensões, existem mais oportunidades para transmissões e para a receptividade intuitiva da quinta dimensão. Obviamente, vocês ainda precisam realizar um trabalho da terceira dimensão sobre as ideias.

Ao observar a quinta dimensão e também a ascensão – todo o processo pelo qual este planeta e esta dimensão estão passando –, vemos que tem de haver muita filtragem entre as dimensões. Tem de haver muito entendimento das ideais diferentes, e tem de haver calibração do tempo. Menciono especificamente as diferenças porque sei que muitos de vocês ouvem falar sobre datas específicas de quando a ascensão para a quinta dimensão ocorrerá. Como vocês devem reagir a essas previsões e qual seria o procedimento correto?

Nosso entendimento de acontecimentos como a ascensão é que eles são acontecimentos espirituais complexos de grandes proporções. É difícil indicar datas específicas; em vez disso, existem tendências, oportunidades e janelas de quando a ascensão pode ocorrer. Precisamos considerar todas essas coisas quando prevemos que a ascensão acontecerá.

Moisés esteve na quinta dimensão por 40 dias. Quando ele retornou da montanha, as pessoas estavam muito agitadas e impacientes. Ele esteve tão envolvido com seu trabalho na quinta dimensão que não teve ideia de que se passaram 40 dias. Ele sentiu que menos de uma hora havia se passado. Se eu dissesse a vocês que a ascensão acontecerá daqui a cinco dias, vocês primeiro teriam de perguntar qual é a calibração entre a quinta e a terceira dimensões. É possível calibrar exatamente o tempo, tendo em conta a complexidade, bem como as muitas variações envolvidas? Eu teria de dizer que existem diferentes reações das pessoas; existem diferentes cenários possíveis de despertares e até mesmo novas descobertas. Todos esses fatores podem influenciar quando a ascensão acontecerá, e também devem ser levados em conta quando se tenta prever a data de quando a ascensão ocorrerá.

As sementes estelares, especificamente, estão envolvidas em fortalecer seus receptáculos espirituais, e a Terra como um receptáculo, de modo que esta terceira dimensão possa suportar as novas frequências superiores. As frequências superiores aumentarão muito quando a quinta dimensão se intersectar com a terceira dimensão. Realizar o trabalho com cristais etéricos, lugares sagrados, cidades de luz planetárias e com o anel da ascensão são todos exemplos da tecnologia espiritual que está fortalecendo o tecido desta terceira dimensão na Terra. Isso significa que a terceira dimensão será capaz de suportar a intersecção.

Vocês conseguem imaginar se a terceira dimensão não fosse capaz de suportar a intersecção? Vocês conseguem imaginar o choque e a dificuldade de vivenciar a realidade se a Terra não estivesse preparada para a luz superior? Seria semelhante a um terremoto. Quão confortáveis vocês ficariam se presenciassem um grande nascer do sol ou pôr do sol durante um terremoto? Vocês não teriam o estado de espírito para desfrutar do nascer do sol. As sementes estelares como vocês estão providenciando uma rede de apoio fundamental para manter e preparar esta dimensão para a ascensão e a intersecção.

Existem pessoas que recebem intuições e energias da quinta dimensão. Elas estão a ponto de fazer grandes descobertas que possuem o potencial para intervenções globais positivas. Uma nova energia e novos líderes que possuem novos rostos e novas perspectivas sobre as intervenções estão surgindo. Novas energias galácticas estão se aprimorando continuamente. Essas novas energias são difíceis de acessar em termos de um impacto no planeta. Os mestres e mentores do conselho destacaram isso, e o consenso é que os acontecimentos serão radicais – radicais no sentido de que haverá uma rapidez, uma aceleração, nos acontecimentos para trazer muitas pessoas para o ponto de ruptura.

As pessoas estão percebendo que a única forma de soluções serem encontradas para os problemas da Terra é por meio de uma perspectiva espiritual. Vocês presenciarão um acontecimento espiritual que despertará alegria e esperança espirituais para muitas pessoas, um acontecimento unificador neste planeta. Permitam que a energia dos códigos de ascensão seja aberta a vocês, de modo que qualquer acontecimento espiritual de grande magnitude traga uma ressonância maior com a luz superior, bem como a probabilidade de ascensão cada vez mais perto de vocês.

Permitam que esses tons e sons [entoa sons especiais e canta: ohhhh, ohhh] ativem seus códigos de ascensão. Esses códigos são estruturas celulares internas acionadas com a energia e o estímulo corretos. Significa que vocês estão prontos para ascender. Vocês estão prontos para passar por esse processo avançado de aceleração espiritual. Isso pode ser comparado a decolar em um foguete, por exemplo.

O Arcanjo Metatron conduzirá a próxima parte desta exposição. Eu sou Juliano. Bom dia!

* * *

O Gene da Ascensão

Saudações. Eu sou o Arcanjo Metatron. Estou aqui para ativar e despertar suas energias dinâmicas, neurológicas e espirituais. A terceira dimensão se intersecta com a quinta dimensão em sua mente. Essa é a entrada principal para a quinta dimensão. Evidentemente, as energias acelerarão quando as dimensões se intersectarem, mas a energia essencial ainda permanece em sua mente. Seu entendimento e sua consciência devem ser os componentes finais que permitem a ascensão.

Vocês devem estar na vibração correta. Vocês devem estar na frequência correta, e podem usar estas palavras que já ouviram muitas vezes: "Santo, santo, santo é o Senhor dos Exércitos", a fim de acelerar seus códigos vibracionais de ascensão. Essas palavras contêm uma energia vibracional que se dirige especificamente à sua estrutura celular e aciona especificamente os códigos de ascensão. Vocês já estão programados para a ascensão. A ascensão faz parte dos códigos genéticos espirituais dentro de vocês. Porém, isso nem sempre está ativado. Isso é um pouco semelhante a outros debates genéticos segundo os quais uma pessoa pode ter um gene que a predispõe a determinada doença, por exemplo, mas essa doença só ocorrerá com a interação do ambiente e do comportamento dessa pessoa.

O modo com o qual vocês lidam com seu ambiente é importante. Se vocês comerem os alimentos certos, fizerem os exercícios corretos e evitarem fumar, poderão descobrir que o gene que poderia produzir uma determinada doença não será ativado. Porém, nesse caso, estamos falando sobre ativar o gene da ascensão. Os códigos de ascensão dentro da sua estrutura celular não são ativados, a menos que vocês interajam com eles e forneçam-lhes o ambiente e o alimento corretos. O alimento inclui uma oração especial e meditações. Essas palavras, esses tons que cantaremos em hebraico, possuem a habilidade de ativar as energias da ascensão dentro da sua estrutura celular, de modo que seu comportamento e suas energias estejam alinhados com a ascensão.

Agora, escutem. [Canta: *Kadosh, Kadosh, Kadosh, Adonai Tzevaot*.] *Entrem em meditação agora e digam a si mesmos: "Os códigos de ascensão estão agora abertos dentro de mim". [Canta: Kadosh, Kadosh, Kadosh, Adonai Tzevaot.] Permitam que seu terceiro olho seja aberto. Permitam que seu chacra coronário seja aberto. Permitam que seu chacra cardíaco seja aberto, conforme uma luz de vibração superior da quinta dimensão é recebida em seu sistema energético. O seu veículo de luz Merkabah está diante de vocês. Ele é adaptado especificamente para seu próprio campo energético. É conveniente ter seu próprio veículo Merkabah, a fim de que possam interagir positivamente com as densidades dimensionais ao redor no mundo. Quando vocês precisarem ser elevados imediatamente, seu veículo Merkabah oferecerá a vocês proteção e permitirá que passem por essas densidades na terceira dimensão com facilidade e tranquilidade.*

Visualizem que vocês estão agora sentados em seu veículo Merkabah e subimos juntos para cima da sala, para cima do céu, até o anel da ascensão. Esse anel da ascensão é um campo de pensamento energético especial da quinta dimensão, no qual vocês podem interagir, e ele pode oferecer apoio, um estímulo, para subir ainda mais alto. Em seu veículo Merkabah, juntem-se a mim no anel da ascensão ao redor da Terra. [Canta: É bom estar junto. É bom estar sentado com outras pessoas no anel da ascensão. É bom estar em um campo energético em grupo.] Permitam que eu esclareça que essa ascensão é uma experiência em grupo, e vocês estão participando deste anel da ascensão com um grupo de irmãos e irmãs sementes estelares.

Conforme vocês participam do anel da ascensão em seu veículo *Merkabah*, estejam cientes de que sua percepção de tempo pode mudar. Estejam cientes de que vocês podem sentir que apenas um ou dois minutos se passaram, mas, na Terra, pode ser uma experiência bem diferente. Lembrem-se da experiência de Moisés no Monte Sinai. *Novamente, nós nos sentamos juntos e unimos nossa energia no anel da ascensão em seu veículo Merkabah. [Canta: Merkabah,*

Merkabah ha-Kadosh Merkabah.*] Lembrem-se de que o Merkabah é uma carruagem. Ele é um veículo que os conduz para a dimensão superior e para o palácio. [Canta: Merkabah, Merkabah. Permitam que o anel da ascensão os conduza a esse belo campo energético e os prepare para a quinta dimensão.]*

Agora, pegaremos o veículo Merkabah e viajaremos de volta para a sua sala, de volta para a sua casa. Retornem do anel da ascensão de volta para a sua casa, de volta para seu corpo físico. O anel da ascensão e o veículo Merkabah *são como um isolamento, de modo que vocês não sentem nenhum estresse indevido quando viajam interdimensionalmente. Com seu veículo Merkabah, vocês podem retornar perfeitamente integrados ao seu corpo físico. Essa é a beleza do veículo Merkabah. Vocês podem voltar para a Terra imediatamente, na ressonância mais elevada com seu corpo físico.*

Agora, vocês estão de volta em casa. Vocês saem de seu veículo Merkabah e da consciência expandida. Seus códigos de ascensão foram abertos, e vocês sentem um profundo estado de harmonia, luz e consciência.

Que a luz da ascensão que está no horizonte da Terra (um lindo brilho harmônico, e vocês fazem parte desse brilho) os siga por todos os lugares! Eu sou o Arcanjo Metatron. Bom dia!

Capítulo 8

Tudo sobre Tremulação

Juliano e os arcturianos

Saudações. Eu sou Juliano. Nós somos os arcturianos. Nesta lição, analisaremos mais atentamente a prática espiritual conhecida como tremulação. Estudaremos como a tremulação está relacionada à ascensão pessoal e planetária, e oferecerei instruções e explicações especiais sobre como a tremulação funciona para estabelecer um campo energético de proteção ao redor da sua aura.

A tremulação é uma das principais tecnologias espirituais para a ascensão e pode ser definida como a rápida aceleração ou o aumento da sua aura e da pulsação dela. A aura, ou o campo energético, tem uma pulsação. Pode ser comparada com a pulsação no seu sistema circulatório de certa forma, mas existem diferenças importantes.

No sistema circulatório humano, se a pulsação fica muito rápida, é possível ter problemas cardíacos graves e até mesmo um ataque cardíaco. Existe uma variação da pulsação humana ideal para a saúde física. A aura também possui uma pulsação, mas, diferentemente da pulsação física, a pulsação áurica é capaz de funcionar em frequências muito elevadas. Na verdade, quanto mais elevada a frequência ou pulsação da aura, maiores se tornam sua consciência espiritual e sua energia espiritual. Com um aumento na pulsação da sua aura, vocês também terão um aumento em suas habilidades espirituais. Por fim, para ascender, sua aura e a pulsação dela devem estar em uma frequência superior e em uma vibração superior.

É interessante comparar a terminologia da energia eletromagnética da aura. Na energia eletromagnética, vocês falam sobre vibração ou frequências. No debate sobre sua consciência espiritual, muitas vezes vocês comparam sua espiritualidade e suas energias espirituais com as de outra pessoa. Vocês podem dizer, por exemplo, que outra pessoa pode estar em uma vibração alta ou em uma vibração baixa. Podemos facilmente substituir a palavra "vibração" por "frequência".

Intuitivamente, vocês conhecem – e sua linguagem já expressa – esse fato comum sobre a frequência da aura. Descrito de forma simples, uma pessoa que é mais densa e que tem uma consciência espiritual inferior vibra em uma vibração inferior ou frequência inferior. Quando vocês estão vibrando em uma frequência superior, suas habilidades, incluindo suas habilidades psíquicas, aumentam significativamente.

Uma cortina vibracional separa a terceira dimensão e a quinta dimensão. A fim de ascender, vocês devem cruzar esse véu. Essa cortina vibracional é útil e possui muitas funções, sendo a principal proteger a quinta dimensão de invasões pelas dimensões inferiores. Dessa forma, as pessoas de vibração inferior, incluindo aquelas que sentem ódio, inveja e desejo de dominar e prejudicar os outros, não podem passar por esse véu ou cortina. Vocês devem ter uma vibração espiritual superior em geral para entrar na quinta dimensão. O conceito de tremulação é baseado nessas explicações. A prática da tremulação permite que vocês aumentem a velocidade vibracional da sua aura, e, com esse aumento da velocidade, vocês são capazes de passar pelo véu entre a terceira e a quinta dimensões e experimentar a energia mais elementar da quinta dimensão.

Entendam Sua Aura

Vamos descrever algumas das observações básicas sobre a aura humana, porque a tremulação requer um pouco de conceituação e entendimento sobre a aura. Espero que vocês estejam familiarizados com minha descrição do ovo cósmico como o formato ideal da aura. Às vezes, também me refiro à aura como o "campo energético humano". A parte externa da aura possui uma linha que envolve o campo energético e define o formato da aura. Ao realizar exercícios com sua aura, percebam se há buracos, rachaduras ou vínculos parasitas nela. Traçar essa linha ao redor da aura ajuda a preencher os buracos e também pode ajudar a interromper algum vazamento de energia. Existem muitos exemplos de pessoas que possuem buracos na aura, e esses buracos podem ser a fonte de vazamentos de energia. Entretanto, os buracos na aura podem ser reparados.

Por que vocês teriam um buraco em sua aura? Existem muitos motivos. O motivo mais provável é um acontecimento pessoal traumático. Isso é relevante principalmente para alguém que sofre de estresse pós-traumático ou de trauma de guerra. Parte da aura dessa pessoa fica danificada, e ocorrem vazamentos. Então, essas pessoas que enfrentam vazamentos na aura geralmente sofreram algum tipo de trauma.

Os vínculos parasitas são ganchos ou tentáculos que vêm de outras pessoas. Algumas vezes eles vêm da família principal, como a mãe. Outras vezes eles vêm de um irmão ou de uma irmã. Por uma variedade de motivos emocionais ou psicológicos, essas pessoas que estendem tentáculos de forma parasita tiram sua energia e a usam como se lhes pertencesse. Traçar uma linha ao redor da sua aura é uma forma de se tornarem cientes dessas ocorrências. Além disso, a linha em si oferece a vocês um foco para começar a pulsar a aura. Quando vocês começam a aumentar a velocidade e a pulsação da sua aura, torna-se muito mais fácil repará-la. Na verdade, tentáculos e vínculos parasitas inferiores não conseguem aderir ou permanecer em uma aura que vibra em uma velocidade superior.

Quando uma pessoa vibra em uma velocidade mais alta, podem acontecer curas incríveis e milagrosas da aura. Vocês também vão descobrir que a tremulação é basicamente uma aceleração da aura, e uma doença pode ser curada enquanto vocês estão acelerando sua aura. Muitas das doenças vêm de buracos na aura, os quais causam vazamentos de energia ou vínculos parasitas. Na verdade, até mesmo parasitas ou agentes patogênicos devem passar por sua aura a fim de alcançá-los, por isso existem sistemas de defesa vibracionais no local. Quando sua aura está tremulando ou vibrando em velocidades mais altas, os agentes patogênicos podem ser repelidos mais facilmente. As pessoas que podem querer prejudicá-los por algum motivo também perceberão que sua velocidade áurica acelerada as repele e terão dificuldade em conseguir prejudicá-los. Vocês já podem observar que existem muitos benefícios na tremulação, e nós ainda não abordamos ou exploramos o objetivo principal dela, que é se projetar pelo pensamento para a quinta dimensão.

Acostumem-Se com a Pulsação da Sua Aura

Permitam-me retornar ao conceito de linha ao redor da aura. Muitas vezes, peço que as pessoas que estamos curando visualizem a linha com um tom intenso ou brilhante de roxo, em uma natureza muito sólida. Existem alguns debates sobre quão longe essa linha deve estar, porque sua aura se estende em alguns centímetros. Na verdade, vocês poderiam dizer que sua aura pode ser projetada aproximadamente entre 75 e 130 centímetros de distância do corpo. Algumas pessoas com capacidades psíquicas superiores possuem habilidades extraordinárias e podem projetar suas auras por quilômetros. No trabalho energético superior, as pessoas podem vibrar e estender sua aura para além da Terra e para fora do sistema solar, para fora da galáxia e, evidentemente, até mesmo para fora do universo. No entanto, nesse trabalho sobre o qual estamos falando, isto é, a tremulação, recomendamos que a distância com a qual vocês trabalham, na qual a linha está traçada, seja de 20 a 25 centímetros do seu corpo. Entendam que existe energia além desses 20 a 25 centímetros, mas essa distância oferecerá o benefício máximo para a tremulação. De certa forma, esse é o benefício energético mais poderoso e imediato. Essa é sua camada protetora. Esse é seu ponto de poder.

Existem muitos métodos para aumentar a velocidade da pulsação da sua aura. O primeiro método começa quando vocês se tornam cientes da velocidade da pulsação existente. Isso é semelhante a se tornar ciente da sua respiração. Durante a respiração, vocês automaticamente desejam desacelerá-la, mas, geralmente, em técnicas de meditação mais profundas, o mestre simplesmente diz: "Torne-se ciente da sua respiração *sem* alterá-la de alguma forma". É a mesma coisa no trabalho com a aura: simplesmente se tornem cientes da sua aura e da velocidade da pulsação dela.

Muitas vezes, ofereço um tom rápido e peço que vocês tentem combinar a velocidade da pulsação da sua aura com o meu tom. Vocês podem, por exemplo, escutar eu dizer isto. [Entoa devagar: Ta ta ta ta ta ta ta ta ta.] Espera-se que, ao escutarem isso, vocês consigam combinar a pulsação da sua aura com essa velocidade. Então, alguém pode dizer: "Certo, vou aumentar esse som para ajudá-los a aumentar a velocidade da sua aura", porque, quanto mais rápido sua aura vibra, mais habilidades psíquicas e espirituais vocês terão. Por fim, no ponto de ascensão, vocês serão capazes de mudar rapidamente a pulsação da sua aura para uma velocidade que lhes permitirá acessar a quinta dimensão.

Este é um exemplo novamente de uma pulsação mais acelerada. [Entoa mais rápido: Ta-ta-ta-ta-ta-ta-ta-ta-ta-ta-ta.] Sintam o rápido aumento do seu campo energético e, o mais importante, a pulsação da sua aura aumentar. A tremulação, portanto, está diretamente relacionada à velocidade da pulsação da sua aura. Quando seu campo energético atinge uma determinada velocidade, que chamamos de velocidade limite para a tremulação, vocês começam a piscar ou tremular. Isso significa que vocês estão entrando na consciência física e saindo dela. As pessoas que os estão observando poderiam ver a sua energia física piscar, o que significa que ela pode entrar e sair e aparentar estar pronta para entrar em outro reino. Comparei isso a *Jornada nas Estrelas*, quando os personagens usam o teletransportador, que transporta uma pessoa de uma posição na nave espacial para outra posição em um planeta. Logo antes de a pessoa finalmente desaparecer para viajar pelo espaço ou para outro planeta, é possível vê-la piscar. Neste caso, vocês não estão indo para outro planeta, vocês estão indo para outra dimensão.

Existem diversas recomendações diferentes sobre como usar a energia da tremulação de forma mais eficiente:

Usem tons e sons sagrados antes de começar a tremular.

Pratiquem a tremulação em um espaço sagrado.

Pratiquem a tremulação em momentos sagrados.

Usem cristais e pedras especiais para ajudar no aumento e na manutenção da frequência vibracional.

Os Benefícios de Utilizar Pedras Taquiônicas

Quero aproveitar esta oportunidade para falar sobre as pedras taquiônicas. Mencionei as pedras taquiônicas muitos anos atrás em meu primeiro livro, *Conectando-se com os Arcturianos*. Falei que as pedras taquiônicas possuem habilidades especiais que os ajudam a vibrar e entrar em frequências superiores – e, por fim, na quinta dimensão. Quero explicar isso novamente. Uma das características das pedras taquiônicas é que a energia da pedra está conectada a uma dimensão superior, e o campo energético e o campo de pensamento contidos no táquion podem viajar mais rápido do que a velocidade da luz. Tiveram algumas discussões a respeito de as pedras taquiônicas realmente existirem ou não na terceira dimensão atualmente, mas a coisa mais importante é que o conceito e o campo de pensamento do táquion, de fato, existem, e réplicas de pedras taquiônicas estão disponíveis. Não posso afirmar que cada pedra possui a propriedade exata com a qual trabalhamos na quinta dimensão em Arcturus, mas, mesmo se elas não possuírem, as pedras taquiônicas que estão disponíveis carregam as energias do pensamento – ou seja, a pedra em si detém e carrega energia mais rápida do que a velocidade da luz.

Qual é a vantagem de ter uma pedra simbólica – ou real – que possui a propriedade de conter pensamentos que podem viajar mais rápido do que a velocidade da luz? Para responder a essa pergunta, vamos tratar novamente da tremulação. A tremulação oferece a vocês cura e proteção, portanto ela os ajuda a criar um campo energético de proteção ao seu redor. Invasões, pensamentos prejudiciais e até mesmo acontecimentos prejudiciais não conseguem penetrar esse campo energético. Portanto, a tremulação possui múltiplas funções. Uma função é ajudá-los a entrar na quinta dimensão durante a ascensão e praticar entrar nela, e outra função é aumentar a velocidade da sua aura para protegê-los. A pedra taquiônica, por ter a propriedade de viajar mais rápido do que a velocidade da luz, também tem uma capacidade protetora especial.

O planeta Terra está atualmente ficando repleto de ondas de rádio eletromagnéticas, energia solar e radiação. Essas energias pertencem ao espectro eletromagnético. Elas estão em diversas partes do espectro de radiofrequência, mas todas elas viajam e estão em conformidade com as propriedades da energia eletromagnética, que viaja na velocidade da luz. Permitam-me usar o exemplo da radiação, porque esse tem sido um tema muito importante, principalmente à luz dos grandes acidentes nucleares em Chernobyl e Fukushima. Além disso, houve uma liberação de radiação excessiva nos últimos 50 anos neste planeta. Mais radiação foi liberada neste planeta nos últimos 50 anos do que em 5 milhões de anos. Vocês podem imaginar os efeitos danosos potenciais que estão sendo confiados a este planeta, a vocês e ao seu campo energético. Todos vocês estão fazendo adaptações, mas isso ainda é um estresse para vocês e para seu sistema imunológico. A energia taquiônica, por ter o potencial de viajar mais rápido do que a velocidade da luz, é capaz de protegê-los mais efetivamente da radiação eletromagnética prejudicial. O táquion vibra mais rápido do que a velocidade da luz ou mais rápido do que as emissões de rádio e as energias eletromagnéticas.

Usar cristais e pedras taquiônicas pode estabelecer propriedades de proteção especiais. Todos vocês sabem que existem muitas energias eletromagnéticas bombardeando seu cérebro por meio da internet, dos telefones celulares, dos smartphones, dos iPads e de outros dispositivos. Vocês ainda estão em um nível muito primitivo com essa energia em relação a proteger seu campo energético. Se vocês viessem para uma de nossas naves espaciais, não encontrariam nenhum vazamento, nenhuma "energia suja", vindo de nossos computadores, de nossas transmissões ou de nossas fontes de energia. Daqui a 100 ou 200 anos, as pessoas poderão olhar para trás e ficar chocadas com quão negligentes a ciência e a tecnologia foram em relação à energia eletromagnética. Todos ficarão chocados vendo quão negligentes as pessoas foram em relação à radiação, e todos também ficarão chocados vendo como esta era, de 2015 e além, não foi capaz de bloquear corretamente a radiação eletromagnética vinda dos aparelhos eletrônicos.

Tremulem para Além de Si Mesmos

Agora, vamos observar a tremulação em um nível planetário. Tudo no planeta possui um campo energético. As rochas, as plantas, as cidades e até mesmo sua casa possuem campos energéticos. A técnica e a aplicação da tecnologia de tremulação são as mesmas tanto para a sua casa e sua cidade quanto para vocês pessoalmente. Permitam-me descrever isso em mais detalhes. Estabeleçam uma linha de 20 centímetros ao redor do seu campo energético. Seu corpo, seu campo energético e sua linha pulsante estariam aproximadamente 20 centímetros afastados, e essa fronteira é onde vocês começariam a realizar o trabalho de pulsação. Vamos examinar, por exemplo, a tremulação ao redor da sua casa. Pensem nas fronteiras ao redor da sua propriedade, porque vocês podem querer tremular sua casa e sua propriedade. Visualizem uma linha fronteiriça ao redor da sua propriedade. A linha da sua propriedade seria considerada a mesma coisa que a linha áurica. Vocês podem tremular sua propriedade e ter a mesma proteção que teriam em sua aura pessoal. Vocês também podem colocar cristais e pedras taquiônicas dentro da linha da sua propriedade.

Portanto, os princípios da tremulação podem ser aplicados a lugares físicos. Existem muitas ameaças possíveis à sua propriedade pessoal. Vocês estão bem cientes das ameaças de incêndios, secas, tempestades e radiação à sua propriedade. Sendo assim, estabeleçam a fronteira espiritual ao redor da sua casa, visualizem o campo energético e a linha da aura ao redor da sua propriedade e comecem a tremulá-la. Vocês perceberão que a propriedade vai acelerar em sua vibração. As plantas crescerão melhor. Haverá menos propensão de algum dano decorrente de tempestades ou outros acontecimentos, e, em geral, vocês vão perceber uma imensa sensação de proteção.

Ao tremular as cidades de luz, a ideia é a mesma: vocês estabelecem uma fronteira ao redor da cidade de luz com a qual estão trabalhando. Novamente, é importante quando falo sobre a linha a 20 centímetros do seu corpo físico pessoal como uma linha da pulsação. Quero que vocês também considerem que têm de trabalhar com a linha áurica e a linha da pulsação no campo energético da sua cidade. Vocês podem ir à fronteira da cidade e colocar pedras na linha fronteiriça; depois, vocês podem começar a realizar o exercício de tremulação. Isso tem o efeito, novamente, de proteger a cidade da mesma forma que descrevi em relação à sua propriedade.

A propósito, vocês também podem tremular seu automóvel. Cada automóvel possui uma aura especial. Na realidade, seu automóvel está em conformidade e interage com seu campo energético, e, para proteção, vocês podem colocar uma fronteira energética ao redor do seu carro e tremulá-lo em sua mente antes de usá-lo. Vocês podem tremulá-lo em outros momentos quando o carro estiver estacionado perto da sua casa. Vocês ficariam surpresos em relação a como os objetos que usam estão em conformidade com seu campo energético.

Usem o Som para Aumentar a Tremulação

Existem tons e sons que vocês podem usar para aumentar a habilidade de tremulação. Acontece que algumas frequências na língua hebraica antiga possuem qualidades energéticas elevadas. Existem também outros tons e sons de cura da língua chinesa e da língua sânscrita que podem acelerar a cura e aumentar a tremulação.

Quero comparar a tremulação com a abertura do ponto de encaixe, um ponto físico no corpo frequentemente descrito pelos xamãs. Quando esse ponto é aberto, a pessoa tem uma oportunidade de erguer o véu da terceira dimensão. Porém, algumas vezes esse véu é levantado apenas parcialmente, e a pessoa pode conseguir ir apenas até a quarta dimensão. O exercício de tremulação que estamos fazendo os ajudará a entrar na quinta dimensão. O conceito de abrir o ponto de encaixe pode ser comparado a aumentar sua velocidade áurica enquanto tremula.

Os tons na língua chinesa, ou na filosofia chinesa – especialmente na filosofia taoista –, também contêm um grande potencial para aumentar a tremulação. Por exemplo, os tons chineses como *huuuuhhhh* e *haaaah* podem ser muito eficientes em acelerar a pulsação da aura. Quero falar um pouco sobre o som *haaaahhh*, porque, no mundo do Taoismo, há o conhecimento de que determinados sons possuem um grande valor protetivo. Além disso, determinados sons podem ter uma habilidade maior de desorientar alguém que esteja indo em sua direção e queira prejudicá-los ou que tenha um pensamento negativo contra vocês. Pode ser simplesmente uma energia negativa de alguém no trabalho; por algum motivo, essa pessoa está projetando energia negativa em vocês. Vocês não precisam verbalizar isso no ambiente de trabalho, mas podem simplesmente dizer a si mesmos, em um único som, a palavra *haaah*, e, ao vibrar nesse nível, iniciar uma tremulação especial na qual uma energia de vibração inferior negativa indo até vocês é repelida. Em uma confrontação real na qual alguém pode desejar invadir fisicamente seu espaço, vocês podem verbalizar esse som, e ele vai imediatamente desorientar e confundir o campo energético da outra pessoa. O som de "ha" dito com força interromperá o campo energético de uma pessoa, e então será muito mais fácil para vocês se manterem intactos.

Existem sons que são particularmente úteis para ascender à quinta dimensão. Agora, lembrem-se de que existe um véu, ou uma cortina, entre a terceira dimensão e a quinta dimensão, e a nova tecnologia dos arcturianos ensina a vocês como passar por esse véu. Quando vocês passarem por ele, poderão aumentar a velocidade da sua aura. Quando vocês aumentarem a velocidade da sua aura e começarem a tremular, terão uma grande ampliação em todas as suas habilidades espirituais psíquicas. Sua habilidade de usar seu terceiro olho, por exemplo, aumentará imensamente. Sua habilidade de curar os outros também aumentará muito, porque suas mãos vão vibrar em um nível mais elevado, e, por fim, sua habilidade de se projetarem pelo pensamento aumentará.

Teletransportem-se pela Projeção do Pensamento

A projeção do pensamento é uma habilidade psíquica que pode ser comparada ao teletransporte ou até mesmo ser definida como um autoteletransporte. O teletransporte é a habilidade de mover objetos de um lugar para outro com sua mente. Se vocês tivessem um copo em uma mesa em uma sala e, em outra sala, tivessem outra mesa, vocês conseguiriam projetar pelo pensamento ou mover o copo de uma mesa para a outra. Isso requereria que uma energia arcana (ou voltagem) superior o fizesse. Seria difícil para vocês, mas é fácil para nós, porque somos treinados a fazê-lo.

Posso comparar isso a aprender uma língua estrangeira. Se vocês aprendem uma língua estrangeira aos 3 ou 4 anos de idade, não precisam estudá-la. Vocês podem pronunciar todas as palavras corretamente e aprender instintivamente todas as regras gramaticais, e tudo é muito fácil. Imaginem que vocês tenham treinado ou praticado o teletransporte desde os 3 ou 4 anos de idade. Isso não seria, então, um grande esforço. Nós, os arcturianos, praticamos a movimentação de objetos dessa forma desde os tempos mais antigos que podemos recordar. Alguns de vocês comentaram que nós não aparentamos ser musculosos. Mas qual é o sentido de usar os músculos se é possível mover as coisas – e até a si mesmo – com a mente? A projeção do pensamento é isso – teletransporte.

Na ascensão, haverá uma intersecção das dimensões e uma alta explosão de energia espiritual. Essa alta explosão de energia espiritual é como um dom a cada um de vocês. É como se estivessem recebendo energia e, então, repentinamente, com o crescimento imediato de energia, seu quociente de luz espiritual e sua habilidade de tremular aumentassem imensamente. Vocês conseguirão tremular em velocidades indescritíveis. Eu não consigo reproduzir a velocidade da pulsação da sua aura com a voz no canalizador. Nem mesmo consigo descrevê-la, mas ela é rápida. Posso dizer que vocês não conseguem reproduzir essa velocidade atualmente por si mesmos. Vocês não possuem a habilidade de tremular tão rápido atualmente, mas, com o estímulo de energia da ascensão e a intersecção das dimensões, terão a habilidade de aumentar rapidamente a pulsação da sua aura. Com o aumento dinâmico e acelerado da sua aura, seu ponto de encaixe se abrirá, e, então, suas habilidades psíquicas aumentarão imensamente, e vocês conseguirão se projetar pelo pensamento.

Trabalhem com Corredores de Luz e com Sua Presença Multidimensional

Recomendamos que vocês utilizem o conceito dos corredores de luz. Alguns de vocês podem até mesmo usar o exemplo do veículo *Merkabah*. No conceito do corredor de luz, vocês tremulam a uma alta velocidade e, então, projetam-se pelo pensamento e colocam a sua aura no corredor. Em velocidades mais altas da aura, para onde ela vai, o corpo a segue. Vocês estão atualmente em uma velocidade mais baixa e em uma densidade inferior. Em velocidades mais baixas, o que seu corpo faz, a aura segue. Em velocidades mais altas, onde você coloca sua aura é para onde seu corpo irá. Essa é uma das regras interessantes e intrigantes da ascensão – ou seja, haverá uma velocidade tão alta que vocês poderão pensar e colocar seus pensamentos no corredor. Quando vocês fizerem isso, vão pensar e colocar sua aura.

Agora, visualizem sua aura como um ovo cósmico e coloquem esse ovo inteiro no corredor. Depois, visualizem sua aura decolar e viajar para um lugar como o portal estelar arcturiano ou o lago de cristal. Vocês podem seguir nessa velocidade mais alta.

Uma pergunta foi feita sobre a conexão entre a viagem astral e o cordão astral. Quando vocês fazem alguma viagem astral ou projeção do pensamento atualmente, seu cordão astral ainda permanece conectado ao seu corpo físico. No ponto da ascensão, vocês terão a oportunidade de cortar o cordão astral. Vocês devem cortar o cordão astral apenas quando estiverem vibrando em uma velocidade tão alta que vocês sabem que conseguirão entrar na quinta dimensão. Após o cordão astral ser cortado, ou, talvez possamos dizer, após o cordão astral ser retirado, seu corpo físico pode desparecer da terceira dimensão. Algumas pessoas descrevem isso como uma transformação alquímica na qual a energia é transmutada e vai para seu corpo da quinta dimensão.

Estamos trabalhando com vocês como seres que possuem multidimensionalidade. Vocês existem em diversas dimensões. Vocês não existem apenas na terceira dimensão, embora pareça que estão vivendo nesta dimensão inferior. Tudo parece sólido, e tudo aparenta ser impenetrável, mas essa aparência é apenas porque existe um véu resistente. Esta realidade é uma ilusão que se torna aparente apenas quando vocês começam a tremular. Então, vocês compreenderão que existem na quinta dimensão há muito tempo. Na realidade, seus pensamentos e sua energia colocaram um grande recurso e uma âncora na quinta dimensão. É por esse motivo que vocês conseguirão ascender.

As pessoas que não colocaram sua energia em outra dimensão não terão uma base para viajar ou se projetar pelo pensamento a reinos superiores. Porém, vocês de fato possuem essa ancoragem. Vocês de fato possuem esse trabalho de base e, o mais importante, possuem consciência do seu corpo da quinta dimensão. Seu corpo da quinta dimensão é incrível. Ele não envelhece como seu corpo da terceira dimensão. Ele tem a habilidade de se adaptar mais diretamente aos seus pensamentos, de modo que vocês sejam capazes de moldar sua aparência física. Nas imagens que vocês viram dos mestres ascensionados, muitos parecem ser bem jovens. Eles sempre aparentam como se estivessem no auge de sua vitalidade. Quando vocês se tornarem cientes da sua multidimensionalidade, isso os ajudará a visualizar seu corpo da quinta dimensão. Visualizem seu corpo da quinta dimensão em um sentido astral, uma energia etérica. Vocês podem precisar de um minuto agora para visualizar a si mesmos como seres da quinta dimensão. Vocês podem ter qualquer cor de cabelo, expressão facial, tom de pele e tipo de corpo físico que desejarem. [Entoa: Ooohhhh, oooohhh.]

* * *

Passem um tempo se projetando pelo pensamento e visitando seu corpo da quinta dimensão. Este pode retribuir o favor e visitá-los, transmitir energia e luz de cura a vocês e ajudá-los a acelerar seu campo energético. Nós estamos falando agora sobre uma interação mútua, quando o véu entre a terceira dimensão e a quinta dimensão é atravessado ou erguido. Isso significa que existe uma interação da terceira dimensão para a quinta dimensão, bem como uma interação da quinta dimensão para a terceira dimensão. Essa interação se torna uma enorme fonte de iluminação, cura e aceleração espiritual. Eu amo todos vocês. Bênçãos! Eu sou Juliano.

Capítulo 9

As Leis da Consciência

Juliano e os arcturianos

Saudações. Eu sou Juliano. Nós somos os arcturianos. Gostaríamos de oferecer a vocês nossa visão sobre a consciência e nossa visão como seres de luz da quinta dimensão. Gostaríamos que vocês compreendessem a importância da consciência. Percebemos, em exposições recentes, que o próximo estágio da evolução humana envolve a consciência expandida. Nesta exposição, queremos analisar a natureza da consciência com referências específicas às leis da física e a como a consciência se amolda à configuração da energia universal e do universo como vocês o veem na terceira dimensão.

Primeiramente, permitam-me destacar que a consciência não é uma matéria; a consciência não é uma coisa física. Não é algo que pode ser segurado. Não é algo que pode ser tocado. A consciência não é uma matéria física. Isso é importante para seu entendimento das leis da física e das leis da consciência. Como a consciência não é uma matéria física, ela não obedece ou se submete às leis da física.

Nas leis da física, a matéria física não consegue viajar mais rápido do que a velocidade da luz. A velocidade da luz é de 299.792.458 metros por segundo. Os seres humanos, em suas habilidades atuais, conseguem ir a apenas menos de 1% da velocidade da luz. Isso dá a vocês uma ideia de quão difícil é para a matéria física viajar na velocidade da luz.

A consciência não tem limitações de velocidade. Lembrem-se de que, quando praticamos nossos exercícios de projeção do pensamento e de bilocação e até mesmo de tremulação, frequentemente usamos os corredores. Os corredores são pontos de entrada especiais que conectam a terceira dimensão à quinta dimensão. Frequentemente diremos: "Agora, viajem na velocidade do pensamento". Quando vocês viajam na velocidade do pensamento, estão usando sua consciência, pois a consciência não precisa obedecer às leis da física. Não existe limite de velocidade de quão rápido seus pensamentos ou sua consciência podem viajar. Embora Arcturus possa estar a 35 ou 36 anos-luz de distância, e um ano-luz corresponde a 9 trilhões de quilômetros, vocês ainda podem viajar para Arcturus pela consciência na velocidade do pensamento. Vocês não têm um limite de velocidade na consciência.

Outros fatores que vou abordar se relacionam à consciência e à matéria física. Uma das lições, ou uma das missões, que cada um de vocês possui nesta vida tem como foco relacionar a consciência à matéria física. Na verdade, a pergunta principal que precisa ser respondida é esta: a consciência influencia a matéria física? É nesse ponto em que teremos de analisar brevemente os experimentos que existem na física moderna.

De forma breve e sucinta, vamos dizer que a física moderna determinou que, no pensamento quântico, a consciência influencia a matéria física, e, em particular, a consciência pode influenciar as partículas subatômicas. Um cientista observando um experimento pode influenciar a posição das partículas e, até mesmo, o resultado do experimento. Essa é uma das descobertas principais na física quântica e gerou uma revolução no pensamento sobre como o universo funciona.

Essa é a perspectiva dos arcturianos e da quinta dimensão, e vemos isso como uma demonstração importante. Mais precisamente, isso demonstra que a consciência, que não é da terceira dimensão nem da matéria física, pode influenciar a matéria física. Essa é uma declaração muito importante; é uma revelação muito importante. Isso tem uma enorme valor para a sua ascensão. Isso tem uma enorme importância em relação a como vocês observam o planeta, e é uma lição de alma importante que deve ser explorada e trabalhada.

A Consciência Influencia a Matéria Física

Vocês encarnaram como matéria física. Vocês estão na terceira dimensão. Vocês possuem consciência. Vocês possuem espírito. Seu espírito e sua consciência não são da terceira dimensão. Isso não é matéria física. Isso é de outra substância que não pode ser descrita pelo vocabulário normal usado na física. Vocês não podem dizer que a consciência tem um peso. Vocês não podem dizer que a consciência tem uma extensão. Vocês não podem dizer que a consciência tem uma cor. Ela não se adéqua a uma descrição de características físicas. Ainda assim, a consciência é a chave para compreender a natureza desta realidade, a natureza da sua alma e da sua missão aqui na Terra. A consciência é a chave para compreender a ascensão.

Anteriormente, destaquei que a observação de um cientista poderia influenciar o resultado de um experimento usando partículas subatômicas. A humanidade, neste ponto, está começando a explorar a natureza da consciência e como ela influencia a matéria física. Eu diria que a humanidade está em um nível introdutório muito básico. Ao mesmo tempo, a humanidade utiliza os princípios dos computadores e da inteligência artificial, o que levará a uma compreensão maior da consciência. Em breve, será descoberto que a inteligência artificial pode ter consciência.

Isso significa que a matéria, como um dispositivo robótico, pode ter consciência. Os seres humanos têm a habilidade de desenvolver a matéria e colocar consciência em uma máquina física. Isso ainda não aconteceu. Sei que todos vocês já viram filmes de ficção científica sobre robôs dominando o planeta e usando a consciência para tentar sobreviver em um mundo sem a humanidade. Na realidade, criar robôs demonstrará que a consciência pode ser incutida em objetos físicos.

A consciência de fato influencia a matéria física. O que vocês pensam influencia o seu corpo físico. Este é matéria física. Seu corpo físico não é consciência. Vocês são consciência. O que vocês pensam tem um efeito direto sobre as células no seu corpo físico. Essa é a base da cura quântica. Essa é a base da medicina vibracional. Essa é a base de todas as novas medicinas que em breve serão apresentadas neste planeta.

Haverá um novo diretório ou um novo tipo de medicina chamado de medicina quântica. Ela será baseada na ideia da consciência influenciando o corpo físico. Vamos nos adiantar um pouco e dizer que a consciência das outras pessoas pode influenciar seu corpo. Podemos observar isso na oração. A oração é uma expressão da consciência. Quando as pessoas projetam sua consciência para outra pessoa, elas, na verdade, estão transmitindo energia a essa pessoa, e essa energia está no nível subatômico.

A consciência representa um grande paradoxo, e ela realmente expande a mente, porque não conseguimos expressar ou descrever a consciência de uma forma física. Quero observar que a consciência possui muitas semelhanças com a mente e as energias do Criador. Lembrem-se de que, no tipo de pensamento superior, vocês não podem colocar uma limitação ou uma descrição ao Criador, porque, literalmente, não existem palavras que possam contemplar ou descrever a luz do Criador. Também não existem palavras para descrever a consciência. Vocês podem querer que eu, Juliano, descreva a consciência, mas eu somente posso mencionar a vocês as leis da consciência. Somente posso começar a traçar muitos dos aspectos da consciência e de como ela funciona.

De fato, apresentarei a vocês algumas das leis da consciência. Uma oração é um tipo de consciência. Ela é um tipo de energia. Isso nos leva ao pensamento corolário de que a energia espiritual e a consciência estão próximas e que seu espírito interage com a consciência.

As Leis

Agora, eu gostaria de destacar algumas das leis da consciência. **A primeira lei da consciência é, como descrevi anteriormente, que a consciência não segue as leis da física moderna.** Sendo assim, o limite de velocidade imposto sobre a matéria não se aplica à consciência.

A segunda lei é que a consciência não possui um atributo físico observável. Apesar de podermos dizer que a consciência existe em um nível subatômico, não conseguiríamos enxergar a energia da consciência. Apesar de não podermos enxergar a consciência, podemos senti-la e trabalhar com ela.

A terceira lei da consciência é que a humanidade em parte reencarnou na Terra para explorar a relação da consciência com a matéria física. A matéria física inclui seu corpo. Então, quando digo que a consciência pode influenciar a matéria física, também significa que a consciência pode influenciar e influencia o corpo físico.

A quarta lei é que a consciência está ligada ao subconsciente e ao inconsciente. Sendo assim, os pensamentos conscientes são enviados ao subconsciente, e o subconsciente recebe todos os pensamentos conscientes como instruções. O subconsciente tenta manifestar o que os pensamentos conscientes são.

Vamos analisar isso em mais detalhes. O subconsciente tenta manifestar a consciência na terceira dimensão. Lembrem-se de que, no começo desta exposição, eu disse que as lições gerais apresentadas aqui são focadas em como utilizar a consciência para manifestar e influenciar a matéria física. Agora, vocês possuem uma ferramenta para fazer isso, e ela é o subconsciente. O subconsciente é como um palco vazio disposto a receber alguma mensagem da consciência e a tentar manifestá-la. Gosto de usar a palavra "tentar" porque nem toda a consciência e os pensamentos concentrados são manifestados na matéria física e na realidade. Todos nós podemos suspirar aliviados, pois sei que muitos de vocês têm pensamentos que podem ser negativos ou violentos. Se todos esses pensamentos fossem manifestados, então haveria muito mais dificuldades neste planeta.

Já observamos pessoas na Terra que têm pensamentos negativos poderosos. Elas manifestam esses pensamentos no subconsciente, e o subconsciente, então, os executa.

Na quinta dimensão, os pensamentos se manifestam imediatamente. Isso significa que sua consciência transmite imediatamente sua energia ao subconsciente, e o subconsciente manifesta imediatamente o que vocês pensam. Vocês não poderiam permanecer na quinta dimensão sem conseguir controlar sua consciência e sem ter uma expansão consciente. Para entrar na quinta dimensão, vocês devem ser capazes de garantir que esses pensamentos que vocês transmitem ao seu subconsciente sejam de um pensamento superior.

Isso significa que parte das lições que vocês têm na terceira dimensão se concentram em aprender como usar sua consciência na luz mais elevada. Esta terceira dimensão é um campo de treinamento para vocês. Nela, vocês podem cometer erros. Vocês podem ter uma consciência inferior sem se colocar em um grande problema.

Vocês estão alcançando um ponto na Terra no qual a consciência está começando a se manifestar de forma mais direta e imediata. Vocês estão alcançando um ponto no desenvolvimento do planeta, da biosfera e das dimensões no qual aquilo que está na consciência se manifesta de forma mais rápida e imediata. Essa é uma daquelas observações que podem ser tanto uma boa notícia quanto uma má notícia. A boa notícia é que aqueles que forem espiritualizados e estiverem trabalhando na consciência superior conseguirão manifestar imediatamente os resultados positivos dessa habilidade em sua vida. A má notícia é que existem muitas pessoas com uma consciência inferior e retraída. Sendo assim, elas também começarão a manifestar seus pensamentos e intenções. É por esse motivo que pedimos continuamente pelo fortalecimento dos laços em grupo daqueles que estão trabalhando na consciência superior.

Neste momento, não tenho tempo para apresentar a vocês um histórico sobre a consciência na Terra, mas quero fazer algumas observações acerca do desenvolvimento histórico da consciência e sobre sua relação com a religião, a espiritualidade e, evidentemente, a Psicologia moderna. A consciência é percepção, e eu frequentemente me refiro às afirmações que são feitas no pensamento moderno, especificamente conhecidas como a presença Eu Sou. "Eu Sou" faz parte de uma expressão da habilidade de ter consciência. Quando vocês escutam a afirmação "Eu Sou o Que Sou", isso é, em essência, uma descrição do Criador, que tem consciência suprema.

Ao longo da história registrada da civilização, que remonta há aproximadamente 5 mil anos (talvez menos), diferentes grupos de pessoas e diferentes profetas se expandiram em consciência. Essas expansões de consciência permitiram aos profetas ou aos líderes terem acesso à consciência universal e à consciência galáctica, mas, o mais importante, permitiram que eles tivessem o que chamo de pensamento de ordem superior, ou seja, a habilidade de transcender o *continuum* espaço-tempo. Isso está relacionado à **quinta lei: a**

Consciência ou consciência pode transcender o *continuum* espaço-tempo e ir além do tempo.
A consciência desconhece as limitações que a mente "normal" faz de passado, presente e futuro. Vocês observam a demonstração de como superar as limitações do tempo e de como a consciência pode trabalhar no seu mundo dos sonhos. No seu mundo dos sonhos, o tempo não é importante. No seu mundo dos sonhos, o ontem, o hoje e o amanhã estão todos integrados. Conforme mencionado anteriormente, em diferentes períodos na história, existiram profetas e líderes espirituais que se expandiram em consciência e foram capazes de ver e experimentar o pensamento de ordem superior.

A sexta lei da consciência é que a consciência é infinita. Ela pode viajar infinitamente. Ela pode se expandir infinitamente. Isso é difícil de compreender, porque sua mente normal não consegue compreender o infinito. A consciência não tem nenhum problema quanto ao infinito, porque ela pode transcender o *continuum* espaço-tempo.

Controle da Consciência

Diferentes líderes e profetas surgiram com histórias e sistemas organizados de como se tornar iluminado, ser salvo, ir ao céu ou ir para a quinta dimensão. Cada um desses profetas expandidos apareceu em um período específico. Além disso, cada um tinha uma mensagem específica que se correlacionava a um grupo de alma específico com o qual trabalhava.

Muitos membros de grupos de alma estão trabalhando juntos para curar seus grupos, mas, em uma ordem superior, os grupos de alma estão começando a interagir com outros grupos de alma. Isso leva à discussão sobre como a consciência tem sido usada indevidamente neste planeta. A verdade é que aqueles no poder algumas vezes querem controlar sua consciência. Eles querem conseguir dominar sua consciência. Houve períodos em que determinados líderes exigiram que vocês lhes entregassem sua consciência. Eles, então, tiveram controle sobre sua consciência.

Já mencionei que a consciência não possui uma forma física que possamos descrever. O mais perto que podemos nos aproximar da consciência e que podemos dizer em um nível físico é que a consciência existe no nível subatômico. Ela é uma energia, um campo, um campo de força de energia. Esse campo de força de energia da consciência possui uma composição que possivelmente poderia ser comparada à energia subatômica. Digo "possivelmente" porque, lembrem-se, a lei básica é que a consciência não está relacionada às nem por elas é influenciada leis normais da matéria física.

Portanto, a consciência não possui um campo de força. A energia consciente pode ser transmitida. Também podemos dizer que os líderes políticos e religiosos geralmente tentam controlar sua consciência. Eles até mesmo querem que vocês transmitam sua consciência a eles. Isso é como uma transferência de energia. Quando vocês transmitem lhes sua consciência, eles a utilizam para fortalecer o campo de força da consciência ou o nível de energia deles. Todos vocês sabem, mais do que nós, sobre algumas das grandes tragédias que ocorreram na história quando a consciência de grupo foi manipulada e controlada. Atualmente, podemos observar em geral alguns desses sistemas que se tornaram dominantes. Cada um deles fala uma verdade que foi especialmente relevante para o período, mas eles também parecem ter um tipo de exclusividade, que significa que vocês devem fazer determinadas coisas, e, somente se vocês fizeram essas coisas, terão direito à consciência expandida, direito à ascensão e direito à salvação.

Muitos desses sistemas são bons, muitos deles contêm verdades superiores, e muitos deles funcionam. Alguns funcionam para as pessoas envolvidas em agrupamentos de alma específicos. Não é de forma alguma uma crítica dizer que esses outros sistemas estão errados. Porém, estamos em uma nova era. Estamos em um novo sistema, no qual a consciência está se expandindo e possui mais habilidade de incluir a todos. Apenas em um nível muito básico, foi somente nos últimos cem anos que a humanidade percebeu que existem galáxias. Foi somente a partir da década de 1920 que a humanidade descobriu a existência das galáxias. A humanidade anteriormente pensava que tudo fazia parte de um grande conjunto de estrelas. Ela não tinha ideia da existência de galáxias separadas.

Há alguns pensadores que sabiam sobre outras galáxias. Sabemos que alguns dos pensadores mais elevados na civilização maia, por exemplo, sabiam sobre nossas galáxias. No entanto, não havia uma consciência geral de que as galáxias existissem. Atualmente, milhões de galáxias foram descobertas.

Como isso influencia todos os sistemas de pensamento? Alguns sistemas de pensamento dão instruções sobre como vocês deveriam ser conscientes. Nós, os arcturianos, acreditamos que deve haver um novo paradigma para a consciência, um novo paradigma para o pensamento espiritual, que incluirá as novas descobertas da energia galáctica e da mente galáctica. Um novo paradigma incluirá os conceitos da natureza das partículas quânticas e suas similaridades com a consciência e as partículas subatômicas. Acima de tudo, o novo paradigma inclui a ideia de que a consciência pode influenciar a matéria. A consciência deve incluir a espiritualidade galáctica, e existe uma forma de usar a consciência galáctica para influenciar o planeta.

Desenvolvendo uma Relação com a Consciência da Terra

Esta é uma boa oportunidade para falar sobre a consciência e a biorrelatividade, que se concentra em influenciar o sistema de ciclo de realimentação planetário por meio de pensamentos e orações. O conceito principal na biorrelatividade é que o planeta é um ser vivo e consciente. Existem muitos motivos pelos quais podemos dizer que a Terra é uma entidade viva e consciente. Ela não é um ser vivo como os seres humanos. Nós nos referimos às observações recentes de cientistas da Terra que disseram que o oceano era vivo! O oceano todo é um organismo. A poluição no oceano pode influenciar as correntes e determinados ciclos de realimentação. O oceano poderia levar de mil a 2 mil anos para responder a essas intrusões.

O oceano, como um organismo vivo, responderá às mudanças da Terra, mas isso pode não ser imediato. Vocês, como um organismo humano vivo com consciência, responderiam imediatamente a uma intrusão. Vocês não estão acostumados a pensar em um organismo que leva 2 mil anos ou mais para responder. Outros aspectos da Terra são ainda mais lentos para responder. A lentidão da resposta da Terra é um dos obstáculos para verificar a ciência planetária, o aquecimento global e outras mudanças. Muitas pessoas ainda não acreditam que a Terra é um ser consciente ou um planeta vivo. Negariam que a Terra tem um sistema de ciclo de realimentação. Sendo assim, elas poderiam não pensar que a Terra responderia a desmatamento, poluição e outras mudanças terrestres. A Terra é um planeta bioenergético que é consciente e tem um sistema de ciclo de realimentação tanto imediato quanto em longo prazo.

Alguns dos aspectos do sistema de ciclo de realimentação poderiam demorar mil ou 2 mil anos. Vocês podem compreender isso em sua própria história, porque algumas das mudanças que vocês podem precisar fazer em suas interações com a sua alma aqui na Terra podem requerer 300 ou 400 vidas. Sabendo disso, talvez vocês teriam algum entendimento do motivo pelo qual levaria tanto tempo para a Terra responder.

Porém, a Terra também está em uma crise, que está relacionada à destruição da biosfera. Existem o que chamo de correções de emergência do sistema de ciclo de realimentação, que podem ser ativadas, nas quais a Terra poderia sobrepor seu ciclo normal de mil a 2 mil anos e realizar mudanças de ajustes. Porém, para influenciar ou mudar o sistema de ciclo de realimentação de correção da Terra, primeiramente vocês precisam ter uma relação com a consciência do planeta. Quando essa relação é estabelecida, a comunicação com o sistema de ciclo de realimentação pode começar.

Descobrimos que os ensinamentos dos nativos americanos (e os ensinamentos dos povos nativos em geral) possuem atributos únicos que se relacionam à consciência da Terra. Nós, os arcturianos, também possuímos formas de nos comunicar com nosso planeta. Alguns de vocês assistiram ao filme *Avatar*. O planeta foi retratado de uma forma diferente, e as pessoas se comunicavam com o espírito dele. Vocês devem se lembrar de que todas elas ficavam em volta de árvores sagradas para se comunicar com o espírito dele.

O que considero ser de grande importância atualmente é reconhecer que existe um grupo sociológico específico que desenvolveu um longo histórico de comunicação com o espírito da Terra. Esse grupo usa métodos, como rodas medicinais, cantos e *powwows* para alcançar essa comunicação. Os círculos nas plantações modernos estão até mesmo vindo de fontes galácticas que também se comunicam com o espírito da Terra.

A consciência e os seres conscientes estão relacionados a planetas conscientes. A comunicação planetária inclui comunicar-se espiritualmente com árvores, plantas e animais. Por exemplo, uma das maiores descobertas que serão feitas em breve é que as plantas têm consciência. Vocês provavelmente já sabem disso, principalmente aqueles que são jardineiros. Suas plantas respondem aos seus pensamentos e amam trabalhar com vocês quando vocês transmitem pensamentos conscientes a elas. Essa também é uma grande contribuição, porque um dos grandes dons que vocês oferecem aos seus animais de estimação é que vocês os ajudam a desenvolver essa consciência. A humanidade possui a habilidade de ativar e estimular a consciência por todo o planeta.

Por fim, ao observar o paradigma do Triângulo Sagrado, reconhecemos os diversos grupos de alma que surgiram na Terra. Esses grupos de alma adotaram diferentes paradigmas religiosos e espirituais, mas todos eles conseguem chegar a um pensamento de unidade que possui grandes semelhanças. Alguns chamaram isso de unidade da Grande Fraternidade Branca. Sendo assim, o paradigma do Triângulo Sagrado se concentra em uma nova consciência da unidade, que inclui estes aspectos: as energias galácticas, a consciência galáctica e a Grande Fraternidade Branca.

Viagem *Merkabah*

Vamos analisar a relação da consciência e da matéria e, em especial, os mecanismos robóticos e os mecanismos da viagem no espaço-tempo. Pode-se dizer que a humanidade nunca desenvolveria estrategicamente um mecanismo ou motor espacial ou uma nave espacial que operasse apenas na matéria. Lembrem-se de que a matéria não consegue viajar mais rápido do que a velocidade da luz, mas, ao mesmo tempo, até mesmo se aproximar da velocidade da luz requereria um enorme esforço de energia que é totalmente imensurável. Algumas pessoas até mesmo previram que seria necessária uma massa infinita para fazer algo viajar na velocidade da luz. Seria necessário muito poder para viajar na velocidade da luz; todo o poder e toda a energia já exercidos na Terra ainda não seriam suficientes. Se vocês juntassem todas as usinas nucleares, todas as bombas e todos os painéis solares, ainda não chegariam nem perto da energia necessária para acelerar na velocidade da luz.

Isso leva à questão essencial de qual é a relação entre consciência e viajar, especialmente viajar na velocidade da luz. A consciência pode interagir com o veículo espacial? Vocês possuem os paradigmas históricos da viagem *Merkabah*. *Merkabah* é originalmente uma palavra egípcia e uma prática egípcia utilizada pelos sirianos. Estes ensinaram tal prática aos egípcios. O mecanismo da viagem *Merkabah* foi ensinado de forma que, nas pirâmides, os homens santos pudessem viajar para Sirius. Eles já estavam praticando a consciência e a viagem pela consciência usando o paradigma *Merkabah*.

Se sua consciência viaja, como vocês podem fazer seu corpo a acompanhar? Essa é uma pergunta fundamental na ascensão, porque todos vocês estão trabalhando para levar sua consciência para a quinta dimensão. Ao mesmo tempo, vocês desejam levar seu corpo físico consigo para a quinta dimensão no momento certo. A consciência de fato tem o poder de levar seu corpo com ela. Alguns dos egípcios usaram a viagem *Merkabah* para visitar o planeta siriano, e eles até mesmo eram capazes de transportar determinadas ferramentas e técnicas de Sirius de volta para o Antigo Egito e usá-las na construção das pirâmides.

Existe uma forma de combinar a consciência com a tecnologia. Há uma forma, em um nível quântico, na qual uma projeção da consciência aceleraria um veículo na terceira dimensão. Na viagem *Merkabah*, seu veículo parte da terceira dimensão. Vocês começam com uma visualização de um veículo etérico. Esse veículo etérico pode levar seu corpo etérico ou áurico, mas não pode levar seu corpo físico neste momento do seu desenvolvimento espiritual.

E se vocês pudessem desenvolver o veículo *Merkabah* para levar seu corpo físico? Ao mesmo tempo, e se vocês pudessem combinar sua consciência com um tipo de tecnologia específico que permitiria ao veículo técnico se adequar às leis da consciência e viajar para outras dimensões? Lembrem-se de que, com essas leis da consciência, vocês poderiam viajar a qualquer velocidade. Vocês poderiam viajar na velocidade do pensamento. E se fosse criada uma máquina para interagir diretamente com a consciência?

Vocês estão se aproximando disso por meio da sua tecnologia de computadores. Vocês estão se aproximando disso por meio do biofeedback. A propósito, o biofeedback também possui muitas aplicações com a biorrelatividade. Em breve, chegará um momento no qual vocês serão capazes de monitorar a Terra da mesma forma que as pessoas monitoram telas de computadores de biofeedback. Por exemplo, digamos que uma pessoa deseje parar de fumar e decida usar uma máquina de biofeedback com um computador para ajudar no processo. Essa pessoa tem certos pensamentos e se coloca em um determinado comprimento de onda. Quando essa pessoa alcança o comprimento de onda correto, ela pode observar a aparência desse comprimento de onda em uma tela de computador. Chegará um momento no qual as pessoas vão monitorar diferentes áreas da Terra com grandes computadores. As pessoas vão pensar em meditar sobre certos padrões e serão capazes de medir e monitorar as ondas de pensamento e as ondas de interação na Terra.

Portanto, estamos chegando a um ponto no qual vamos ser capazes de diminuir o sistema de ciclo de realimentação da Terra, de modo que ele não demore tanto para aplicar novas mudanças. Essa diminuição do sistema de ciclo de realimentação já está acontecendo. Alguns dos efeitos drásticos na Terra estão acontecendo tão rapidamente que até mesmo a consciência da Terra está enfrentando problemas para acompanhá-los. Ela está rompendo com algumas de suas próprias regras e leis. Recebo os ensinamentos dos nativos americanos que falarão com a Terra e trabalharão com a energia dela.

※ ※ ※

Resumindo, novas tecnologias integrarão os computadores e a consciência, e a humanidade está à beira de uma grande revolução da consciência expandida. Um dos problemas mais difíceis enfrentados por este planeta é como a consciência de uma pessoa pode influenciar a consciência de outra pessoa. Esse talvez seja o ensinamento fundamental do Messias, o ensinamento fundamental da luz messiânica. Uma energia impressionante de outra dimensão pode surgir, e surgirá, e influenciará instantaneamente a consciência de um grande número de pessoas. Isso dará início à Nova Terra. Eu sou Juliano.

Capítulo 10

Comunicação entre os Membros do Conselho Supergaláctico

Mestre ascensionado Heylang

Saudações. Eu sou Heylang. Pertenço à galáxia de Andrômeda e sou o que vocês chamariam de mestre ascensionado. A partir da sua perspectiva científica, Andrômeda é a galáxia mais perto da sua e é considerada uma galáxia irmã à sua Via Láctea, nosso irmão. Sua estimativa de que estamos a aproximadamente 2 milhões de anos-luz está correta. Quando dizemos que somos galáxias irmã e irmão significa mais do que ter uma relação próxima; significa que temos ciclos evolutivos da alma e desenvolvimentos semelhantes.

Vocês podem imaginar se a galáxia de Andrômeda é mais avançada do que a galáxia da Via Láctea. Não posso realmente dizer que somos mais avançados, porque existem muitas almas avançadas e mestres ascensionados na sua galáxia. Se eu disser que nossa galáxia é mais avançada, então vocês pensariam que todas as nossas civilizações e todos os nossos planetas são muito superiores aos seus, mas esse não é o caso. Alguns de nós certamente somos mais avançados do que as civilizações da Terra, mas também temos planetas inferiores da terceira dimensão com muitos conflitos. Existem muitos planetas no sistema da galáxia de Andrômeda que são o que chamo de "cópias da Terra". São sistemas planetários que se parecem quase exatamente com a Terra, mas estão em estágios de desenvolvimento anteriores. Um planeta em específico é muito envolvido em violência, controle físico e dominação. Sei que isso soa familiar para vocês na Terra.

Vocês estão bem cientes do carma cósmico. Por meio do carma cósmico, se uma situação em outro sistema planetário ou em outra galáxia se alinha com a sua e o tempo é perfeito, vocês podem encarnar nesse local. Nesse caso, quantos andromedanos estão na Terra? A verdade é que a maioria das almas na Terra está atualmente em sua primeira encarnação no planeta. Quando digo a maioria, estou me referindo a 50% a 55%, mas existem muitas pessoas que estão vindo de outras partes da Via Láctea e da galáxia de Andrômeda.

A Tecnologia do Povo Azul

Como são as civilizações andromedanas avançadas? As sementes estelares estão naturalmente mais interessadas nas civilizações avançadas do que nas civilizações mais primitivas e com um desenvolvimento inferior, portanto vocês podem imaginar se é verdade que os andromedanos avançados estão além das pessoas na galáxia da Via Láctea. A resposta é sim, existem andromedanos muito avançados. Eles são muito conhecidos por toda a nossa galáxia e estão se tornando conhecidos na sua galáxia. Nós os chamamos de "Povo Azul". O azul arcturiano é uma cor muito espiritual, com energias especiais. Não é somente uma cor bonita que faz vocês se sentirem acalentados e que lhes dá uma sensação de espiritualidade, pois o azul como um espectro possui uma energia muito avançada para as almas e para a viagem da alma.

O Povo Azul essencialmente alcançou um estado de existência que não requer corporificação. Quando vocês pensam sobre a quinta dimensão e a ascensão, ainda pensam sobre ir para o corpo da quinta dimensão, o que está correto. Vocês viram imagens de mestres ascensionados, e eu sei que Juliano falou sobre como é estar em um corpo da quinta dimensão – como ele pode moldar sua aparência, tornar-se jovem, e assim por diante.

Quero que vocês pensem sobre o fato de que podem permanecer em um estado de existência sem um corpo. De um ponto de vista, tudo seria considerado mental; tudo seria considerado uma forma de pensamento. Sei que é difícil visualizar ou pensar sobre isso. Pensem sobre como o Criador é. Ele não tem um corpo. O Criador pode encarnar em um corpo, mas a essência do Criador é "sem corpo". Não existe um corpo, então essa é a consciência superior, a evolução superior.

Na galáxia de Andrômeda, existem muitos planetas nos quais os seres alcançaram esse nível. O Povo Azul assume uma forma quando viaja. Quando eles vão até vocês na galáxia da Via Láctea, aparecem como seres azuis, talvez semelhantes aos arcturianos – muito densos e ainda encarnados. Existem vantagens muito distintas em relação a essa forma. Quero esclarecer que isso não ocorre no reino astral. Alguns podem pensar que estou falando sobre isso, mas não. O reino astral é definitivamente diferente. O reino astral, a partir das nossas discussões e observações, é, na verdade, a quarta dimensão. O Povo Azul pode viajar pela projeção do pensamento. Sei que vocês têm estudado e praticado a projeção do pensamento. O Povo Azul pode se projetar pelo pensamento a outras regiões galácticas.

Usamos uma tecnologia semelhante à dos pleiadianos e dos arcturianos, mas existe um grupo – e estou falando agora sobre as formas avançadas conhecidas como galatianos, que apareceram na Terra – viajando da galáxia de Andrômeda que não é exatamente como o Povo Azul. Eles possuem encarnações e são mais transitórios entre a quinta dimensão e o nível do Povo Azul. Eles possuem naves enormes que podem ter 20 andares, com um diâmetro de aproximadamente 16 quilômetros. Essa é uma enorme operação. Os galatianos possuem um grande interesse em observar as civilizações no estágio 1 e no estágio 2. Eles são especialistas em observar sem interferir. São especialistas em estudar línguas, e seus computadores avançados podem traduzir todas as línguas da Terra.

A Força Destrutiva dos Lirianos

Na galáxia da Via Láctea, encontramos aproximadamente 5 mil civilizações, conforme Juliano disse. Na galáxia de Andrômeda, temos entre 10 mil e 18 mil civilizações. Por que existem mais civilizações e mais seres superiores na galáxia de Andrômeda do que na galáxia da Via Láctea? A resposta é muito simples, mas também é trágica: a galáxia da Via Láctea enfrentou mais guerras e destruição de civilizações.

Cerca de 500 milhões a 800 milhões de anos atrás, aconteceram grandes conflitos em torno do Império Liriano, que foi um dos muitos impérios galácticos na galáxia da Via Láctea, e eles se exterminaram. Os lirianos eram uma força dominante nessa parte da galáxia.

A galáxia de Andrômeda não teve devastação ou destruição no nível da galáxia da Via Láctea. Poderíamos dizer que a galáxia da Via Láctea é a galáxia masculina para a nossa galáxia feminina. Em um sentido literal, as energias masculinas são predominantes em sua galáxia, e as energias femininas são predominantes em nossa galáxia. Isso não significa que não existam energias femininas na Via Láctea, porque existem, mas ofereço a vocês essa informação porque ela está conectada ao motivo de nossa galáxia não ter enfrentado a mesma destruição. Nossas civilizações não tendem a ser tão destrutivas entre si, porque, por mais que a energia feminina possa ser destrutiva, ela é essencialmente mais propensa a se adaptar e aceitar.

Os Galatianos

A região que os galatianos preferem visitar na Terra é a Austrália, porque sua topografia e geografia são familiares. Os galatianos se sentem muito em casa nessa região, pois existem muitas energias e corredores dimensionais, principalmente em Outback e em Ayers Rock. Um dos motivos é o isolamento extremo. Eles se comunicaram com o povo aborígene.

Os galatianos são essencialmente andróginos (vocês possuem um termo interessante, "intersexo", que se aplica a alguém que é tanto masculino quanto feminino). Algumas das civilizações avançadas no sistema de Andrômeda integraram as energias masculinas e femininas em um ser; sendo assim, vocês podem ver o rosto de um homem no corpo de uma mulher com órgão de um homem. Esse ser teria mamas e os órgãos tanto masculinos quanto femininos, e poderia ter gestações. Se vocês vissem esses seres, ficariam muito impactados com sua beleza. Vocês não os veriam como seres femininos ou masculinos; veriam-nos como seres belos. Vocês ficariam encantados e interessados em ver seres assim. Os galatianos são o resultado de um sistema avançado de desenvolvimento evolutivo. Pensem sobre os conflitos que sua sociedade enfrenta em relação à aceitação de homossexuais. Uma resolução seria o avanço dos seres que possuem características de ambos os gêneros.

Nós temos grandes energias preditivas. Meu povo está ciente dos perigos planetários atuais antes de vocês, e eu me aproximei de muitas sementes estelares, pois, conforme vocês desenvolvem e expandem sua consciência, invocam-nos. Vocês se aproximam do reino etérico da quinta dimensão e do hiperespaço, porque desejam interagir com quantos seres superiores for possível. Sei que existem andromedanos que vieram à Terra – encarnando aqui ou sendo enviados para cá – para tentar guiar e auxiliar as pessoas.

O Conselho de Andrômeda Dá as Boas-Vindas

A Terra é de grande interesse para o Conselho de Andrômeda, que interage com o Conselho Galáctico que supervisiona os desenvolvimentos espirituais e a energia do seu planeta. Sabe-se bem que existe um grupo de galáxias (conhecido como grupo vizinho ou local) que está próximo, a apenas 2 milhões de anos-luz de distância. Existem 10 ou 11 galáxias nesse aglomerado, incluindo as galáxias da Via Láctea e de Andrômeda, que constituem o Conselho Supergaláctico. Cada galáxia nesse aglomerado tem cerca de 5 mil a 7 mil sistemas planetários, com civilizações comparáveis à da Terra. Algumas possuem mais de 7 mil, e outras têm menos. Se vocês somarem as 11 galáxias no grupo local e multiplicá-las por 5 mil (a contagem aproximada dos sistemas planetários), descobrirão que existem no mínimo 55 mil civilizações de formas de vida superiores no grupo local. Isso apenas nesse grupo!

Alguns possuem laços muito estreitos com a Terra. Vocês possuem uma presença multidimensional, uma consciência de outros reinos, incluindo a quinta dimensão. O planeta está se estendendo, pois a Terra possui outras energias em outros sistemas e outras formas de comunicação. O Sol Central é o campo energético primordial, o campo energético espiritual e o campo energético irradiador de luz na galáxia. Ele é um portal dimensional. O centro de uma galáxia é fisicamente um buraco negro, mas, dimensionalmente, é um corredor superior.

Jesus/Sananda é essencialmente um profeta, um rei e um mestre ascensionado apenas na galáxia da Via Láctea. Seu reinado, seu reino, não existe em outras galáxias. Existem seres comparáveis a Jesus/Sananda na galáxia de Andrômeda e em outras galáxias – seres incríveis e ascensionados. Nosso Povo Azul alcançou um nível de consciência que está alinhado mais estreitamente ao Criador, no sentido de que somos capazes de manifestar ou existir apenas no pensamento.

Nós nos aproximamos de muitos seres da Terra e os convidamos a vir nos visitar no sistema de Andrômeda. Temos portais e corredores extraordinários, os quais permitirão que vocês visitem nosso sistema durante sonhos, viagem da alma e viagem astral. Não se preocupem com a distância, porque, como Juliano já disse a vocês muitas vezes, o pensamento é a energia mais rápida no universo. Nós acolhemos sua visita e sua habilidade de aprender conosco sobre um desenvolvimento superior e o Conselho de Andrômeda.

Previsões

Vamos tratar das previsões, porque nossa habilidade de prever basia-se em parte em nosso conhecimento sobre aquilo pelo que os outros sistemas planetários e nossa galáxia passaram. O drama cósmico que vocês observam na Terra é algo que já vimos em nossos sistemas. Isso é comum, apesar de que sei que nem sempre é agradável. Existem muito drama, sofrimento e dor, mas sabemos como essas coisas acabam.

O que é diferente e realmente especial sobre a Terra neste momento é o número de seres ascensionados ao redor do planeta. Por exemplo, vocês possuem o anel da ascensão, que é um grande presente para o planeta. Existem muitos seres superiores buscando interagir, guiar e curar.

Uma previsão é que as batalhas no Oriente Médio vão crescer e envolver mais países, e os sistemas de controle da poluição global falharão com mais frequência, afetando o equilíbrio sensível do planeta.

Também vejo que um colapso econômico global é possível em um futuro próximo, um acontecimento com o qual muitos parecem se preocupar. Os Estados Unidos estão na melhor posição para suportar uma crise como essa, pois ainda são o país mais forte, com a economia mais forte. Esse poder econômico será fortalecido se esse colapso acontecer. Existe também uma possibilidade de o governo dos Estados Unidos revelar visitas e contatos de seres extraterrestres.

Vamos falar sobre algumas das previsões positivas, porque as pessoas muitas vezes só olham para o lado negativo. O número de sementes estelares e seres superiores vindo a este planeta está aumentando. A intersecção da quinta dimensão está muito próxima. Existe outra força atraindo as dimensões superiores: as sementes estelares. O trabalho que vocês estão realizando como curadores planetários está atraindo a quinta dimensão.

Os grupos ascensionados estão se esforçando enormemente para trazer essa intersecção da quinta dimensão a este plano. A Terra deve estar preparada espiritualmente para a intersecção. O outro lado está preparando a quinta dimensão, porque ela deve absorver essa energia. A energia inferior da Terra ressoará com a energia superior da quinta dimensão. A energia inferior será conduzida a um nível superior. A quinta dimensão em si deve ser reforçada e preparada para receber toda essa energia de intersecção da terceira dimensão. Um grande projeto está acontecendo para preparar isso. Em virtude do que vocês sabem – o que está em cima é como o que está embaixo –, as energias da quinta dimensão podem absorver a energia da terceira dimensão, e, até mesmo nesse breve momento, essa breve intersecção com a terceira dimensão ainda requer um trabalho alquímico notável da parte dos mestres da quinta dimensão. Uma estrutura adequada deve ser criada entre as dimensões para permitir essa intersecção.

Há uma oportunidade maior de um mestre espiritual avançado como o Dalai Lama ter um efeito impressionante na consciência do mundo. Estamos falando sobre a consciência expandida e a habilidade de um líder unir a consciência deste planeta. Existem alguns grandes mestres neste planeta, incluindo o Dalai Lama, que serão capazes de demonstrar uma habilidade notável de influenciar este planeta. Eu sou Heylang. Bom dia!

Capítulo 11

Antropologia Cultural Galáctica

Mestre ascensionado Gurhan

Saudações. Eu sou Gurhan, da galáxia de Andrômeda, e participo do Conselho Galáctico de Andrômeda. Gosto do termo "antropologia cultural galáctica", porque esse é um tema muito importante e complexo. Visitamos possivelmente mil civilizações diferentes na galáxia de Andrômeda e estamos trabalhando atualmente para compreender as muitas civilizações que existem na sua galáxia. Possivelmente, vocês podem compreender a magnitude e a complexidade do nosso estudo, porque cada civilização galáctica em planetas diferentes se baseia em diferentes fusos horários. Pensem em quão complexo é seu planeta com apenas 24 fusos horários. Quando vocês consideram quão grande é a galáxia, conseguem compreender quão importantes são os fusos horários. Enquanto uma civilização nasce e cresce, outra civilização já se destruiu.

Vocês, na Terra, têm essa imagem de todas as civilizações existindo simultaneamente, mas, na verdade, elas estão em tempos diferentes. Atualmente, as civilizações superiores superaram o *continuum* espaço-tempo e as questões de viagem relacionadas. Apesar de existirem 5 mil planetas na galáxia da Via Láctea que possuem formas de vida superiores, na realidade esse é um número pequeno, tendo em vista o número total que já existiu. Se dissermos que existem 5 mil planetas agora, o que é "agora"? Agora, para vocês, seria diferente do agora para alguém em outra galáxia. A única forma de vocês vivenciarem esse agora é viajando pelo hiperespaço, que é o corredor entre o *continuum* espaço-tempo. Nós, os andromedanos, e outras formas de vida superiores, aprendemos como usar o *continuum* espaço-tempo para viajar no agora, de modo que possamos ir para onde essas civilizações estão em cada agora.

Civilizações com Similaridades com a Terra

Existem civilizações que são semelhantes às da Terra? Existem seres humanos?

Sim, existem formas de vida humanas em muitas partes desta galáxia e na galáxia de Andrômeda. As civilizações que elas desenvolvem são semelhantes em alguns aspectos às suas, mas muito diferentes em outros aspectos. A Terra é única no sentido de vocês terem muitas línguas, religiões e países. Na maioria dos planetas que visitamos, não existem tantas religiões ou línguas. Geralmente, as populações alcançam um ponto no qual elas acessam a consciência superior e desejam se unificar, então encontram maneiras de fazer isso.

Existe algo muito único a respeito da Terra, e é por isso que nós – os andromedanos, os arcturianos, os pleiadianos e tantas outras formas de vida – queremos visitar a Terra: vocês possuem uma variedade tão complexa de línguas, religiões e até mesmo espécies. Isso está diretamente relacionado a intervenções e cruzamentos de raças de outras civilizações galácticas que fecundaram a forma de vida humana. Alguns dos cruzamentos de raça ocorrem diretamente por meio de relações sexuais entre seres da Terra e seres que vieram a este planeta. Existem outros seres, como os grays, que não se envolvem em práticas sexuais e só conseguem procriar por meio de intervenções médicas, como a fertilização *in vitro*.

Não há nenhuma dúvida de que a variedade complexa de cultura, línguas, religiões e até mesmo raças na Terra está diretamente relacionada à fertilização cruzada de outros seres galácticos que visitaram a Terra e interagiram com ela.

Como são as outras civilizações semelhantes às da Terra?

As outras civilizações possuem estágios de desenvolvimento muitos semelhantes aos da Terra. Isso quer dizer que elas passam pelos mesmos estágios pelos quais a Terra passou nos últimos cem anos especificamente. Passam por estágios de desenvolvimento de energia nuclear e de foguetes – a energia para destruir a si mesmas e também para deixar seus planetas.

Elas usam petróleo e combustível nuclear?

Sim, sim. Esses minerais e recursos que vocês usam existem por toda a galáxia, mas alguns deles são formatados de maneira um pouco diferente. O petróleo, por exemplo, pode ter uma composição química diferente em outros planetas, mas basicamente ainda é a mesma coisa. Esses sistemas planetários de fato passam por estágios de desenvolvimento tecnológico semelhantes, mas a principal diferença é que alguns planetas se autodestroem antes de passar pelo estágio de desenvolvimento planetário que vocês na Terra estão atualmente tentando concluir.

Elas têm telefones celulares e computadores?

Sim, elas têm computadores. Elas têm dispositivos de comunicação? Sim. Elas têm tecnologia de rádio? Sim. No entanto, vocês precisam compreender que, quando respondemos a essas perguntas, estamos tratando de sistemas planetários que estão no mesmo nível da Terra, e algumas vezes a tecnologia que vocês desenvolveram na Terra vem diretamente de comunicações telepáticas com cientistas, guias e mestres de outros sistemas planetários.

Planetas Paralelos Existem, mas Cada Um é Único

Diversas vezes as pessoas me perguntaram sobre a cópia do planeta, porque houve muitos estudos e especulações sobre um universo paralelo. "Universo paralelo" é, na verdade, um termo errôneo. É melhor dizer "planetas paralelos" ou "sistemas solares paralelos", então a pergunta correta seria: existe uma Terra que é uma cópia exata da Terra atual? Por exemplo, se vocês viraram à esquerda enquanto estavam dirigindo seu carro, seria possível que, na Terra paralela, uma versão de vocês pudesse estar na mesma posição, mas, em vez disso, virando à direita? É possível existir uma cópia exata de vocês? É possível vocês existirem em uma vida paralela em outro planeta? É possível que a Terra tenha dois ou mais sistemas totalmente semelhantes em existência em outro universo?

A resposta é não, porque cada lugar no universo é único. As cópias existem da mesma forma que os flocos de neve: não existem dois flocos de neve exatamente iguais. Muitos são semelhantes, mas sempre há variações. Sim, existem lugares no universo com cópias, mas elas não são paralelas. Cada planeta possui seu próprio padrão evolutivo. Nem todos os planetas tiveram dinossauros ou mamutes, por exemplo. Alguns planetas têm golfinhos, mas outros não. Pode ser um pouco confuso se vocês pensarem que planetas semelhantes são cópias exatas da Terra com os mesmos estágios evolutivos, mas esse não é o caso. Alguns planetas têm telefones celulares, mas outros não. Alguns planetas têm computadores mais avançados do que os seus. Sempre há variações.

Desenvolvimentos Espirituais e Tecnológicos Devem Ser Combinados para Avançar ao Próximo Estágio

O fator mais importante ao analisar o desenvolvimento de um planeta é determinar se o planeta evoluiu espiritualmente para manter seus desenvolvimentos tecnológicos; é isso que nos interessa mais. Sim, queremos descobrir sobre a tecnologia de cada civilização – como elas usam a televisão e o rádio, por exemplo. Civilizações avançadas possuem tecnologias diferentes para a comunicação por rádio, mas a maior tecnologia em civilizações avançadas é a viagem no tempo, a habilidade de passar por corredores de tempo. Passar por corredores de espaço-tempo e viajar para outros lugares requer um desenvolvimento tecnológico e espiritual maior.

Quando vocês analisam a história das civilizações, podem ver que algumas delas terminaram de forma ruim e outras até mesmo se destruíram. Cada civilização interage com seu desenvolvimento de uma maneira diferente. Por exemplo, se vocês são da América do Norte e visitassem outra cultura na África, descobririam que as pessoas de lá desenvolveram diferentes formas de vestimenta e práticas espirituais. Se vocês fossem até civilizações diferentes na galáxia, descobririam a mesma coisa. Existem civilizações avançadas tanto na galáxia de Andrômeda quanto na galáxia da Via Láctea.

As civilizações avançadas passaram pelo estágio 1 da evolução planetária. Elas conseguiram superar a autodestruição e a poluição, a fim de avançar para espaços de dimensões superiores. Por que um planeta consegue superar isso e outro não? Esse é um dos principais estudos do Conselho Galáctico da Via Láctea e do Conselho Galáctico de Andrômeda. Nós enviamos nossos cientistas pela galáxia para responder a essa pergunta. Esse é um dos motivos pelos quais existem tantos extraterrestres vindo para a Terra. Acreditamos que, se descobrirmos formas de ajudar os planetas a passarem por esse estágio de desenvolvimento, isso beneficiará todo o universo.

A Busca pelo Motivo de Algumas Evoluções Planetárias Fracassarem

Determinar o estágio de desenvolvimento de um planeta não é simplesmente uma questão de tecnologia de telefones celulares ou computadores; é, na verdade, uma questão de evolução. É por esse motivo que estamos muito entusiasmados com o trabalho que o Grupo de Quarenta está realizando e com as mensagens vindas por meio de David sobre como o estágio evolutivo se relaciona com a consciência e o que permite que a consciência de um planeta inteiro mude. Esse foi um dos objetivos de Jesus quando ele foi enviado para a Terra. Ele foi enviado para mudar a consciência do planeta. Infelizmente, a consciência do planeta não evoluiu de forma expressiva. Ainda existem grandes guerras acontecendo. Ainda existem assassinatos e ódio. Há algumas pessoas que evoluíram imensamente, mas as extinções em massa e os genocídios demonstram que, em um nível planetário, as grandes mensagens dos mestres espirituais ainda não transformaram o planeta.

Todos nós nos Conselhos Galáctico de Andrômeda e da Via Láctea estamos interessados em estudar os efeitos que os profetas têm sobre os planetas, como a consciência planetária está evoluindo e por que algumas evoluções falham. Qual é o índice de falha dos planetas no mesmo estágio de desenvolvimento da Terra? Cerca de 50% dos planetas nesse estágio falham. Os Conselhos Galácticos nos pediram para trazer nossas energias e nosso conhecimento para este assunto, e todos concordamos que são necessárias mais orientações e intervenções dos mestres ascensionados, bem como mais oportunidades de se conectar com aqueles que estão atuando em uma luz superior.

Como apenas algumas sementes estelares – cerca de 1 milhão de pessoas entre mais de 7 bilhões – podem mudar a consciência de todo o planeta? Essa é a pergunta que estamos trabalhando para responder.

Existem doenças semelhantes às que temos neste planeta da terceira dimensão?

Quando os planetas avançam para uma consciência superior e dimensões superiores, eles conseguem superar as doenças, porque elas estão relacionadas à energia eletromagnética, à energia vibracional, às auras e aos agentes patogênicos. Basicamente, quando um planeta evolui e progride para o estágio 2, a população geralmente incorpora a medicina vibracional e supera muitas doenças.

Neste ponto, a Terra precisa de tecnologia superior, mas a tecnologia não pode apenas ser oferecida. Por exemplo, a tecnologia da viagem no tempo e a energia nuclear não podem ser apenas oferecidas à Terra, porque, no atual estado da evolução humana, as pessoas receberiam essa tecnologia, viajariam pelos corredores do tempo e causariam destruição. Vocês provavelmente já ouviram muitos canalizadores, principalmente no final da década de 1990, dizerem que os seres terrestres não teriam permissão para levar a tecnologia nuclear para além da Terra. Apesar de a tecnologia nuclear parecer ser avançada no seu planeta, ela é uma tecnologia suja. Não é inerentemente prejudicial, mas é suja porque vocês não sabem como controlá-la. A tecnologia nuclear é baseada no Sol e em reações que ocorrem nos sistemas estelares do universo, nos asteroides e em determinadas explosões. Nunca usaríamos uma tecnologia como essa, porque ela libera uma radiação que pode destruir a biosfera, o que já aconteceu. Eu vi planetas com gases do efeito estufa e tecnologia nuclear. Vi planetas emitirem radiação, destruindo sua biosfera, e planetas emitirem radiação para destruir planetas inimigos. Aconteceram terríveis genocídios com radiação nuclear.

A história galáctica da evolução do estágio planetário 1 ao estágio planetário 2 é repleta de batalhas. O que está acontecendo na Terra é um drama cósmico, e, sim, é bem verdade que existe 50% de chance de não haver êxito. Porém, estamos enviando muitos guias e mestres para trabalharam com vocês, a fim de incutir novos valores, uma nova energia e uma nova consciência.

Diferenças entre Andrômeda e a Via Láctea

Somos considerados galáxias irmã e irmão por uma razão: aconteceram muitas duplicações. Tivemos planos evolutivos e um pouco mais de civilizações do que vocês porque nossa galáxia é um pouco maior do que a sua. Temos mais estrelas e 10% a 15% a mais de sistemas planetários e civilizações. Existem muitas semelhanças, mas temos uma porcentagem mais alta de sistemas planetários no estágio 2 em nossa galáxia. Nosso registro histórico de ajudar planetas no estágio 2 é melhor.

Observem os galatianos, que Heylang disse serem intersexos ou andróginos. Cada pessoa é capaz de se reproduzir. O que acontece é que cada pessoa tem um tempo para ficar no período fértil ou poder se reproduzir. Isso não acontece mensalmente, como na Terra. Existe um exemplo disso em *Jornada nas Estrelas*: Spock passa por um ciclo aparentemente semelhante a cada sete ou oito anos. Isso varia. Como eles são andróginos, existe menos ódio e menos conflitos e guerras. A separação dos sexos cria divisão e mais dualidade e polarização.

Alguns dos planetas que visitamos possuem muitas línguas. A Terra é realmente diferente, porque poucos planetas possuem 7 bilhões de pessoas e tantas línguas. Por exemplo, nas Plêiades, deve existir apenas 1 milhão de pessoas e duas ou três línguas. Existe uma língua galáctica universal que possui tons e sons de alta vibração, variações que também são encontradas no hebraico, no sânscrito e em determinadas línguas nativas americanas, principalmente naquelas faladas pelos hopis e pelos navajos. Existem provavelmente dez línguas na Terra com semelhanças em relação aos tons galácticos.

A maioria dos planetas possui apenas de quatro a oito línguas, que, por fim, se integram em apenas uma. Quando as pessoas em um planeta passam por uma evolução superior, elas não precisam de tantas línguas. Elas conseguem se comunicar telepaticamente de uma forma totalmente diferente. A melhor forma que eu poderia descrever isso é durante os sonhos. Vocês geralmente não falam muito durante os sonhos. A informação é transmitida de outras formas.

Outra grande diferença é que as culturas nas dimensões superiores não possuem o extenso sistema de defesa psicológico que a Terra possui, pois grande parte do seu desenvolvimento é baseada em criar defesas e impedir que as pessoas causem danos a vocês. A psicologia galáctica é completamente diferente, incorporando essa estrutura de personalidade mais avançada, que pode se desenvolver sem uma estrutura de defesa elaborada. Eu sou Gurhan. Bom dia!

Capítulo 12

Espiritualidade Galáctica

Juliano e os arcturianos

Saudações. Eu sou Juliano. Nós somos os arcturianos. Em tempos antigos, as pessoas acreditavam que a Terra era o centro do universo, o que parecia muito lógico naquela época. A humanidade estava parada na Terra observando o céu, e o céu estava em volta da Terra. A espiritualidade é influenciada pela maneira como vocês observam o mundo e o universo, portanto um modelo geocêntrico fazia sentido no pensamento espiritual antigo. Em um exemplo de como a visão espiritual do universo pode influenciar a sociedade, considerem a semente estelar da Itália nomeada Galileu, que apresentou informações que provaram que a Terra orbita o Sol. Ele foi levado para a prisão por causa dessa ideia, pois as pessoas que estavam no poder não queriam que os outros soubessem que Galileu estava certo. Com certeza, atualmente todos aceitam isso, progredindo o pensamento espiritual.

Como sua visão atual do universo influencia sua espiritualidade? Até mesmo no século XX, a humanidade ainda tinha limitações sobre essa visão. Como dissemos, foi apenas na década de 1920 que Edwin Hubble descobriu que havia mais além da galáxia da Via Láctea.[5] Até esse período, os cientistas acreditavam que existia apenas um grande universo, e eles não compreendiam a existência de galáxias. Depois, descobriram que existem bilhões de outras galáxias e que a Terra e seu sistema solar transitam em torno do Sol Central da

---

5. Gordon Fraser (ed.). *The New Physics for the Twenty-first Century*. Cambridge: Cambridge University Press, 2006, p. 18.

galáxia uma vez a cada 250 mil anos. Portanto, novamente, como sua visão do universo influencia sua espiritualidade? Essa nova visão da espiritualidade galáctica e seu lugar na galáxia e no universo expandem sua espiritualidade.

Atualmente, há resistência à espiritualidade galáctica, assim como existia em relação às teorias de Galileu. Ainda existem pessoas que têm dificuldade de aceitar a espiritualidade galáctica e algumas das suas novas ideias impactantes, como que Jesus visitou muitos outros planetas e que alguns dos grandes líderes espirituais (Moisés, Buda e Maomé) se comunicaram com seres de dimensões superiores que os visitaram.

Na espiritualidade galáctica, compreendemos que existem múltiplas dimensões. Nós devemos usar os corredores e o hiperespaço para viajar para outras partes da galáxia e nos comunicar com elas. Podemos interagir com todas as partes da galáxia por meio de viagens multidimensionais. Somos multidimensionais, assim como a raça humana. Na espiritualidade galáctica, tentamos alcançar a consciência da unidade e cumprir nosso destino de viajar e retornar para a quinta dimensão.

O Triângulo Sagrado

A espiritualidade galáctica propõe que todos nós somos multidimensionais e podemos viajar para dimensões superiores. Uma bela imagem do Triângulo Sagrado expressa a ideia de que, a fim de trazer cura para a Terra, deve haver um novo paradigma espiritual [ver figura 12.1]. Quando esse Triângulo Sagrado for aceito, haverá um grande avanço no planeta. O Triângulo Sagrado também inclui aspectos de religiões místicas e crenças de povos indígenas conectados ao mundo espiritual e à Terra. Nossos ensinamentos têm como foco oferecer uma nova tecnologia espiritual e ferramentas para a cura planetária e para ajudá-los a integrar e desenvolver sua consciência. Na espiritualidade galáctica, isso inclui a projeção do pensamento, a bilocação, a tremulação da aura, a consciência da unidade e a multidimensionalidade.

Aproximadamente 5 mil planetas na galáxia da Via Láctea atualmente possuem formas de vida avançadas como a Terra. Alguns planetas são mais avançados, mas outros estão passando pelos mesmos conflitos. A espiritualidade galáctica oferece uma visão da Terra como um planeta que está evoluindo, e essa perspectiva é muito importante, pois demonstra os bloqueios que a Terra está enfrentando. De forma bem simples, a tecnologia da Terra é mais avançada do que a sabedoria espiritual dela, portanto o objetivo atual é elevar a vibração espiritual e o quociente de luz espiritual do planeta. Nós estamos trabalhando bem próximos a vocês, por meio da tecnologia arcturiana, para conduzir todo este planeta para a quinta dimensão.

Figura 12.1. *O Triângulo Sagrado*, por Gudrun Miller.

Dois Novos Conceitos na Espiritualidade Galáctica

A transmutação dimensional alquímica é um novo conceito que remete ao seu trabalho para avançar para a quinta dimensão. Sei que cada um de vocês deseja ascender e deixar a Terra, e estamos oferecendo a vocês tecnologia e ferramentas para realizar isso. No entanto, vocês também devem trabalhar para trazer energia da quinta dimensão para a terceira dimensão, porque a energia da quinta dimensão é alquímica e quântica. Essa energia dos reinos superiores é necessária para curar vocês e a Terra. A Terra precisa de energia quântica alquímica para se curar.

Outro novo conceito é a antropologia cultural galáctica [ver capítulo 11]. Muitos de vocês vieram de planetas e regiões diferentes da galáxia ou até mesmo de outras galáxias. Alguns de vocês vieram de Andrômeda, de Antares ou das Plêiades. Eu, Juliano, estou conduzindo aulas em Arcturus sobre antropologia galáctica, e nós estamos estudando como as sociedades se desenvolvem em outros planetas. Por exemplo, muitos planetas possuem menos religiões do que a Terra. A Terra é um planeta muito único, pois vocês possuem muitas línguas diferentes e uma enorme população.

Muitos de vocês já estão vivenciando outras culturas de diferentes partes da galáxia em seu mundo dos sonhos e em viagens multidimensionais. Lembrem-se de que as dimensões interagem entre si; portanto vocês estão interagindo com a quinta dimensão e a quinta dimensão está interagindo com vocês. Bênçãos a todos vocês, sementes estelares. Nós amamos todos vocês. Eu sou Juliano. Bom dia!

Capítulo 13

Consciência Cósmica

Juliano, os arcturianos, Vywamus e Arcanjo Miguel

Saudações. Eu sou Juliano. Nós somos os arcturianos. Vamos analisar a consciência da unidade em mais detalhes: o que ela significa, seus níveis diferentes e como vocês podem usá-la em um nível pessoal, planetário e universal. Algumas pessoas, na verdade, identificaram a consciência da unidade como consciência cósmica. Acredito que essa seja uma ampliação interessante da expressão "consciência da unidade". A ideia na consciência cósmica, que, por acaso, também é verdadeira na consciência da unidade, é bem simples. Existem leis cósmicas por todo o universo, e essas leis se aplicam a todos os lugares nele. Um segundo corolário com base nisso é que é possível se comunicar e interagir com a energia cósmica, principalmente quando se percebe a natureza holográfica do universo, que está intimamente ligada tanto à consciência da unidade quanto à consciência cósmica. Usarei os termos "consciência da unidade" e "consciência cósmica" de forma intercambiável aqui.

Dualidade e Polarização

Acredito que vocês concordem que a natureza desta realidade – isto é, a terceira dimensão na Terra – é caracterizada pela dualidade e pela polarização. Na verdade, vocês provavelmente também concordam que, durante os últimos anos, a polarização e a dualidade aumentaram. Atualmente, estamos em um ciclo no qual a polarização está tão forte que, de muitas formas, parece que uma guerra ou um conflito posterior é inevitável. Hesito quando digo que uma guerra é inevitável, porque já existem centenas de guerras acontecendo no planeta, portanto dizer que haverá uma guerra não é nada novo. Acredito que vocês devam estar mais preocupados com a possibilidade de uma guerra entre poderes maiores neste planeta.

Existem muitos motivos para a polarização, alguns dos quais são refletidos nos alinhamentos planetários e na energia de diferentes fontes cósmicas. No entanto, parte disso se deve à semeadura deste planeta por fontes extraterrestres. Tem havido energias conflitantes e diferentes que foram implantadas nos códigos genéticos deste planeta. Alguns dos seres que fecundaram esses códigos tiverem planos diferentes; portanto, as espécies humanas se desviaram do programa principal que foi transmitido originalmente. O programa principal era de uma natureza mais pura, portanto atualmente existe mais conflito e polarização. É um paradoxo que muitas pessoas desejam amor e unidade, mas, ao mesmo tempo, os temem. Na consciência da unidade, existem grandes vantagens, e dons intensificados vêm disso. O paradoxo é simplesmente que este planeta é, de muitas formas, o exato oposto da unidade. Ele está repleto de contradições de dualidade. Na verdade, existem dois traumas ou problemas emocionais principais neste planeta, e um deles é o medo. O medo é, na realidade, um sintoma de ser excluído da unidade e da consciência da unidade. Uma observação antropológica interessante é que a pior punição para o crime em culturas primitivas é ser banido ou excluído da unidade, o que é comparado à morte.

Vamos analisar por um momento a antropologia cultural galáctica, porque, quando digo que essas leis cósmicas existem por todo o universo, tenho certeza de que vocês conseguem imaginar que existem situações semelhantes à da Terra por toda a galáxia. Em outras palavras, as leis da criação, da procriação, do carma e da evolução planetária e pessoal são verdadeiras por toda a galáxia. Essa é uma das curiosidades intrigantes na astronomia.

Os astrônomos e os astrofísicos estão buscando planetas parecidos com a Terra, e a suposição é que, se eles encontrassem um planeta parecido com a Terra, existiriam nele seres parecidos com os da

Terra. O fato é que existem planetas parecidos com a Terra por toda a galáxia, e há seres humanos em outros sistemas planetários.

Como eu disse, na energia cósmica e na consciência cósmica, essas pessoas em outros planetas vivenciam as mesmas leis e passam por processos de desenvolvimento semelhantes, e isso inclui processos de desenvolvimento planetário semelhantes. Por exemplo, falamos sobre estágios de evolução planetários, e eu disse que a Terra atualmente está pronta para possivelmente graduar do estágio 1. O estágio 1 é longo. Existem muitos subestágios envolvidos, mas atualmente vocês estão no estágio em que possuem conflito de espiritualidade e energia espiritual contra o desenvolvimento técnico. Vocês compreendem que o desenvolvimento técnico na Terra ultrapassou a espiritualidade e a sabedoria. É verdade que existem pessoas que são sábias e muito espiritualizadas, mas, no geral, as pessoas no poder neste planeta sofrem de ganância, e são mais envolvidas com o conhecimento técnico e militar, dando um valor maior a isso. Esse tipo de conflito existe em outros planetas por toda a galáxia, e isso ocorre em outras galáxias que possuem planetas parecidos com a Terra. Esse problema é universal.

Consciência da Unidade e a Biosfera

Vamos analisar especificamente vocês como pessoas, e como a consciência da unidade pode influenciar tanto vocês quanto o planeta. Eu começo com o planeta e a consciência da unidade, porque a Terra é um espírito, conhecido como Gaia em muitos ensinamentos. O princípio básico na consciência da unidade é que o que influencia uma parte do planeta influencia todo o planeta.

Em um ensinamento anterior, falei sobre o efeito borboleta e, nessa descrição, sobre a teoria do caos. Nesse conceito, o nível de desenvolvimento planetário se tornou tão complexo que uma borboleta mudando de direção poderia provocar uma reação em cadeia de ocorrências imprevisíveis que poderiam levar a um acontecimento maior. A ideia é que o que acontece em um lugar influencia outro lugar no planeta. O que acontece no Oriente Médio influencia a Europa. O que acontece em um acidente de mineração em Silverton, no Colorado, influenciará o Novo México, o Arizona e até mesmo a Califórnia. O aquecimento de uma parte do Oceano Pacífico pode causar grandes mudanças climáticas em outra parte do mundo.

Conforme as pessoas se tornarem mais cientes de todos esses padrões meteorológicos, a unidade surgirá na consciência em massa. A consciência da unidade, em um nível planetário, será incutida, de modo que aqueles no poder começarão a tomar decisões com base na unidade planetária.

Atualmente, existem muitos ensinamentos sobre a unidade em todo o planeta. Quando falamos sobre a consciência da unidade e a Terra, estamos rompendo com a ideia da consciência da unidade na biosfera, que, evidentemente, faz parte da Terra. Vamos analisar os oceanos. Os oceanos constituem uma unidade; o que acontece em uma parte de um oceano influencia outros oceanos. Algumas das correntes e alguns dos padrões envolvidos nos oceanos estão em uma escala de tempo de 3 mil a 5 mil anos. Normalmente, seria difícil realmente observar os efeitos de ciclos tão longos na vida humana. Ainda assim, como os seres humanos estão fazendo muitas mudanças radicais, esses ciclos no oceano estão acelerando e se tornando imprevisíveis. Vocês provavelmente já ouviram as pessoas dizerem: "Bem, esses *icebergs* estão derretendo. Em 50 anos, eles aumentarão o nível do oceano em torno de 7 a 90 centímetros", e, então, dois anos depois, elas dizem: "Ah, não, os *icebergs* vão derreter em 20 anos". Os cientistas continuam mudando o cronograma dos acontecimentos na Terra. Por que isso acontece? Porque essas mudanças que vocês estão testemunhando são tão radicais e tão aceleradas que ninguém consegue realmente saber ou prever com muita precisão como elas vão influenciar a unidade dos oceanos.

Quando digo para usarmos a consciência da unidade a fim de falar sobre o planeta e os oceanos, literalmente quero dizer que o que acontece em um oceano influenciará todos os oceanos, embora alguns dos ciclos durem muitos milhares de anos. Eu previ que esses ciclos de 3 mil a 5 mil anos nos oceanos acelerarão ainda mais. Em alguns casos, vocês podem descobrir que o que costumava ser um ciclo de 3 mil anos pode ser diminuído para um ciclo de 30 anos.

Parece radical, mas vocês estão observando isso atualmente. O derramamento de petróleo no Golfo do México, por exemplo, influenciou partes do Oceano Índico, e as repercussões se estenderam até mesmo à Austrália. Lembrem-se de que a consciência da unidade enfatiza que o que acontece em uma parte influencia o que acontece em outras partes.

Evidentemente, não posso deixar de falar sobre a catástrofe de Fukushima, porque esse é outro exemplo de que o que acontece em um oceano influencia todos os oceanos. As consequências do acidente de Fukushima levarão décadas, ou até mais tempo, para serem registradas pelos oceanos do mundo. Os oceanos reagem a mudanças causadas pela poluição, assim como vocês reagiriam a essas mudanças. Isso quer dizer que os oceanos possuem habilidades de autocura e, dessa forma, tentam se purificar. Na verdade, toda a biosfera possui habilidades de autocura, e o planeta inteiro possui habilidades para retornar ao equilíbrio. A pergunta é: essa autocura pode ser ativada e implementada mais rapidamente? Essa é uma questão que precisamos examinar em mais detalhes quando falamos sobre biorrelatividade.

Existem outros exemplos da consciência da unidade e da biosfera no planeta – as florestas, por exemplo. Os incêndios florestais na parte oeste dos Estados Unidos afetam todas as florestas no planeta. Vocês podem pensar: "Bem, atualmente moro em um lugar onde não ocorrem incêndios florestais, portanto estou seguro". Isso não é verdade. A fumaça está entrando no ar, e, em um nível muito elevado da consciência da unidade, todos os sistemas florestais no planeta são afetados.

As florestas se comunicam entre si. Vocês podem achar difícil acreditar que as árvores no Brasil podem se comunicar com as árvores no oeste dos Estados Unidos. Ainda assim, um dos motivos de os incêndios florestais estarem tão fortes no oeste dos Estados Unidos é a erradicação ou destruição das florestas tropicais no Brasil e em outras partes da América do Sul. A destruição não está acontecendo apenas em uma parte do planeta; tudo é interativo e está na consciência da unidade. Uma floresta é um ecossistema muito complexo.

Algumas pessoas chamaram as florestas tropicais brasileiras de pulmões da Terra. Existe muita verdade nisso, pois as florestas tropicais produzem e regulam um determinado tipo de mistura de ar para a Terra, e esse ar muda quando as florestas tropicais são diminuídas.

Até mesmo os vulcões interagem entre si, e o que acontece em uma parte do sistema vulcânico afeta as outras partes. Além disso, os terremotos em uma parte do planeta podem afetar as placas tectônicas em outras regiões. Posso abordar todos os sistemas da biosfera e falar sobre como existe uma unidade em cada um deles. Algumas partes da biosfera possuem um valor superior intrínseco em relação a outras partes. Isso não significa que as partes inferiores não são importantes, mas existem determinados sistemas que contêm animais, como golfinhos e baleias, que têm uma habilidade maior de intensificar a consciência da unidade e a interação positiva no planeta. A prosperidade deles é especialmente vital para a prosperidade dos oceanos. Os golfinhos e as baleias possuem a habilidade de se comunicar entre si em todo o planeta. Se os golfinhos e as baleias desaparecerem ou forem mortos, a unificação e a unidade dos oceanos enfrentarão um perigo extremo e haverá problemas maiores.

Agora, quero analisar a consciência da unidade e vocês em um nível pessoal. Para tratar disso, quero trazer Vywamus, pois, como vocês observarão, este é um tema profundo. Retornarei. Eu sou Juliano.

* * *

Consciência da Unidade e a Psique Humana

Saudações. Eu sou Vywamus, um psicólogo da alma. A consciência da unidade pode ser descrita em um nível pessoal e, especificamente, pode ser encontrada ao vocês se unirem com suas vidas passadas, sua vida presente e suas vidas futuras. A consciência da unidade também pode ser descrita em termos de campo perceptivo e de energia perceptiva. Quando vocês abrirem determinados pontos neurológicos em seu cérebro, como o sistema ativador reticular ou o ponto de encaixe, serão capazes de perceber imediatamente a consciência da unidade e poderão ver a unidade do Tudo. De um ponto de vista de sobrevivência, a consciência da unidade muitas vezes não tem um valor de sobrevivência alto no mundo primitivo. No entanto, ela pode ter um valor de sobrevivência se vocês tiverem a habilidade e o conhecimento de como usá-la para a caça e até mesmo para a batalha. A consciência da unidade tem muitas vantagens para a psique. Quando vocês estão na consciência da unidade, possuem a habilidade de perceber a unidade de tudo e de ver tudo como uma vibração.

Vocês podem ver todas as auras e escutar belos sons. Como vocês podem saber, a Terra possui uma determinada frequência e vibração sonora. Todos os seus sentidos se intensificam enormemente, mas, em uma consciência tão alta, vocês poderiam perder seu foco. Poderiam ficar perdidos na onda de energia na consciência da unidade. Vocês podem imaginar como isso criaria problemas no mundo primitivo. Se vocês estivessem sendo atacados por um leão, não iriam querer se sentar e apreciar a beleza dos caninos dele ou admirar a força das patas dele. Uma admiração e percepção tão intensas não teriam valor de sobrevivência algum. Vocês teriam de desativar determinados níveis, de modo que poderiam reagir apropriadamente e de uma maneira focada ao enfrentar um perigo. No entanto, pode haver uma vantagem para a consciência da unidade no mundo primitivo. Por exemplo, o xamã pode ver o que acontecerá no futuro. Ele pode ser capaz de ver onde estão os animais antes da caça e comunicar isso aos caçadores. Como podem ver, existe um valor na consciência da unidade, e vocês descobrirão que, neste momento na Terra, existe uma falta de consciência da unidade e uma enorme necessidade de mais. Há uma necessidade da consciência da unidade para a sobrevivência do planeta, e existe uma necessidade de pessoas que compreendam esses princípios que estou descrevendo.

O que significa quando digo "unidade da psique" ou "unidade do eu"? Existe um conceito psicológico chamado de partes rejeitadas do eu, que também poderia ser chamado de partes repudiadas do eu. Muitas pessoas possuem partes rejeitadas de si mesmas. O problema de sacerdotes abusando de crianças é um exemplo claro. No conceito das partes rejeitadas do eu, uma pessoa possui partes de si que não estão em unidade com ela mesma. Na verdade, vocês não estão na consciência da unidade com todas as partes de si até mesmo quando alcançam um alto nível espiritual. Os sacerdotes que abusaram de crianças podem ter alcançado um estado espiritual superior em outras áreas. Muitos desses sacerdotes eram almas evoluídas e tinham grandes dons espirituais, mas eles também tinham partes obscuras de si mesmos que não aceitavam. Eu sei que isso parece ser uma contradição.

Vocês também podem observar esse conflito das partes rejeitadas do eu em outros exemplos psicológicos. Homens que abusam de mulheres podem não aceitar que são abusadores e, assim, negar isso. Esse é um exemplo de uma parte rejeitada do eu. Por que eu estou falando sobre isso? Porque, na consciência da unidade, vocês precisam unir as partes negativas do eu com as partes positivas. Vocês não podem apenas assumir as partes positivas e ignorar seu lado sombrio. Ignorar seu lado sombrio é um dos motivos para os muitos problemas no planeta. Considerem os problemas que os grupos religiosos e espirituais enfrentam. Líderes malévolos, especificamente, tiraram vantagens das partes rejeitadas do eu dos membros desses grupos. Na psicologia junguiana, a parte rejeitada do eu é chamada de lado sombrio do eu. A ideia de partes rejeitadas do eu foi utilizada por Fritz Perls, psicólogo nascido na Alemanha.

O problema com as partes sombrias e rejeitadas do eu é que elas podem ser projetadas em outras pessoas. Os líderes de grupos podem apontar para um grupo diferente e dizer: "Essas pessoas são um problema". A raiva, então, é direcionada a essas pessoas, porque as partes rejeitadas são projetadas nelas. O primeiro grupo, portanto, pode sentir que o segundo grupo merece ser odiado e punido. Os líderes malévolos podem até mesmo ir mais além e dizer que outros grupos de pessoas precisam ser exterminados. Quantas vezes isso aconteceu na Terra? Inúmeras vezes. O planeta está repleto de genocídio, o que indica falta da consciência da unidade.

Portanto, quando falo sobre a consciência da unidade, devo entrar em uma discussão psicológica mais profunda sobre a natureza do lado sombrio da psique e tratar dessa parte rejeitada do eu com vocês. Vocês observarão que esses problemas surgem até mesmo em seu próprio grupo. Tenho certeza de que vocês já encontraram pessoas que rejeitavam seu comportamento e projetavam seu lado sombrio nos outros. Acontece em todos os grupos e é um problema particularmente potente na atualidade por todo este planeta. É um problema potente porque existem muitos grupos diferentes (religiosos, políticos e sociais). É fácil, portanto, um grupo ver outro grupo como um inimigo.

Compartilho do interesse de Juliano pela antropologia cultural galáctica. As pessoas querem saber se esse fenômeno das partes rejeitadas do eu acontece em outros planetas nesta galáxia. Ele acontece. Houve casos nos quais planetas entraram em guerra entre si com base nesse problema psicológico mais profundo. Eles não conseguiam ver ou entender a consciência da unidade. Alguns dos problemas acontecendo atualmente neste planeta precisam ser captados e analisados a partir dessa nova perspectiva da consciência da unidade. A humanidade precisa compreender o conceito das partes rejeitadas do eu.

Não posso oferecer soluções políticas para alguns desses problemas de imigração e refugiados acontecendo atualmente no planeta (principalmente na Europa). Algumas pessoas perguntaram: "Qual é a resposta correta?". A resposta correta é ter a perspectiva da consciência da unidade e compreender que tudo está relacionado e esses problemas com os refugiados não estão isolados. É necessário compreender esse problema a partir do conceito de grupo e das partes rejeitadas do eu. As lições servem para ambos os lados – não apenas para o grupo que está oferecendo ajuda, mas também para aqueles que necessitam dela. Alguns desses refugiados reencarnaram a partir de grupos passados. Eles podem até mesmo ter sido autores de crimes em massa contra a humanidade em vidas anteriores. Agora, nesta vida, são eles que recebem e precisam de ajuda. Quando falamos sobre a consciência da unidade, precisamos compreender que isso inclui a perspectiva de vidas passadas e vidas atuais. Se as pessoas cometeram genocídio ou expulsaram os outros em vidas anteriores, elas podem estar atualmente no lado oposto. Agora, elas podem ter de enfrentar perigos, frustrações e efeitos prejudiciais de abusos em relação a grandes grupos de pessoas.

Resumindo, a consciência da unidade inclui aceitar e integrar as partes negativas do eu. Com isso, vocês podem avançar para uma energia espiritual superior. Existem alguns casos em que pessoas altamente espiritualizadas – não apenas sacerdotes católicos, mas também iogues ou líderes nas religiões judaica e hindu – se arruinaram porque não prestaram atenção às partes rejeitadas de si mesmas. Não é inerentemente ruim possuir partes negativas do eu. O que é ruim é quando vocês agem a partir desses lugares sombrios e, depois, negam que eles fazem parte de vocês, por não conseguirem integrá-los.

Juliano me pediu para falar também sobre a consciência da unidade em um nível global. Na consciência da unidade, existem vantagens em abrir essa válvula perceptiva. Estar na consciência da unidade significa que vocês estão em uma determinada vibração espiritual energética. Juliano se referiu a isso como seu quociente de luz espiritual superior. Eu também me refiro a isso como vibração de luz espiritual. Vocês precisam estar em um campo energético de vibração superior para as portas da percepção se abrirem a vocês, de modo que possam experimentar mais energia espiritual. Vocês poderiam ver as auras das pessoas, poderiam se tornar telepáticos e até mesmo ter poderes proféticos. Em outras palavras, vocês estão conectados energeticamente ao cosmo, ao *continuum* espaço-tempo e a níveis perceptivos diferentes. Essa é uma grande vantagem na consciência da unidade, porque vocês estão se abrindo para processos energéticos superiores, que lhes oferecem mais dons psíquicos e os ajudam a ver a composição básica desta dimensão como uma unidade. Todos possuem os mesmos blocos de construção energéticos. Todos possuem estruturas subatômicas e celulares semelhantes. Tudo é energia. Tudo se resume a se vocês conseguem perceber a realidade na consciência da unidade.

A consciência da unidade é uma forma de percepção superior. Concluo com um exemplo: na física quântica, às vezes as ondas de luz podem ser vistas como ondas e outras vezes como partículas. Se vocês as virem como ondas, podem ver uma vibração. Se vocês as virem como partículas, podem vê-las como objetos sólidos em pequenos pacotes. Quando vocês olham para uma mesa, podem vê-la como um objeto sólido, mas ela também pode existir como uma onda de energia. A mesa é tanto sólida quanto ondulatória. Na consciência da unidade, quando vocês estão nesse nível, conseguem ver as coisas como ondas e como partículas. Vocês poderiam ver que ambas as percepções (onda e partícula) teriam vantagens para a consciência expandida. Elas poderiam ter desvantagens se vocês estivessem em uma situação de ameaça à vida. Se vocês estivessem sendo ameaçados, seria confuso ver tudo como ondas. Agora, vou direcioná-los de volta a Juliano. Eu sou Vywamus. Bom dia!

* * *

Consciência da Unidade e Outras Dimensões

Aqui é Juliano novamente. Quero falar sobre a consciência da unidade a partir da perspectiva das dimensões e do *continuum* espaço-tempo. Quando tratei dos oceanos ou até mesmo da Terra, falei que o que acontece em uma parte da Terra influencia as outras partes. Isso também é verdadeiro em relação às dimensões. Por mais que possa ser difícil de acreditar, o que acontece em uma dimensão influencia outras dimensões.

Muitas pessoas que são muito avançadas falam sobre a sétima e a oitava dimensões. Na verdade, as pessoas frequentemente nos perguntam por que nós, os arcturianos, não oferecemos a vocês informações sobre essas dimensões. Isso é verdade, o que está acontecendo na sétima dimensão e na oitava dimensão influencia todas as dimensões, incluindo a terceira dimensão. No entanto, nós acreditamos que precisamos nos concentrar na quinta dimensão, porque ela está mais próxima de vocês. A quinta dimensão é para onde vocês vão ascender. O que está acontecendo na quinta dimensão influencia a terceira dimensão, e o que acontece na terceira dimensão influencia a quinta dimensão.

Na consciência da unidade, tudo, incluindo as dimensões, está unificado, e vocês precisam compreender o que está acontecendo em todas as dimensões, especialmente naquelas imediatamente acima de vocês, para compreenderem e trabalharem juntos. Como isso influencia vocês especificamente? Vocês estão atualmente em um processo de trazer energia da quinta dimensão para a terceira dimensão. Vocês estão ajudando a estabelecer portais e corredores nos quais a energia da quinta dimensão pode se conectar mais diretamente com a terceira dimensão. Existem ciclos no cosmo, e lembrem-se de que isso é normal. Existem também ciclos no Sol. Alguns dos ciclos são de 45 a 55 anos. Vocês estão observando o início de um ciclo solar atualmente, chamado de Mínimo de Maunder. Esse ciclo solar é caracterizado por uma atividade solar tranquila de 45 a 55 anos, e haverá menos manchas solares. Quando o Sol entra em um período mínimo, há menos tempestades solares e menos atividade solar em geral, o que possivelmente torna a Terra um pouco mais fria. É um tanto irônico, pois temos falado acerca do aquecimento global e sobre como ele é um problema. Lembrem-se de que a Terra e o Sol interagem, e, se a Terra está ficando muito quente, o Sol pode tentar se ajustar e dar à Terra um pouco de margem. Essa é outra forma de dizer que, sim, a Terra está ficando mais quente, mas o Sol está tentando reagir para moderar esse aquecimento.

Nós estamos em um período de aceleração. As dimensões também interagem, e atualmente existe uma necessidade maior de energia da quinta dimensão na Terra. Existem mais mestres da quinta dimensão interagindo com as pessoas atualmente do que em qualquer outro período na história deste planeta. Em tempos antigos neste planeta, menos pessoas canalizavam os mestres superiores e se conectavam com eles, e as oportunidades de se comunicar pela mídia eram limitadas. Muitas pessoas se conectam atualmente com o Espírito por todo este planeta, portanto a quinta dimensão está respondendo ao que está acontecendo na terceira dimensão. Como a terceira dimensão se envolve em mais problemas, as pessoas na quinta dimensão, os mestres ascensionados, buscam formas de intervir mais diretamente no planeta. Esse é outro aspecto.

Como a sexta e a sétima dimensões interagem? Basicamente, existem algumas lições de alma importantes na terceira dimensão atualmente. Esses acontecimentos são extremamente importantes, porque, em outros planetas, o carma não se manifesta tão rápido como acontece na Terra. Existem menos conflitos, línguas ou religiões em outros planetas. Há conflitos em outros planetas, mas o planeta Terra é incrivelmente acometido por eles. Até mesmo os mestres da sétima dimensão estão interessados no que está acontecendo neste planeta e veem grandes oportunidades para eles e seus estudantes fazerem observações cautelosas e, em alguns casos, pequenas intervenções por meio de guias e mestres.

Consciência da Unidade e o Tempo

A consciência da unidade também influencia o *continuum* espaço-tempo, o que significa que vocês se unem com o passado, o presente e o futuro. Na unificação do tempo, o que acontece é que um tempo influencia os outros tempos. Isso parece óbvio quando vocês consideram que o que aconteceu no passado está influenciando o presente e até mesmo o futuro. Segue um exemplo recente muito simples: alguém despejou 3 milhões de galões de resíduos tóxicos de minas em um curso de água importante no Sudoeste em 2015. Isso afeta as pessoas neste planeta por 30 anos ou mais. O que aconteceu no passado e o que acontece no presente influenciam o futuro. Como o futuro pode influenciar o presente? Bem, na consciência da unidade, o tempo não é linear. O tempo é circular, portanto vocês podem olhar para o futuro e até mesmo interagir com seu eu futuro. Isso é muito interessante. Vocês podem se ver no futuro como mestres ascensionados. Se isso ocorrer, vocês precisam trazer esses poderes e essa energia para o presente, de modo que possam realizar o trabalho de mestres ascensionados atualmente.

Algumas pessoas dizem: "Vou ascender e, então, voltar para a Terra e ser um mestre ascensionado". Conectem-se agora com seu futuro eu. Se vocês trouxerem para o presente essas partes do seu eu avançado, terão suas habilidades futuras agora.

Essa ideia da unidade do tempo é extremamente importante para a consciência da unidade, porque, se as pessoas que estão destruindo o meio ambiente tivessem uma unidade da consciência e do tempo, compreenderiam que estão afetando muitas pessoas no futuro. Possível e provavelmente, elas estão afetando a si mesmas no futuro, porque essas pessoas que estão cometendo ações destrutivas presumivelmente vão reencarnar para vivenciar os resultados de suas ações. O que vocês fizeram no passado e o que vocês estão fazendo no presente afetará seu futuro.

Um filme de ficção científica que o canalizador viu se passou em algum momento da década de 2030, após uma doença que matou 6 bilhões de pessoas. As pessoas compreenderam a viagem no tempo, então enviaram uma pessoa de volta para a década de 1990 para interromper a ação específica que criaria a pandemia.[6] Se uma pessoa do futuro puder voltar para o presente, então vocês poderiam ir para o futuro. Algumas pessoas vão para o futuro psiquicamente, o que faz parte da presença multidimensional e da bilocação.

Quero concluir com o Arcanjo Miguel, que fará uma breve descrição da unidade. Eu sou Juliano, e lembrem-se de que este é um momento incrível para estar vivo, apesar de haver tanto conflito.

* * *

Consciência da Unidade e *Yechudim*

Saudações. Eu sou o Arcanjo Miguel. Gostaria de discutir brevemente sobre a consciência da unidade e o conceito na Cabala chamado *Yechudim*, que significa "orações de unificação" em hebraico. Os cabalistas antigos nos séculos XIII, XIV e XV compreendiam que existia uma unidade do cosmo e um ingrediente no espírito humano que era tão elevado que podia trazer um equilíbrio unificado para a Terra. A humanidade possui a habilidade de unir a terceira dimensão com os reinos superiores. Os cabalistas fazem isso por meio do *Yechudim*.

Cada dimensão se eleva numericamente, e, quanto mais elevado o nível da dimensão, mais próximos vocês ficam do Criador. Além disso, quanto mais alto vocês avançam necessitam de menos encarnações corporais. Vocês possuem um corpo da quinta dimensão, o qual habitarão, mas, quando vocês acessam dimensões superiores, podem transcender o conceito normal que têm sobre o corpo.

---

6. *Os 12 Macacos* é um filme de suspense e ficção científica estrelado por Bruce Willis e Brad Pitt. Ver <http://www.imdb.com/title/tt0114746/>para mais detalhes.

É difícil para vocês imaginar como poderiam existir sem algum tipo de corpo. O Criador não possui um corpo. Existir sem um corpo significa que vocês estão vivendo no mundo do pensamento. A consciência da unidade envolve unir os corpos mental, emocional, físico e espiritual.

Nessas orações especiais, unimos a dimensão física da Terra com o nível de energia mais elevado, a dimensão mais elevada, e fazemos isso pelo nome de Deus. O nome de Deus possui poderes especiais, então, ao unir esta dimensão com a dimensão superior, podemos usar o nome de Deus. Nesse caso, seria como YHVH [**nota do canalizador:** isso representa Yahweh na Bíblia King James], e nós o uniríamos com a luz superior da quinta dimensão. Nós também o uniríamos com a Terra, porque, nas orações de unidade da energia mental e espiritual, isso pode criar unidade física.

Esse conceito de unidade e pensamento foi expresso por meio da noosfera, também conhecida como o campo de pensamento do planeta. Primeiramente, por meio da oração, vocês obtêm as letras sagradas do nome de Deus. Depois, vocês as combinam corretamente, colocando essas letras, que possuem grandes poderes, na noosfera. Depois, vocês serão capazes de estabelecer a base do mundo mental, que, consequentemente, criará uma mudança no mundo físico. É disso que se trata o *Yechudim*. Ele cria, por meio das letras e orações, as vibrações da unidade necessárias que unem as dimensões. Essas palavras e orações de unidade são usadas na noosfera e colocam em ação uma restauração da terceira dimensão.

Eu sou o Arcanjo Miguel. Bom dia!

Capítulo 14

Aceitem a Espiritualidade Galáctica

Juliano e os arcturianos

Saudações. Eu sou Juliano. Nós somos os arcturianos. Aceitar a espiritualidade galáctica envolve e influencia como uma pessoa percebe o mundo e o universo – geocêntrica, heliocêntrica, ou talvez aceite a galáxia como o ponto central principal para a sua existência na terceira dimensão.

Existe um multiverso? Um multiverso significa que muitos universos diferentes existem além do nosso próprio universo. O multiverso possui muitas dimensões, e como essas dimensões são acessíveis? A percepção espiritual de um grupo também inclui o acesso a outras dimensões. Certamente, podemos até mesmo analisar o conceito de céu e inferno como se referindo a outras dimensões. Vou propor a vocês que o céu e o Jardim do Éden descrevem outra dimensão, que algumas pessoas chamam de quinta dimensão. Quando vocês ouvem as pessoas falando sobre o inferno, elas estão, na verdade, referindo-se à dimensão inferior. O problema é que grupos na Terra tentam limitar o acesso ao céu descrevendo o que aplicam determinadas restrições de filiações religiosas. O inferno parece ter portões abertos que todos podem adentrar. Existem até mesmo grupos que se voluntariam a enviar pessoas para o inferno contra a vontade delas.

A espiritualidade galáctica é basicamente um sistema mais expandido que conduz as pessoas para mais perto do Criador e mais perto da verdadeira realidade do universo físico. A espiritualidade galáctica oferece acesso a uma realidade mais verdadeira, baseada na consciência e nas percepções expandidas. Quando vocês aceitam a espiritualidade galáctica, conseguem abrir as "portas da percepção" e começam a ver a verdadeira realidade, que inclui a existência de outras dimensões e de outros seres planetários galácticos.

O Centro da Via Láctea

A verdadeira realidade é uma realidade cósmica e uma realidade universal que é multidimensional e habitada por muitos seres diferentes por toda a nossa galáxia. A quinta dimensão é uma expressão dessa existência multidimensional profunda em nossa galáxia. A maioria das galáxias possui outras dimensões. Aqui, vamos limitar a discussão da espiritualidade galáctica à galáxia da Via Láctea.

A Via Láctea é a galáxia na qual eu e vocês residimos. É uma galáxia multidimensional, ou seja, possui diversos níveis de dimensões. Ela é uma enorme galáxia, que pode ter 50 mil anos-luz de extensão, e eu, vocês e outros seres planetários dentro da galáxia estamos viajando ao redor do seu centro, o Sol Galáctico. Devemos entender que o Sol Galáctico é um ponto multidimensional físico e espiritual no centro desta galáxia.

Lembrem-se de que, em tempos antigos, a humanidade considerava que a Terra (ou até mesmo nosso Sol) era o ponto central do universo. Agora, sabemos que a Terra e o sistema solar transitam em torno do centro da galáxia! Se vocês forem heliocêntricos, acreditam que seu Sol é o centro do universo. Vocês são geocêntricos? Vocês acreditam, como a humanidade na Idade Média, que o universo gira em torno da Terra? Ou vocês são centrados na galáxia e reconhecem que tudo gira em torno do centro da galáxia?

Também podemos falar sobre como as galáxias estão em grupos. A galáxia da Via Láctea pertence ao que é conhecido como um grupo local, que possui aproximadamente 12 ou 13 galáxias que fazem parte de um sistema de galáxias próximo.

Na espiritualidade galáctica, dizemos que o centro da galáxia é o Sol Central, um campo energético multidimensional espiritual e físico que é responsável pela criação de toda a vida e de todo o desenvolvimento espiritual. Portanto, quando descrevemos o alinhamento galáctico em 2012, estamos descrevendo tanto o alinhamento físico quanto o espiritual. Vamos analisar um momento de 21 de dezembro de 2012. Talvez, em sua memória subjetiva, isso tenha acontecido ontem, mas foi há muitos anos. O alinhamento galáctico foi a fonte de previsões que incluíram destruição em massa, erupções vulcânicas em massa, grandes mudanças na Terra e outras revoltas planetárias.

A verdadeira interpretação desse alinhamento galáctico é que a Terra se alinhou com o Sol Central, e esse evento trouxe novas energias espirituais. Esse alinhamento pode ser descrito como uma transmissão da espiritualidade galáctica à consciência da humanidade. O alinhamento inicia um processo de trazer a consciência galáctica espiritual, ou a consciência cósmica, para a Terra em uma onda forte e energética.

A Família Estelar na Espiritualidade Galáctica

Parte dessa onda energética foi apresentada a vocês pela Kachina Galáctica. A Kachina Galáctica é um intermediário semelhante àqueles que são guias e mentores espirituais para os hopis e os navajos. Essas kachinas, incluindo a Kachina Galáctica, residem no famoso San Francisco Peaks, perto de Flagstaff, Arizona. A ideia da consciência galáctica e da espiritualidade galáctica foi apresentada à comunidade da Nova Era durante a década de 1990 e o início da década de 2000. No entanto, havia também uma percepção em outros grupos nativos específicos, como os maias, os cheroquis, os índios das planícies e os iroqueses. Eles também tinham um conhecimento sobre nossa família galáctica. Como vocês podem ver, a família estelar faz parte de um sistema que está incluído na espiritualidade galáctica.

Uma ideia fundamental na espiritualidade galáctica e no conceito de alinhamento com o Sol Central diz que todas as formas de vida que existem nesta galáxia são originadas pelos mestres da Fonte no Sol Central. Os mestres da Fonte no Sol Central supervisionam o desenvolvimento espiritual e o posicionamento de formas de vida superiores por toda esta galáxia. Existem determinados períodos na vida de um planeta nos quais as energias do centro espiritual galáctico são mais intensas, e, quando esses períodos ocorrem, há, entre os habitantes desse planeta, uma oportunidade de consciência expandida, percepção expandida e ferramentas e habilidades espirituais expandidas. Receber e alinhar essa energia galáctica espiritual não resolve imediatamente os problemas na Terra. Vocês testemunharam isso! Apesar de vocês serem pessoas muito capazes como sementes estelares e estarem atuando com outras pessoas de forma empenhada para receber, ensinar e transmitir a luz galáctica e a energia galáctica na Terra, vocês concordarão que esse processo não impediu a entropia ou a autodestruição que parecem estar ocorrendo diante dos seus olhos neste planeta.

Interação Multidimensional

Para explicar essa entropia e essa destruição, quero abordar outro conceito na espiritualidade galáctica, que é o princípio da energia holográfica. Explicando de forma simples, a energia holográfica diz que a parte representa o todo, mas existe em corolário em relação a isso: o que acontece no todo também influencia a parte. Aplicando isso à espiritualidade galáctica e à existência dos mestres galácticos e do conselho galáctico, quero explicar o princípio holográfico. O que acontece à Terra holograficamente influencia todas as partes desta galáxia.

Nós falamos sobre isso a partir do conceito de coesão quântica. Sabemos, por exemplo, que as formas de pensamento atraem formas de pensamento semelhantes. O que está acontecendo no conselho galáctico influencia o que acontece na Terra. É uma via de mão dupla. O que está acontecendo na Terra influencia o centro galáctico, e o que acontece no centro galáctico influencia a Terra. Isso parece ser simplista, mas possui ramificações maiores, porque o conselho galáctico é influenciado conforme aprende com o que está ocorrendo na Terra. A Terra, por meio de muitos de seus líderes espirituais, está tentando integrar as energias de cura da galáxia.

Chegamos agora a outro princípio importante na espiritualidade galáctica: dimensões superiores, especificamente a quinta dimensão, interagem com a terceira dimensão. Existe uma força interativa multidimensional. As dimensões que existem em nossa galáxia multidimensional interagem entre si. A quinta dimensão não está totalmente apartada ou separada da terceira dimensão. Alguns de vocês podem acreditar que existe uma completa separação entre as dimensões. Mesmo tendo as definições mais restritivas sobre céu e inferno, vocês ainda possuem uma percepção da interação entre esses dois níveis. O céu é frequentemente visto como uma recompensa: se vocês se comportarem de certa forma ou se acreditarem em determinada pessoa ou determinado sistema de crenças, receberão permissão para entrar no céu. No entanto, se vocês não agirem de certa forma, poderão ir para uma dimensão inferior. Algumas religiões até mesmo afirmam que vocês apenas precisam permanecer na vibração inferior ou na dimensão inferior até serem purificados, e, então, poderão ir para um nível superior.

O essencial agora é compreender a interação que os mestres ascensionados e o conselho galáctico alcançam interatuando com a Terra. Na espiritualidade galáctica, dizemos que os mestres galácticos – incluindo os mestres ascensionados, os anjos, determinados seres conhecidos como mestres estelares, os arcturianos, os pleiadianos e outros seres da quinta dimensão – possuem a habilidade de interagir com vocês na terceira dimensão. Os mestres têm a possibilidade de interagir com vocês de uma forma profunda e expandida. Essa interação está se tornando mais poderosa por causa do alinhamento galáctico de 2012.

O alinhamento galáctico de 2012 abriu ainda mais caminhos e corredores que permitem essa interação. Apesar de essa interação ter ocorrido, a Terra não foi curada. A Terra não foi conduzida à quinta dimensão. Muitos de vocês chegaram a ponto de entrar na quinta dimensão durante seu trabalho espiritual. É uma conquista, uma realização e um avanço incríveis, pelos quais vocês devem se sentir bem e se orgulhar. Eu certamente tenho orgulho de que, em meio a esse caos e essa polarização na Terra, vocês tenham desenvolvido fortemente sua energia espiritual e seu foco. Isso significa que vocês são capazes de entrar e trabalhar na quinta dimensão. Nas teorias holográficas da espiritualidade galáctica, os mestres ascensionados estão aprendendo sobre a Terra, assim como vocês estão aprendendo sobre a quinta dimensão.

Sei que vocês acreditam que os mestres ascensionados sabem tudo, são capazes de prever exatamente o que vai acontecer e possuem poderes de intervir nos acontecimentos da Terra. Cada parte da galáxia possui uma perspectiva única acerca do Criador, da galáxia e do desenvolvimento da energia galáctica e da espiritualidade galáctica. Isso responde às perguntas que muitos de vocês se fazem: por que os mestres ascensionados estão tão interessados na Terra? Por que tantos espíritos querem vir para a Terra atualmente? É porque a Terra é única de muitas formas, e a forma mais óbvia é a existência da dualidade e da densidade.

A Graduação da Terra

No princípio da espiritualidade cósmica e galáctica, falamos diretamente sobre crescimento e expansão da alma. Falamos sobre a graduação da Terra – especificamente sobre aprender determinadas lições e completar as encarnações, de modo que vocês possam graduar da Terra. Não estamos dizendo que vocês precisam pertencer a um determinado grupo; vocês não precisam. No entanto, precisam completar as lições da Terra, a fim de que possam se elevar.

As densidades também são comparadas ao mal, e o motivo da existência do mal sempre foi uma das perguntas mais complexas a serem respondidas. Por que o mal existe? Por que existe essa densidade em um planeta tão lindo como a Terra, e por que essa densidade parece ser tão poderosa, impedindo o avanço deste planeta para a quinta dimensão? Sabemos que a Terra é capaz de ir para a quinta dimensão.

Muitos de vocês são curadores planetários e estão trabalhando para conduzir este planeta aos reinos superiores. A resposta para o motivo de o mal existir não é simples. Ela está relacionada a questões complexas e ao carma cósmico. Essa complexidade não é facilmente explicada, mas existe uma parte simples. Vou dar a vocês a resposta simples, mas quero que entendam que essa não é a resposta total, porque existem corolários e vocês podem não conseguir compreender algumas partes disso pela perspectiva da Terra. Lembrem-se de que, mesmo sendo tão avançados, vocês ainda estão na perspectiva da Terra – mesmo quando vão para os reinos superiores e entram nos corredores.

Para alcançar a evolução e o avanço da alma, vocês devem ter livre-arbítrio; vocês devem ter livre escolha. Para ter livre escolha, as densidades devem existir. Vocês devem ser capazes de escolher se querem ir para a consciência expandida ou para a consciência retraída. Devem ser capazes de escolher se vão para o bem ou para o mal. Em alguns casos, a escolha é óbvia; em outros casos, a escolha não é tão óbvia. Às vezes, a escolha é incerta, porque vocês podem obter uma gratificação imediata ao escolher algo que é denso. (Percebam o uso da palavra "denso" em vez de "mal".)

Por exemplo, considerem os caçadores de búfalos na década de 1880. De uma forma simples, eles podem ter pensado: "Nós podemos matar todos os búfalos e ganhar muito dinheiro com o couro deles". Eles obteriam um prazer imediato. Eles poderiam se tornar muito ricos vendendo o couro, mas, no geral, seria uma coisa ruim erradicar tantos búfalos. Isso é entranho, porque eles podem não ter recebido o retorno cármico imediato, mas a espiritualidade galáctica diz que existe encarnação e existe carma. A galáxia é configurada de uma forma que as lições cármicas apropriadas para essa situação específica serão encontradas na encarnação que ocorrerá no local.

[Canta e entoa: Oooohhhmmm.] Permitam que a alma de cada um de vocês seja purificada, a fim de que todas as energias retraídas, todas as energias densas que possam estar ao seu redor, sejam eliminadas. [Canta: Oooohhhhmm, oooohhhhmm.] Em qualquer encarnação, vocês podem purificar completamente sua alma, purificar completamente seu eu.

Existe uma distinção entre seu eu e sua alma, porque, sim, a alma já está inteira. A alma já está pura, mas as partes do seu eu que vivenciam essas outras realidades precisam de purificação nos aspectos inferiores, a fim de que vocês possam permitir que sua alma se manifeste de uma forma totalmente pura nesta encarnação.

Essa purificação permitirá que a luz da sua alma entre. Como vocês podem ver, o Criador e o conselho galáctico estão dizendo que queremos que todos sejam capazes de manifestar a luz de sua alma na terceira dimensão. Por quê? Por que esta terceira dimensão é tão importante? Se estamos na quinta dimensão, por que nos preocuparíamos com a terceira dimensão? A resposta está direcionada a retornar aos princípios holográficos: a terceira dimensão influencia a quinta dimensão, e a quinta dimensão influencia a terceira dimensão. Essa é uma interação que é refletida em "o que está em cima é como o que está embaixo".

Abram as Portas da Percepção para Multiplicar Suas Habilidades Psíquicas

Podemos dizer que a quinta dimensão possui barreiras, ou proteções de entrada, que são necessárias. Vocês estão rapidamente aprendendo que a forma de abrir essas barreiras é usando habilidades especiais e conhecimentos ensinados na consciência galáctica. A primeira habilidade está relacionada a abrir as portas da percepção. Todo mundo que teve as portas da percepção abertas experimentará a consciência da unidade e a consciência cósmica. As pessoas com consciência da unidade são mais abertas, acolhedoras e afetuosas, e estão dispostas a trabalhar de uma maneira amável pelo planeta. O ponto de encaixe controla as percepções superiores. Quando esse ponto é aberto, é possível experimentar a consciência expandida. O ponto de encaixe também está relacionado ao que é conhecido neurológica e cientificamente como glândula pineal e sistema ativador reticular. Esses dois pontos estão dentro de uma região do cérebro diretamente relacionada à consciência superior.

Qual é a relação entre a glândula pineal e a abertura das portas da percepção, e qual é a relação entre o ponto de encaixe e a glândula pineal? Qual é a relação entre o terceiro olho e a glândula pineal? A glândula pineal é capaz de secretar uma substância neuroquímica que ativa a reação que abre as portas da percepção. Quando as portas da percepção se abrirem, vocês vão observar e experimentar a consciência expandida de uma forma quântica. Vocês verão linhas ondulatórias, campos energéticos e auras. Quando a glândula pineal estiver aberta, vocês terão poderes superiores, como a sinestesia. Serão capazes de ver o passado e o futuro. Vocês serão capazes de fazer viagens astrais com facilidade. Vocês verão que existem fios etéricos finos que ligam todo mundo ao Sol Central!

Todo mundo tem um fio energético etérico que vem do Sol Central. Esse Sol Central é multidimensional e, energeticamente, é a fonte do que existe nesta galáxia. Há uma forma de o Sol Central estar conectado a outra fonte superior. Ao abrir o ponto de encaixe e a parte do cérebro conectada à glândula pineal, vocês conseguirão ter suas portas da percepção expandidas, e suas habilidades psíquicas podem ser multiplicadas.

A habilidade de bilocação é importante, mas entendam que, para acessar a quinta dimensão, vocês também precisam ter consciência expandida. Com a consciência expandida, vocês podem ver tudo como energia e, com essa percepção, serão capazes de passar pelo corredor da quinta dimensão. No entanto, para passar pelos corredores, vocês também utilizarão a habilidade conhecida como projeção do pensamento. Agora, este é um princípio superior. É uma habilidade espiritual superior ser capaz de se projetar pelo pensamento. Em sua espiritualidade galáctica, vocês estão percebendo que esse corpo físico é apenas um aspecto do seu eu manifestado verdadeiro. Não é o único aspecto e, acreditem ou não, não é o aspecto mais importante. No entanto, vocês se identificam completamente com esse aspecto do eu manifestado na Terra. Estamos trabalhando com vocês para expandir sua identidade em seu eu multidimensional. Vocês possuem uma porção do seu eu em outro reino, e compreender isso é uma parte importante no seu sucesso para a ascensão. Não se identifiquem apenas com esse corpo físico na Terra. Vocês também podem se identificar tanto quanto possível com seu eu da quinta dimensão. Podem aprender como viajar pelos corredores e não serem capturados pela energia inferior da quarta dimensão. Se, de alguma forma, vocês forem capturados pela quarta dimensão, vamos treiná-los para remover os vínculos parasitas que podem ficar presos a vocês enquanto viajam por esse reino. Ao remover os vínculos, vocês podem se mover para uma luz superior e de consciência e em direção ao Centro Galáctico.

Existem planetas, como Alano, que estão conectados energeticamente de maneira mais direta com o Centro Galáctico e com o Sol Central. Esses planetas alcançaram um nível de consciência expandida e estão interagindo de maneira direta e consciente com o Sol Central. Nesse tipo de planeta, vocês encontrarão profetas e mestres ascensionados interagindo com os habitantes e aparecendo constantemente entre eles. Vocês descobrirão que existe uma vida espiritual incrível nesses planetas. Isso poderia ser descrito como um céu espiritual no qual o planeta não tem densidades.

Concluindo, quero dizer a vocês que existe uma grande retração no planeta Terra. Essa energia retraída torna sua energia galáctica de escolher a luz e a espiritualidade mais relevante e significativa. Vocês têm sido capazes de escolher a expansão espiritual diante dessa retração. Por mais que isso possa parecer estranho a partir do seu ponto de vista, este planeta está servindo bem a vocês, e, agora, eu, vocês e todos os mestres ascensionados trabalharemos juntos, a fim de alterar a consciência planetária para um nível mais expandido. Eu sou Juliano. Bom dia!

Capítulo 15

Consolidar a Luz da Quinta Dimensão em Momentos de Escuridão

Juliano e os arcturianos

Esta canalização foi feita após o trágico atentado no Dia da Bastilha na França em 2016.

Eu sou Juliano. Nós somos os arcturianos. É verdade que os guardiões da luz da quinta dimensão, como vocês, são importantes e valiosos. É necessário, em todos os tempos, manter e consolidar essa luz, principalmente quando existe alguma escuridão. Nossa missão hoje é intensificar a receptividade da luz da quinta dimensão neste planeta. Estamos aqui pela meditação e harmonização da unidade e pela unidade na luz superior – a unidade na luz do anel da ascensão, a luz do Triângulo Sagrado e a luz do Sol Central. Essa incrível luz de cura da quinta dimensão, que transcende a lógica, está vindo para este planeta. A Terra está configurada atualmente para atrair e manter essa luz da quinta dimensão que transcende todas as vibrações inferiores e sombrias. Nós ajudamos a estabelecer o anel da ascensão, o halo de luz, ao redor da Terra.

Atualmente, sei que existem aqueles que não querem se harmonizar e se fundir com a luz superior. Existem aqueles que querem destruir o planeta e sua biosfera. Estou ciente dos acontecimentos políticos e sociais recentes. Estou ciente de acontecimentos biológicos, como os acidentes de mineração no Brasil e no Colorado. Estou ciente de inúmeros outros acontecimentos relacionados a poluição do oceano, destruição de recifes de coral e liberação de radiação. A Terra ainda pode reagir aos seres humanos negativamente, criando mais desequilíbrio.

No entanto, estamos aqui juntos para um propósito maior. Nós podemos nos comunicar com o Espírito da Terra e influenciar a consequência com nossos pensamentos positivos de harmonia e equilíbrio, principalmente na noosfera, o campo de pensamento ao redor do planeta. Pensamentos de harmonia, equilíbrio e luz e energia da quinta dimensão criam uma vibração que influencia todo o planeta. A Terra recebe esses pensamentos.

Vocês estão testemunhando um dos maiores períodos de polarização na história da Terra, mas, ao mesmo tempo, existe um grande movimento em direção à luz superior. Muitos de vocês estão buscando atrair a quinta dimensão e a energia dela para a Mãe Terra.

Meditação da Consciência da Unidade

Visualizem comigo, Juliano, um halo dourado ao redor da Terra, repleto da incrível luz que vocês devem imaginar em volta de Jesus, de Kuthumi ou de outro mestre ascensionado. Agora, visualizem esse halo ao redor da Terra.

O halo da Terra é como um anel. Nós o chamamos de anel da ascensão. O anel da ascensão atrai os mestres da quinta dimensão e possibilita uma conexão a todos a partir da luz superior. Eu e vocês nos encontramos nele e podemos interagir de forma muito tranquila com a quinta dimensão. Esse halo possui poderes especiais que irradiam luz e energia a diferentes partes da Terra. Vocês podem se projetar nele, trabalhar para atrair a quinta dimensão e criar um campo de força.

A noosfera da Terra está repleta tanto de escuridão quanto de luz, tanto de negatividade quanto de positividade. No entanto, o anel da ascensão está repleto de campos de pensamento apenas da luz superior e, sendo assim, possui um grande poder.

Sintam seu campo energético, sua aura, seu espírito, elevar-se do seu corpo. Conforme ele sobe, viaja para o anel da ascensão. Todos nós estamos juntos agora. Nosso corpo áurico está sentado em um grande círculo dentro do anel da ascensão. É um sentimento incrível estar dentro do anel da ascensão, pois podemos interagir com a quinta dimensão e conduzir a luz superior para a Terra.

Enquanto vocês estiverem no anel da ascensão, digam: "Eu atraio a luz da quinta dimensão para a Terra. Estou atraindo a luz da quinta dimensão para a Terra". Todos os seus pensamentos e poderes são intensificados, porque vocês estão no anel da ascensão, e nós, os mestres ascensionados, estamos com vocês agora, intensificando o poder arcano da sua afirmação: "Estou atraindo a luz da quinta dimensão".

Agora, digam duas vezes: "Eu estou ajudando a atrair a quinta dimensão para a Terra", e, depois, parem. Digam: "Em breve, está chegando o momento em que a quinta dimensão vai interagir com a terceira dimensão. Estou trabalhando para criar essa intersecção e trazer uma enorme transmissão da quinta dimensão para a Terra". [Entoa: Ooohhhmmm.] "Estou enviando luz e energia da quinta dimensão a todas as vítimas da tragédia em Nice". Muitas dessas almas estão se iluminando; seu corpo de luz está se abrindo. Visualizem todo o entrelaçamento, as energias de escuridão e raiva, sendo removido das vítimas cujos campos energéticos estão se iluminando. Os agressores permanecerão na escuridão, no peso e na densidade.

Nós estamos juntos no anel da ascensão, no qual temos grandes poderes de cura. Venham comigo ao topo da Terra, ao Polo Norte. Vocês podem ver o espelho Iskalia, um receptor especial da luz superior do centro galáctico. Agora, a Terra receberá a luz superior da inovação da quinta dimensão, descoberta e métodos para resolver os problemas do planeta. Agora, transmitam seu corpo espiritual e sua aura para o espelho Iskalia, no qual meditaremos juntos para aumentar a receptividade dele com nossos pensamentos e poderes. [Entoa: Ooohhhmmm.]

Juntos, nós intensificamos a atração do espelho Iskalia, o poder da conexão com o Sol Central da quinta dimensão que ajudará a trazer novas soluções para os problemas em todo o planeta. Ao redor do espelho Iskalia, vamos atrair e implementar soluções. Que os poderes de todos os curadores planetários sejam intensificados. Que os poderes dos exercícios de biorrelatividade sejam fortalecidos. Conforme meditamos, pedimos que cada um de nós receba uma intensificação arcana nos nossos poderes espirituais e na energia.

Agora, vamos retornar para o anel da ascensão em nosso corpo áurico. Conforme viajamos juntos ao redor da Terra, paro em cima da França, pois existe uma enorme energia de consciência da unidade, um enorme poder de cura que está direcionado à França, vindo de muitas fontes diferentes. Nós, os arcturianos, vemos o poder dessa unidade. Que uma unidade venha para todo o planeta, a fim de que todos sejam aceitos como irmãos e irmãs e aqueles que estão na escuridão se tornem incapazes de causar mais mal.

Retornem lentamente, deixando o anel da ascensão para voltarem ao seu corpo físico. Adentrem seu corpo físico em total harmonia e sintam essa iluminação, essa harmonização, conforme seu espírito adentra seu corpo físico em um alinhamento perfeito. Agora, vocês se sentem mais próximos da quinta dimensão; vocês sentem que podem atrair mais do poder incrível da luz da quinta dimensão em sua vida pessoal e no corpo da Terra. [Pausa.]

Vocês são curadores da Terra. Vocês são curadores planetários. Vocês são trabalhadores da luz. Agora, mais do que nunca, seu trabalho de manter essa energia para o planeta é muito importante. Lembrem-se de que este drama na Terra, por fim, conduzirá à ascensão do planeta à quinta dimensão. Aqueles na escuridão serão separados e impedidos de entrar na luz superior.

Nós os amamos. Os mestres ascensionados os amam. Continuamos a enviar a vocês o poder e a força de atração para o seu trabalho da quinta dimensão. Eu sou Juliano. Bom dia!

Capítulo 16

Consciência Expandida e Energia de Cura Quântica

Juliano e os arcturianos

Saudações. Eu sou Juliano. Nós somos os arcturianos. A consciência expandida é muito importante para nós. Nós a analisaremos primeiro do ponto de vista da evolução humana. Nossa observação é que o próximo passo no processo evolutivo é a expansão da consciência humana. Quando vocês analisam os avanços na evolução dos seres humanos, percebem que eles desenvolveram ferramentas e aprenderam a falar e andar de pé, que são todos exemplos da consciência. Nosso estudo do processo evolutivo confirma que os passos maiores ocorrem durante crises com uma energia tão perigosa que as espécies precisam se adaptar para sobreviver.

É óbvio para vocês, para mim e para todas as sementes estelares que existe uma crise maior na Terra. Essa é uma enorme crise que algumas pessoas chamaram de sexta extinção planetária. Aconteceram cinco grandes extinções anteriormente na história deste planeta. A mais conhecida envolveu os dinossauros, mas aconteceram outras que foram tão graves quanto essa. Eu poderia dizer que isso ocorreu porque os dinossauros não tiveram a flexibilidade de se adaptar, mas outras circunstâncias estiveram envolvidas, principalmente a queda de um meteoro na Península de Yucatán.

A humanidade precisa alterar a consciência e se tornar ciente de que ela deve mudar. Parece que as sementes estelares como vocês estão na vanguarda dessa mudança evolutiva, portanto vocês compreendem que deve haver uma mudança direcionada a se conectar com a quinta dimensão, que descrevemos em detalhes.

A Origem e o Dom da Consciência

Qualquer tentativa de definir a consciência levará a explicações longas, detalhadas, filosóficas e científicas, e não acredito que nos estendermos muito tempo nisso seja nosso propósito, apesar de que eu certamente adoraria ter a oportunidade de explorar isso com vocês. No entanto, eu realmente quero dizer diversas coisas sobre a consciência.

A consciência é originada do Criador, e uma das apresentações mais grandiosas e poderosas na Bíblia hebraica ocorre quando Deus, o Criador, diz a Moisés: "Eu Sou o que Sou". No hebraico original, estava no futuro – "Eu serei o que serei" –, mas a chave nessa frase é a chave para a consciência, que é "Eu sei que sou" e "Eu sou". Sendo assim, o dom que o Criador ofereceu a Adão (ou à espécie de Adão) é a consciência. Nenhuma outra criatura neste planeta possui a consciência avançada da humanidade.

Apenas ter consciência já significa muito, mas existem níveis de consciência. Alguns rabinos cabalistas, por exemplo, falaram sobre a mente pequena e a mente grande – a consciência pequena e restrita e a consciência grande e expandida. A consciência pequena e restrita é o que a maioria das pessoas vivencia em seu cotidiano, e é o que a maioria das pessoas acredita que as culturas primitivas vivenciaram. Isso é realmente interessante, porque as culturas primitivas frequentemente viviam em uma consciência expandida, pois elas moravam em seu ambiente natural. Os aborígenes, por exemplo, já estiveram totalmente sintonizados com seu ambiente, portanto eles estiverem na consciência expandida.

Para Acessar a Consciência Expandida, Certas Necessidades Devem Ser Atendidas

O estreitamento da consciência também é importante para o desenvolvimento da sua civilização. Não quero que vocês pensem que uma consciência restrita é ruim, pois ela possui muitas aplicações. Vocês não conseguiriam construir naves espaciais ou automóveis ou realizar cirurgias sem ter foco. A consciência expandida possibilita ter uma consciência de tudo o que existe em seu ambiente e de que suas percepções estão abertas. Na analogia de um cavalo em uma pista de corrida, o cavalo possui antolhos e vê apenas o que está à frente (consciência restrita). Durante a corrida, deseja-se que o cavalo olhe apenas para a frente, porque, se ele olhasse para a esquerda ou para a direita, isso poderia causar distrações que o desacelerariam (consciência expandida).

Para experimentar a consciência expandida, vocês precisam ter suas necessidades físicas atendidas e devem se sentir seguros, o que um psicólogo norte-americano chamado Abraham Maslow descreveu como uma hierarquia superior das necessidades.[7] Ele descreveu as necessidades emocionais e psíquicas que devem ser atendidas antes que vocês possam relaxar e permitir que sua consciência se expanda. Algumas necessidades são óbvias (alimentação, sono e segurança), e outras talvez sejam menos óbvias (família, pertencimento e respeito), mas vocês também devem compreender que seu cérebro, sua mente, é programado para a consciência expandida.

O DNA da espécie de Adão é programado para se expandir, e existem aspectos do cérebro – por exemplo, a glândula pituitária e o sistema ativador reticular – que contêm códigos. Quando esses códigos estão abertos, a expansão, as portas da percepção, se abre. Sim, para a humanidade sobreviver, novos homens e mulheres devem viver na consciência expandida. A consciência expandida, da forma que eu a descrevo, inclui não somente a percepção do ambiente e a sensibilidade a todos os sons e criaturas ao redor, mas também a percepção de que outras dimensões existem. Estou falando sobre reconhecer os níveis de consciência superiores e as dimensões superiores.

Vocês experimentam níveis profundos de atividade cerebral e dimensões diferentes todas as vezes em que entram no ciclo REM durante o sono, que oferece a vocês incríveis habilidades de viajar

---

7. Abraham Maslow. *Religions, Values and Peak Experiences toward a Psychology of Being*. New York: Penguin Books, 1970. Análise de Tim Knepper, 2001. Disponível em: <http://people.bu.edu/wwildman/relexp/reviews/review_maslow01.htm>.

de forma dimensional e interdimensional. No entanto, estou falando sobre ter essa percepção e consciência expandida acordado, integrando seu conhecimento e sua experiência das dimensões, especialmente da quinta dimensão, enquanto vocês estão acordados na terceira dimensão. Essa interação é um dos maiores ensinamentos em nosso trabalho com o planeta Terra.

A Quinta Dimensão é Habitada por Pessoas com Consciência Expandida

Agora, o que é a quinta dimensão e por que ela é tão importante para o seu desenvolvimento? Foram feitas referências e até mesmo uma música que descreve a quinta dimensão como o início e a chegada da Nova Era de Aquário.[8] Falo isso brincando, mas, se o caos e a confusão dos últimos anos na Terra fossem uma introdução de como é a Era de Aquário na quinta dimensão, não acredito que vocês estariam interessados em ir para lá.

A quinta dimensão é mais bem descrita pelos trabalhos de Jesus, Maria, Kuthumi e de outros mestres ascensionados. O primeiro ponto é que vocês precisam estar em uma determinada frequência de vibração superior para vivenciar a quinta dimensão. A frequência é a vibração da sua aura, que vocês podem medir com determinados equipamentos e ferramentas. Vocês podem não os ter disponíveis imediatamente neste momento, mas existe um novo ramo da medicina chamando de "medicina vibracional", que estuda a velocidade na qual as pessoas vibram. A teoria é que as enfermidades e doenças são acompanhadas pela diminuição da aura humana em determinadas partes do corpo, o que poderia ser um sintoma e até mesmo uma causa da doença. Para curar, um curador da medicina vibracional usaria técnicas para aumentar a vibração. Até mesmo um câncer em estágio avançado pode ser curado com intervenções e técnicas de cura de vibração superior, mas a quinta dimensão requer que vocês estejam em uma vibração elevada.

---

8. "Aquarius/Let the Sunshine In", The 5th Dimension, 1969.

As vibrações superiores incluem amor, aceitação e compaixão, e as vibrações inferiores incluem raiva, inveja e ganância. Se vocês sentem raiva, inveja e ganância, não podem entrar na quinta dimensão. Na consciência retraída, vocês podem ter esses sentimentos, portanto não pensem que vocês devem ser perfeitos e nunca ter sentido raiva, inveja e ganância. Vocês são humanos. No entanto, podem se expandir e acessar a consciência superior, as emoções superiores.

A quinta dimensão é habitada por pessoas que estão na consciência expandida. A quinta dimensão possui regras diferentes. Na terceira dimensão, por exemplo, vocês estão à mercê de algumas regras simples: gravidade, espaço, tempo, *continuum* espaço-tempo e realidade linear; existem um início e um fim; e vocês nascem e, depois, morrem. Vocês também são regidos por polaridades e pela dualidade, um tema que os taoistas abordam de forma muito adequada quando dizem que primeiro existiu o Tao e tudo estava em união, mas, quando esta realidade foi criada, surgiram o masculino e o feminino, o yin e o yang. Para esta realidade da terceira dimensão existir, deve haver realidade linear, tempo linear, gravidade e dualidade – e a dualidade, certamente, leva à polarização.

Experiências de Pico Fazem Parte da Próxima Etapa Evolutiva da Humanidade

Na quinta dimensão, não existe dualidade nem espaço ou tempo da forma como vocês os conhecem. Na quinta dimensão, existe uma consciência expandida; sendo assim, vocês são capazes de vivenciar uma unidade que é quase impossível vivenciar na Terra. Eu digo "quase" porque *é* possível, e aqueles que a vivenciaram na Terra a descreveram como uma iluminação. Maslow, que foi uma semente estelar, descreveu a experiência da consciência da unidade como se direcionar à consciência expandida, que ele chamou de "experiência de pico". Uma experiência de pico é rara. Não é algo que vocês poderiam ter todos os dias, apesar de quererem tê-la pelo resto da vida. Maslow descreveu as pessoas que tiveram experiências de pico como sendo tão felizes e acolhedoras que elas nem mesmo sentem medo da morte, porque viram e sentiram a verdadeira realidade e a unidade contínua da quinta dimensão.

As experiências de pico e a consciência expandida fazem parte da próxima etapa evolutiva da humanidade. Por que elas são necessárias? Todas as grandes inspirações, descobertas, medicinas e tecnologias vêm de cientistas e filósofos capazes de se conectar com a quinta dimensão. Até mesmo se vocês analisarem alguém como Einstein, há perguntas. Existiram outras pessoas na Suíça e na Alemanha que foram mais brilhantes que Einstein. Sim, ele era muito brilhante, mas existiram outros cientistas que foram matemáticos mais rápidos e melhores. A genialidade de Einstein era que ele podia se conectar com as dimensões superiores e obter uma perspectiva sobre as dimensões que outras pessoas não podiam.

Com essa perspectiva, vocês podem compreender que a quinta dimensão contém uma energia que pode ser trazida para a terceira dimensão. Esse é um ponto muito importante: ideias, pensamentos, emoções e até mesmo energia de cura da quinta dimensão são transferíveis para a terceira dimensão e para o seu corpo da terceira dimensão, mas isso requer treinamento e técnicas especiais. Parte dos nossos ensinamentos arcturianos trata-se de como conduzir energia da quinta dimensão para a Terra.

Nossos exemplos hoje incluem Einstein, Mozart e Beethoven, que eram capazes de se conectar com reinos superiores e trazer ideias, músicas e novas fórmulas que não estavam disponíveis na consciência retraída. Como eu disse, poderia haver grandes cientistas, mas, sem ter a consciência expandida, eles não poderiam conseguir trazer novas ideias. Nossa observação é que a quinta dimensão está se intersectando com a terceira dimensão e que existem mais oportunidades de se conectar com a quinta dimensão atualmente do que em qualquer outro período na história deste planeta. Parte do motivo é que a quinta dimensão está mais disponível e se aproximando.

Quando as pessoas falam sobre a Era de Aquário, na verdade elas se referem a um período no qual as dimensões se aproximam, que é agora. De um ponto de vista astrológico, existe uma mudança na energia e na relação do sistema solar com o Sol Central. Existem alinhamentos diferentes, e alguns estão relacionados à posição da Terra com o zodíaco e com o Sol Central. Em parte, essas ideias são precisas.

Todos nós temos uma escolha: podemos viver na dualidade ou podemos viver na unicidade. Isso está certo?

Sim, isso requer um determinado nível de proteção, porque, lembrem-se, como disse Maslow, certas necessidades devem ser atendidas para vocês permanecerem em um estado de unicidade. Se vocês fossem atacados por um crocodilo em Outback, por exemplo, permanecer em um estado de unicidade não ajudaria, porque, então, vocês se uniriam ao crocodilo e seriam comidos. Permanecer em um estado de unicidade requer uma certa segurança e proteção.

Por exemplo, vocês [as pessoas presentes na canalização] estão seguras em um lindo prédio, entre amigos com vibrações semelhantes. Esta é uma oportunidade perfeita de vivenciar a unicidade. No entanto, se vocês fossem para o centro da cidade de Los Angeles tarde da noite, poderiam não querer vivenciar a unicidade, por causa do perigo de lá. Quando certas necessidades são atendidas, vocês podem escolher a unicidade.

Qual é a diferença entre a unicidade e a consciência da unidade?

Elas são muito semelhantes. É muito difícil distingui-las, porque a unicidade aparenta ser uma unidade. A consciência da unidade não significa desistir da sua individualidade. Vocês são capazes de manter a divisão entre si mesmos e o universo, enquanto voluntariamente desistem dessa separação para vivenciar a unidade, sabendo que voltarão para a separação. A unicidade é realmente o estado no qual vocês estão em unidade.

Maslow falou sobre a consciência da unidade como uma experiência de pico, portanto, na terceira dimensão, vocês precisam ter opostos. Vocês têm um período de unidade no qual estão no pico, mas também têm um período no qual não estão no pico. Até mesmo aqueles que são iluminados dirão que nem sempre permanecem em um estado de iluminação e unidade. Existem períodos em que eles precisam estar em uma consciência mais retraída. Quando vocês estão dirigindo um carro em uma rodovia, provavelmente querem se manter firmes na terceira dimensão para se concentrar na rodovia.

O Pensamento é uma Partícula Quântica

Vamos analisar a energia quântica e sua relação com a cura e com a quinta dimensão. O tema de partículas quânticas e luz quântica é muito profundo e está além das nossas limitações nesta exposição, mas farei alguns comentários. Einstein não foi um grande adepto da consciência quântica, da física quântica e das partículas quânticas. O motivo principal é que as partículas quânticas e a energia quântica são imprevisíveis, no sentido de que, no mundo subatômico, existem interações e regras além da lógica e da previsibilidade – mas apenas na terceira dimensão, com suas observações limitadas.

O pensamento é uma partícula quântica e é a energia mais rápida no universo, mais rápida do que a velocidade da luz. Usando o pensamento, é possível estar em qualquer lugar do universo instantaneamente, enquanto a luz, apesar de viajar a uma velocidade incrível de 299.792.458 metros por segundo, ainda requer muito tempo. Se vocês viessem para Arcturus, na velocidade da luz, teriam de viajar por 36 anos – presumindo que seu corpo suportaria essa velocidade.

O pensamento é uma partícula subatômica que não é medida. O pensamento é uma partícula subatômica que nenhum cientista da Terra observou ou descobriu ainda. Os cientistas descobriram os quarks e muitas outras coisas, mas talvez nem mesmo estejam procurando a partícula inerente e a composição de um pensamento. Um pensamento é uma partícula, por exemplo? Os físicos quânticos debatem sobre a luz ser uma partícula ou um raio. O mundo quântico não segue as regras da lógica no mundo físico.

Para que a Cura Quântica Funcione, Vocês Devem Acreditar

A fim de acessar a energia quântica para a cura, vocês devem ter e ser capazes de receber a consciência expandida e sua partícula. O melhor exemplo que posso dar a vocês sobre a cura quântica é um médico com consciência expandida falando com um paciente que está morrendo de câncer e que está desesperado por uma cura.

O médico diz: "Eu tenho esse novo medicamento que acabei de descobrir em Outback. É um medicamento especial, que os aborígenes têm usado por séculos, e eles me concederam permissão de trazê-lo para o Ocidente. Extraí ingredientes de uma planta especial para criar esta pílula de cura, que estou oferecendo a você".

O paciente pega a pílula, e o câncer vai todo embora. Isso não é lógico. Como o câncer poderia ir embora? O médico estava pegando energia da quinta dimensão. A energia quântica não segue as regras da lógica na terceira dimensão. Para o paciente receber esse tipo de cura quântica, ele deve ser receptivo à cura e preparar a mente para isso. Se ele disser: "Isso é um monte de besteira", não vai funcionar. Deve haver uma ressonância de energia entre o paciente e o médico, e o médico deve acreditar nesse método e apresentá-lo de uma forma muito especial e convincente. O médico só precisa acreditar nele no momento da interação com o paciente. Com a série de circunstâncias certa e a conexão com a quinta dimensão, existem grandes possibilidades que não são possíveis na terceira dimensão, somando-se ao que se tornaria uma experiência de cura quântica.

Alguns de vocês são curadores quânticos e são capazes de acessar esse tipo de energia em seu trabalho de cura. Agora, falo sobre a consciência expandida e a cura quântica individualmente e para o planeta. Vocês sabem que algumas das experiências e circunstâncias neste planeta são tão perigosas que é muito improvável que a humanidade consiga resolvê-las. É muito improvável que os oceanos e muitas outras partes da biosfera possam ser purificados antes de morrerem, se as coisas continuarem no nível atual. No entanto, se os cientistas e os curadores planetários como vocês estiverem abertos para se conectar com a quinta dimensão e a cura quântica, podem receber técnicas e energia que poderiam milagrosamente curar este planeta e seu povo.

Qual é o verdadeiro catalisador para a cura: energia vibracional ou consciência expandida?

É tudo isso. Como eu disse, vocês precisam preparar a consciência e o campo energético do paciente. Não é apenas sua energia. No exemplo do paciente com câncer, a pessoa está desesperada e provavelmente pensará: "Eu acredito em qualquer coisa. Estou pronto. Por que não? Sei que eu vou morrer de qualquer forma, então, claro, me dê essa pílula. Eu a aceito. Estou pronto". Essa é uma interação em todos os níveis, mas principalmente de vocês, como curadores, apresentando o medicamento da maneira certa.

A luz ômega, o espelho Iskalia e a luz da cura quântica são todos variações de técnicas e frequências de luz que podem ser usadas para esse processo. Além disso, existem lugares poderosos na Terra dedicados à cura quântica e à luz da quinta dimensão. Grose Valley é um desses lugares, assim como Lourdes, na França. Existem muitos lugares sagrados neste planeta que oferecem a energia vibracional elevada que seria o impulso necessário para realizar a cura quântica. Vocês desejam tudo o que é possível do seu lado, e estar em um lugar sagrado com certeza ajuda.

Estamos falando sobre manifestações físicas como o câncer serem um problema na aura, mas e os problemas mentais?

Sim, qualquer doença física ou desequilíbrio é uma interferência das frequências na aura, e vocês podem certamente usar a cura quântica para reequilibrar a mente. Isso foi debatido na medicina moderna apenas em relação a doenças graves como o câncer, mas também pode ser aplicado a desequilíbrios mentais.

Capítulo 17

As Câmaras de Cura

Helio-ah, Juliano, os arcturianos e Maria, mãe de Deus

Saudações. Eu sou Helio-ah. Nós somos os arcturianos. As câmaras de cura existem na nossa nave da quinta dimensão, a Athena. Existem duas câmaras de cura distintas: a câmara de cura tipo cabine telefônica e a sala de cura.

A câmara de cura tipo cabine telefônica é uma pequena cabine com um computador, na qual podemos fazer a transferência da história da sua vida na Terra e de toda a jornada da sua alma. Quando ligamos o computador, temos acesso à energia e às informações de que necessitamos da vida atual e das vidas anteriores. Isso significa que podemos acessar qualquer memória ou acontecimento que vocês já vivenciaram. Nesta vida, por exemplo, pode haver 50 mil ou mais imagens armazenadas no seu computador da câmara de cura. Cada experiência que vocês têm na Terra cria uma imagem em sua mente semelhante a como vocês sonham. Vocês sonham principalmente em imagens e normalmente não em palavras. Em algumas ocasiões, vocês falam, mas basicamente o mundo dos sonhos possui imagens vívidas.

Um tipo de cura envolve levar uma pessoa de volta a um acontecimento traumático. Por exemplo, para uma pessoa que foi molestada sexualmente quando era criança, podemos trazer a imagem dessa experiência, mas, então, na câmara de cura, podemos remodelar a imagem e criar uma imagem de cura melhorada. Essa imagem substitui a memória antiga e se torna a nova imagem. Nós, então, reinserimos essa memória na ordem cronológica das suas experiências de vida na Terra. O futuro, desse ponto em diante, é atualizado. Se vocês passaram por um trauma, criamos uma imagem baseada na informação que vocês nos forneceram e, então, trazemos um curador, que produz uma imagem de vocês sendo salvos (pelo Arcanjo Miguel, por exemplo). Então, essa imagem é salva na câmara de cura holográfica e atualizada na sua memória. Qualquer parte de vocês que foi traumatizada ou bloqueada pode ser atualizada e removida ou recriada, a fim de que não lhes seja mais prejudicial.

Eliminem Retroativamente a Doença com a Cura Holográfica

A segunda parte da câmara de cura é uma sala de cura na qual Juliano e eu trabalhamos, que pode tratar de quaisquer questões que vocês tenham sobre curar doenças físicas. Algumas vezes, a imagem do ponto no qual a doença se iniciou pode ser modificada. Digamos, por exemplo, que vocês tenham recebido um agente patogênico quando estavam em um avião. Nós podemos pegar a imagem, encontrar o ponto no qual o agente patogênico entrou no seu corpo e, então, criar uma tela de resgate ou um filtro para impedir o agente patogênico de entrar. Realisticamente, a doença se inicia quando o sistema imunológico está enfraquecido, mas, só porque vocês estão vulneráveis ou são geneticamente predispostos a uma doença, isso não significa que podem contrair essa doença. Se vocês acabarem contraindo a doença, podemos reprogramar holograficamente seu cérebro e sua memória.

Temos uma câmara de cura na qual realizamos curas específicas nas pessoas, trabalhando com o campo energético etérico. Apesar de o corpo manifestar a doença, na realidade a doença se inicia na aura. É por esse motivo que a medicina vibracional é tão poderosa. De certo modo, ela vai à fonte, que é o campo energético.

Técnica de Purificação da Aura de Helio-ah

O que realizamos é a bilocação. Nós pegamos o campo energético da pessoa e realizamos um exercício no qual fazemos a pessoa dar a volta em uma sala interior da Terra em um círculo; nós o chamamos de "carrossel". A aura deixa o corpo. Encontro a pessoa em um túnel, e, juntos, viajamos pelo corredor na velocidade do pensamento, para a nave estelar e para a câmara de cura. Nesse local, uso alguns métodos para trabalhar o campo energético. O método que chamo de cadeira giratória é semelhante a um tipo de preparação que os astronautas usam antes de ir para o espaço e para a gravidade zero: eles têm uma cadeira que gira em altas velocidades. Na minha técnica, um ser se senta na cadeira, que é, então, reclinada antes de eu configurar as velocidades de rotação. Conforme a pessoa experimenta as velocidades mais altas, vibrações, densidades e bloqueios inferiores na aura são eliminados, e, então, a energia bloqueada é elevada. Conforme me posiciono sobre o ser, mando esses bloqueios embora. Então, a aura é purificada.

Quando faço isso, é muito importante que eu direcione a energia, de modo que ela se afaste de nós. Assim que a aura é purificada, retorno a cadeira lentamente para a velocidade normal, faço-a parar e, se necessário, realizo alguns ajustes finais na aura. Por exemplo, talvez eu possa ajudar a remodelá-la ou remover quaisquer vibrações inferiores que ainda estiverem nela. Posso preenchê-la com luz, e assim por diante. Nesse ponto, a aura fica totalmente pura, sem qualquer evidência de uma doença ou imperfeição.

Juntos, viajamos de volta do corredor até uma posição a cerca de 1,5 metro a 2,5 metros da cabeça da pessoa na Terra. Nesse ponto, peço que a pessoa entre no corpo em um alinhamento perfeito, o que é um passo muito importante nesta cura. Vocês precisam ter certeza de que o corpo etérico está alinhado perfeitamente com o corpo físico. Algumas vezes, durante traumas, a aura deixa o corpo e, quando retorna, não faz isso em um alinhamento perfeito. As pessoas até mesmo relatam não se sentir como si mesmas ou sentir como se nunca tivessem retornado totalmente ao corpo.

Depois que direciono a aura purificada para entrar no corpo em um alinhamento perfeito, essa energia purificada atualiza todo o sistema com uma nova energia, assim como vocês colocariam uma nova programação em um computador. Digamos que vocês estejam atualizando seu sistema operacional; pode levar de duas a três horas para fazer a transferência de toda a informação no computador. Agora que sua aura esteve na quinta dimensão na minha câmara de cura, vocês podem precisar de dois ou três dias para fazer a transferência da informação. Durante o exercício, vocês podem receber 5% ou 10% da programação e passar algumas horas seguintes ou mais um dia fazendo a transferência de tudo.

Essencialmente, estamos oferecendo a vocês um novo programa, uma aura purificada para ser atualizada. Em alguns casos, se o corpo está muito doente, pode ser necessário realizar diversas tentativas para purificá-lo e curá-lo completamente.

Helio-ah, outros seres a ajudam com a cura?

Basicamente, eu realizo a cura. Vocês podem convidar outros seres. Seus guias mestres podem vir com vocês em alguns casos, e nós podemos até mesmo deixar a câmara para ir a um nível superior, no qual podemos convidar outros curadores. Outros seres usam outros métodos, mas este método é único para nós, pois fomos os primeiros desenvolvedores dele. Eu sou Helio-ah. Bom dia!

Vou para a câmara de cura com certa frequência, e existem duas pessoas na minha vida que não estão muito bem. Posso levá-las comigo? Qual é o melhor método? Posso simplesmente imaginar estar na câmara de cura na consciência da quinta dimensão e transmitir amor e luz a elas?

Aqui é Juliano. Esse é um método, mas trazer as pessoas doentes para as câmaras de cura requer explicação e preparação, e parte disso envolve trazer o campo energético ou a aura delas para a câmara de cura e remover as vibrações inferiores da aura. Depois, você deve levar a aura purificada de volta ao corpo delas. Quando você disser: "Eu vou levá-las", como curador, quero que seja capaz de manter sua separação e não se fundir a elas. Esse é um erro que os curadores cometem com frequência. Você não deve se fundir a elas em unidade; você deve direcioná-las. Eu sou Juliano. Bom dia!

* * *

Conduzam Seu Corpo de Luz até Seu Corpo Físico Terrestre

Saudações. Eu sou Maria. Alguns de vocês me conhecem como Maria, mãe de Deus. Sou uma mestra ascensionada e uma mentora, e tenho uma missão de supervisionar a cura da Terra e conduzir o planeta para reinos superiores. Eu amo a Terra, e tenho tantos seguidores que querem trabalhar com o amor; amando a Terra, amando a vida, amando a galáxia, amando o Criador, amando Jesus. Vocês estão todos cientes da lei universal do amor. Ele é o maior purificador.

O corpo de luz é seu corpo da quinta dimensão perfeito. Se vocês se imaginarem no estado mais aperfeiçoado, podem se visualizar aos 25 anos, ou talvez vocês gostem de si mesmos agora e achem que seu corpo é perfeito para vocês. Vocês podem, em seu corpo de luz, criar e moldar o corpo como quiserem. Alguns de nós nos imaginamos como seres sábios e mais velhos, e outros gostam de aparentar ser jovens. Talvez vocês tenham visto imagens de mestres ascensionados, e todos eles aparentavam ser jovens e bonitos. Eles criaram essas imagens. Vocês também serão capazes de fazer isso quando vierem para a quinta dimensão. Serão capazes de criar a imagem perfeita. Seu corpo de luz já existe na quinta dimensão, e, por exemplo, em seu estado de sono, vocês habitam seu corpo de sono, seu corpo de sonho. Vocês são multidimensionais; portanto, possuem um corpo da quinta dimensão. Vocês podem se bilocar, ou viajar, para esse corpo.

Jesus tinha uma presença multidimensional. Ele tinha múltiplos corpos e era capaz de conduzir seu corpo da quinta dimensão para a Terra. Quando ele estava na cruz, deixou seu corpo físico e, quando esse corpo físico morreu, ele continuou a viver na Terra em seu corpo multidimensional.

Cada corpo possui uma porcentagem de luz da alma em seu interior. Ser capaz de trazer seu corpo de luz para a Terra e para o corpo físico é uma grande realização e avanço da alma. Trazer seu corpo de luz facilita a cura quântica, dando vida ao seu corpo físico e preenchendo-o com luz. Quando vocês veem pessoas que estão doentes, algumas vezes elas já estão tentando deixar o corpo físico delas. O corpo de luz irradia, armazena vibração, protege-os e permite que vocês visitem o corpo de luz no outro reino.

Juliano falou sobre a tremulação e a habilidade de avançar e aumentar a vibração da sua aura, de modo que possam viajar e habitar seu corpo de luz. Quero ensinar a vocês como se tornar familiarizados e confortáveis com seu corpo de luz. Na verdade, no momento da ascensão, vocês irão para o seu corpo de luz. Essa é a transformação alquímica notável da ascensão. Vocês deixam seu corpo físico, viajam para seu corpo de luz e transferem toda a sua consciência para ele.

Vamos supor que, neste momento, vocês estejam 98% em seu corpo físico e 2% em seu corpo de luz. Se vocês mudarem essa porcentagem para estar ao menos de 5% a 10% em seu corpo de luz e se conectarem com esse corpo, trarão mais luz e energia para este mundo. Isso também serve para a Terra. O planeta possui uma aura, e vocês podem efetivamente conduzir toda a aura da Terra para o corpo de luz da quinta dimensão dela.

Ao trabalharmos com o corpo de luz, trabalhamos com a aura. Ao trabalharmos com a aura, nós nos tornamos cientes do estado dela. A aura possui buracos e tem o formato certo? A aura vibra na frequência correta e aceita a coabitação de outro espírito superior dentro de vocês? Sozinhos, vocês podem não conseguir realizar mais coisas com a energia superior, mas, com a coabitação de um espírito superior, vocês podem fazer mais. Por exemplo, Moisés não poderia ter realizado milagres sem o Arcanjo Gabriel e o Arcanjo Miguel.

Quando estamos ocupados trabalhando aqui na Terra, podemos levar nosso corpo de luz para onde formos?

Sim, foi o que Jesus fez. Ele trouxe a luz de Cristo em seu corpo físico e difundiu a luz. Se vocês se conectarem com seu corpo de luz – cada um de vocês possui uma frequência de luz superior –, podem trazer essa frequência de luz para a Terra e, então, transmitir e emanar essa energia. O verdadeiro milagre de Jesus foi sua habilidade de se conectar com a luz de Cristo o tempo todo. No entanto, ele só conseguiu fazer isso após ter atingido uma determinada idade (acredito que tenha sido aos 30 anos). Ele fazia parte da luz de Cristo e já era um ser superior. Vocês também são seres superiores; portanto, podem permitir que seu corpo de luz esteja no corpo físico na Terra.

Nós queremos ver a aura da Terra curada. Isso é parte do motivo pelo qual os arcturianos transferiram os cristais etéricos e vocês possuem um cristal etérico em Grose Valley. Ele é uma fonte de luz da quinta dimensão, e aqueles que estão próximos a essa fonte vivenciam seu corpo de luz com mais facilidade. Esse é um lugar muito sagrado, com energia elevada, e, se vocês forem até ele, sentirão seu corpo de luz muito confortável por estarem lá.

A última vez em que estivemos aqui, trouxemos a Kachina Galáctica. Ela é um corpo de luz?

A Kachina Galáctica pode coabitar com vocês. Vocês podem convidar o corpo de luz da Kachina Galáctica para estar junto de si. Então, vocês estarão mais bem informados sobre a energia galáctica e a cura galáctica. A Kachina Galáctica é um intermediário, um espírito real. Quando vocês estiverem em seu corpo de luz, conseguirão permitir que a Kachina Galáctica entre em vocês. Eu incentivo a coabitação. Sei que muitos pregadores conservadores não acreditam em muitas das coisas sobre as quais estamos falando, apesar de sempre convidarem Jesus para coabitar com eles. Jesus está sempre falando por meio deles. Lembrem-se de que isso é uma combinação de quem vocês são e de qual energia vocês permitem que entre. Não temos tempo para falar sobre a coabitação negativa, mas esse é um grande problema neste planeta atualmente, pois muitas pessoas permitem que espíritos inferiores entrem e coabitem. É um dos motivos de existir tanta violência atualmente.

Abençoo cada um de vocês na luz do meu pai, na luz de Yeshua, filho de Davi. Na luz do corpo de luz, que vocês possam caminhar com grandes poderes de emanação e cura. Amo todos vocês. Eu sou Maria.

Capítulo 18

Os Princípios da Cura Holográfica Planetária e Pessoal

Helio-ah e os arcturianos

Saudações. Eu sou Helio-ah. Nós somos os arcturianos. Quero falar com vocês sobre a energia holográfica e os princípios da cura holográfica. Vocês precisam entender nossa perspectiva e que os princípios da energia holográfica ocorrem tanto em um ambiente positivo quanto em um ambiente negativo. Sei que todos vocês adoram ouvir sobre a cura holográfica planetária.

Vocês estão passando por terrorismo e guerra em todo o mundo. Quero abordar o terrorismo de uma perspectiva da energia holográfica. O princípio fundamental da energia holográfica é que uma parte pode influenciar o todo, ou uma parte é uma representação do todo. Se vocês influenciarem um campo energético de uma parte, esse campo energético pode influenciar o todo. Um exemplo característico é a fotografia holográfica, na qual vocês podem tirar um pedaço de algo, como uma maçã, e, a partir daquele pedaço, uma imagem holográfica da maçã inteira pode ser obtida. Em outro exemplo, alguém com a tecnologia adequada poderia tirar uma célula da pele de uma pessoa e efetivamente clonar e reproduzir uma cópia exata dela. Vocês não possuem essa tecnologia neste ponto, mas esses são exemplos de energia holográfica.

A Importância da Permeabilidade

Se vocês introduzissem uma mutação patogênica em um sistema humano, esse sistema requereria uma imunidade à mutação para impedi-la. Se não houvesse imunidade e essa célula fosse poderosa o suficiente, ela poderia abalar e dominar todo o sistema do corpo humano, permeando-o. Agora, quero que vocês tomem nota da palavra "permear", porque ela é importante na discussão sobre a energia holográfica. Quando digo que alguma coisa permeia outra, quero dizer que ela pode passar por muitos sistemas diferentes.

Lembrem-se do exemplo da célula mutante no corpo humano. Eu sugiro que existem certas imunidades no corpo que podem bloquear as células invasivas, e essas células podem passar por mutação e superar essas imunidades. A efetividade da mutação depende de ela poder permear essas imunidades e entrar em todo o sistema. Um dos princípios da cura holográfica é a permeabilidade.

Vamos analisar o inverso das mutações. Imaginem que vocês vão transmitir uma mensagem espiritual positiva, forte e afetuosa. Essa mensagem pode permear o mundo da mesma forma? Esse incrível acontecimento teria a habilidade de permear e influenciar as pessoas globalmente? Em nossa observação da civilização e da tecnologia da Terra, existem apenas alguns acontecimentos que parecem comover, permeando toda a civilização, toda a consciência do planeta.

Vamos analisar um acontecimento positivo. Ficamos impressionados pelo fato de que acontecimentos positivos não parecem ter a mesma permeabilidade quanto acontecimentos negativos, mas tem havido algumas exceções. A primeira exceção parece ser os esportes. Os eventos esportivos, como futebol, futebol americano, beisebol ou os jogos de campeonato de basquete parecem permear o mundo todo. Entendo que muitos de vocês não são fãs de esportes, mas, por favor, me acompanhem, pois os esportes possuem uma permeabilidade global, portanto são dignos de ser discutidos ao analisar a energia holográfica e, especialmente, a cura planetária. Outro acontecimento global que descobrimos foi a morte da princesa Diana. Esse foi um acontecimento muito poderoso, que parece ter comovido muitas pessoas. Evidentemente, os atentados terroristas em 11 de setembro de 2001 comoveram as pessoas em uma escala global.

Agora, vamos analisar outros exemplos de acontecimentos globais que tiveram o poder de influenciar holograficamente o planeta. Houve a aparição do que alguns chamam de "o Filho do Homem", que é uma designação da ordem superior do mestre ascensionado. Esse termo tem muitas definições, mas, na espiritualidade galáctica e a partir da nossa perspectiva, significa uma pessoa capaz de influenciar holograficamente um mundo todo e comovê-lo em uma direção positiva para a paz, a harmonia e a consciência da unidade. A aparição de Jesus é um exemplo de como uma pessoa pode influenciar holograficamente 2 mil ou 3 mil anos de uma civilização.

Que tipo de pessoa pode influenciar uma civilização e um planeta inteiros? Uma pessoa não tem de ser a mais poderosa ou a mais rica, porém existe um certo poder em saber como permear o sistema holográfico no planeta.

Encontrar um Ponto de Efeito Máximo

Outro princípio que se aplica ao trabalho planetário e à cura planetária é a acessibilidade, e ela é especialmente aplicável na cura planetária holográfica. O primeiro princípio, a permeabilidade, significa que o que vocês fazem tem a capacidade de influenciar e permear muitos sistemas diferentes no planeta. O segundo princípio, a acessibilidade, significa que vocês devem entrar no sistema da Terra em um ponto de efeito máximo. Por exemplo, Jerusalém tem o potencial de impacto máximo e acessibilidade para o trabalho holográfico. Tenho certeza de que é por esse motivo que Jesus emergiu em Jerusalém. Existiam muitos lugares diferentes no planeta para os quais ele poderia ter ido. Certamente existiam outras civilizações neste planeta das quais ele poderia ter emergido, nas quais ele poderia ter sido recebido de uma forma mais humana e segura. No entanto, essa missão de cura planetária holográfica e de influenciar a humanidade foi feita por um ponto de acessibilidade máxima, que, naquele período específico, era Jerusalém. Até mesmo atualmente, Jerusalém oferece um ponto de acessibilidade que pode influenciar holograficamente todo o planeta.

Vamos examinar Jerusalém de um ponto de vista lógico. Ao analisarmos o tamanho da cidade, a população e o número de armamentos, vocês podem dizer: "Não há possibilidade de uma região com esse tamanho influenciar todo o planeta e toda essa civilização". Não se enganem. Jerusalém não é um ponto de acessibilidade máxima por ter mais armamentos ou os líderes mais poderosos, mas, sim, porque é um ponto de acesso no qual uma intervenção poderia ter uma permeabilidade máxima: a energia poderia permear todo o planeta e todos os sistemas nele.

Existem outros pontos de acesso no planeta. Jerusalém não é o único. Uma das missões dos arcturianos é expandir os pontos de acesso, de modo que existam outros lugares no planeta que possuam o efeito poderoso de cura holográfica com permeabilidade e acessibilidade. Uma intervenção realizada de um desses pontos teria um impacto holográfico máximo no planeta.

Isso leva aos 12 cristais etéricos. Existem 12 lugares especiais no planeta que possuem uma beleza e uma energia incríveis. Esses 12 pontos são todos bonitos, mas não têm o poder de Jerusalém. Como trabalhar a partir desses pontos de cristais etéricos, como o Lago Puelo, o Vulcão Poás ou o Monte Shasta, poderia criar um acontecimento holográfico que influenciaria todo o planeta de uma forma positiva? Concordo que o Monte Shasta certamente não tem a mesma energia de Jerusalém em si e provavelmente não conseguiria influenciar todo o planeta de uma forma positiva. Se Jesus/Sananda retornasse hoje, fosse para o topo do Monte Shasta e fizesse um sermão, isso influenciaria o planeta? Provavelmente não. No entanto, se Jesus/Sananda retornasse ao Monte do Templo e fizesse um sermão, isso provavelmente influenciaria todo o planeta.

Os pontos de acesso são pontos poderosos. O Monte Shasta pode ter o poder necessário para ampliar a influência de um acontecimento, mas a cura planetária se baseia nos princípios da interação. Essa rede de interação inclui os 12 cristais etéricos e a Árvore da Vida planetária. Nesse conceito de Árvore da Vida planetária, temos 12 esferas, ou pontos de energia, que interagem, de modo que compartilham energia entre si. Eles são uma rede de luz, transmitindo energia e influenciando o planeta, de modo que um ponto de acesso pode ter o poder e a energia dos 12 pontos. Juliano e eu temos trabalhado para encontrar maneiras de ensinar esse princípio a vocês e formas de coordenar exercícios que harmonizariam e uniriam os 12 pontos em uma esfera.

Por que não usaríamos apenas Jerusalém? A resposta para isso é complexa. Primeiro, a ideia de um mestre ascensionado galáctico, espiritual e extraterrestre não é aceita pela religião tradicional, apesar de os grandes mestres ascensionados, incluindo Moisés, terem tido contato extraterrestre. Moisés, especificamente, subiu ao topo de uma montanha e ascendeu. Foi transferido para um nível de consciência superior e para um lugar superior entre os mestres que ele não poderia ter vivenciado sozinho. Ele não possuía a habilidade de se blindar para se proteger e se manter intacto como um indivíduo sem parte da tecnologia oferecida pelos seres superiores que o levaram a lugares superiores.

Pode parecer estranho para vocês, mas Moisés não queria retornar, apesar de saber qual era sua missão. Se vocês permanecessem em um estado superior em uma incrível dimensão, provavelmente não iriam querer retornar, sofrer e enfrentar certos acontecimentos difíceis na Terra. Na realidade, alguns de vocês nem mesmo querem permanecer aqui atualmente e presenciar parte do sofrimento e das lutas neste planeta. Tenho certeza de que vocês prefeririam voltar para um planeta superior.

Não sinto – e Juliano concorda comigo – que Jerusalém seja atualmente o lugar mais receptivo para um acontecimento holográfico galáctico. Nós ainda mantemos e guardamos Jerusalém na energia elevada, e existirão pontos de intervenção nesse local no futuro. Evidentemente, a energia de Jerusalém deve ser protegida, a fim de que não exploda. Um acontecimento positivo poderia permear o ponto de acesso em Jerusalém. Um acontecimento negativo também não teria problema em permear a Terra, e um acontecimento assim poderia influenciar holograficamente todo o planeta de maneira imediata.

Criar Novos Portais Multidimensionais

A Árvore da Vida planetária arcturiana ajuda a criar outros pontos de acesso e acontecimentos holográficos correspondentes. Esses pontos de acesso são cristais etéricos multidimensionais. O Monte do Templo, em Jerusalém, é multidimensional. Os profetas foram até ele em estados alterados e puderam ir a dimensões diferentes a partir desse local. Sabemos que existe um grande ponto de acesso no Monte do Templo, mas essa região não está acessível a todos. Há também a ameaça de violência atualmente nesse local, por causa de polarização e conflito entre os grupos que estão tentando preservar essa energia.

Pensem sobre os pontos multidimensionais que possuem cristais etéricos arcturianos, como o Lago Puelo e o Monte Shasta. O que significa um ponto ser multidimensional e como isso se aplica à energia holográfica? Um ponto ou lugar multidimensional pode trazer energias especiais de dimensões superiores. Para acontecimentos planetários, buscamos lugares poderosos na Terra. Também buscamos criar lugares poderosos e, sinceramente, queremos criar outros. É por esse motivo que estamos trabalhando com vocês nos projetos de reserva do oceano planetário e das cidades de luz planetárias. Não queremos limitar o número de pontos de poder que possuem acessibilidade e permeabilidade.

Vocês e o Grupo de Quarenta possuem a habilidade de criar portais multidimensionais que poderiam influenciar holograficamente este planeta. Recentemente, temos trabalhado com a Praia da Joatinga, uma praia pequena de aproximadamente um quilômetro quadrado, a 27 quilômetros ao sul do Rio de Janeiro. Essa praia e o trabalho de tornar esse lugar sagrado ilustram os princípios holográficos da cura planetária sobre os quais estou falando. Os trabalhadores da luz do Grupo de Quarenta foram capazes de reunir cerca de 20 pessoas para realizar uma linda cerimônia sagrada nesse local. Além disso, eles escolheram um lugar que já tinha uma certa energia superior. Por fim, realizaram uma cerimônia de ativação na qual os arcturianos e os trabalhadores da luz conectaram a energia da quinta dimensão ao lugar sagrado.

Agora, o lugar possui o poder de influenciar holograficamente outras partes do oceano. Isso é o inverso do terrorismo, o qual está tentando envenenar a todos por meio de um ato negativo. Na cura holográfica planetária, curamos a todos com uma pequena intervenção em um lugar muito positivo. Elevamos o lugar sagrado e a consciência daqueles que trabalham conosco a um ponto muito alto. Esse protocolo também é verdadeiro para a escada da ascensão. Existe uma montanha perto de Reno, Nevada, chamada Jobs Peak, que foi visitada por muitos dos membros do nosso Grupo de Quarenta, que conduziram uma grande força de cura para esse local. Eles conseguiram manter a energia sagrada nesse local. Leva muito tempo para escalar até o pico, mas eles foram até lá para abrir o portal, de modo que ele pudesse conectar a outros pontos de ascensão.

Holograficamente, nosso trabalho inclui conectar a Terra a outras dimensões. Especificamente, estamos conectando a Terra à quinta dimensão. Existem pontos nos quais a quinta dimensão pode entrar na terceira dimensão e começar a difundir poder de cura e equilíbrio por todo este planeta. Novamente, vocês podem dizer: "Como um ponto pequeno, como a Praia da Joatinga ou Jobs Peak, pode influenciar todo um sistema planetário?". O que acontece em uma pequena parte pode afetar o todo no pensamento holográfico.

Observem o inverso: como Fukushima afeta todo o oceano? É apenas uma pequena área na qual essas usinas nucleares foram destruídas e colapsaram. Isso ainda não é discutido, mas foi um colapso completo, e o que ocorreu nessa pequena área afetará todo o oceano por séculos. Nós podemos trabalhar juntos e transmitir uma energia positiva poderosa para o oceano, tornando pequenas áreas do oceano sagradas. Esse trabalho é chamado de Projeto de Reserva de Luz do Oceano Planetário, e ele usa os mesmos princípios holográficos: uma pequena área é escolhida e tornada sagrada, e ela transmite luz e energia da quinta dimensão por todo o planeta e o oceano.

Vocês, como sementes estelares, possuem o poder de criar acontecimentos espirituais. Vocês podem criar energia de cura planetária indo a locais de poder. Trabalhem com esses princípios holográficos de acessibilidade e permeabilidade. Pode ser que um acontecimento espiritual que vocês criem não tenha publicidade global. Essa é uma das peculiaridades da mídia; quer dizer, ela parece se concentrar mais em acontecimentos negativos. Se a mídia reconhecer ou não o acontecimento espiritual, isso não diminui sua efetividade. No entanto, queremos que vocês alcancem a percepção e consciência global, porque, quanto mais as pessoas estão cientes, mais elas colaboram.

Cura Holográfica Pessoal

Uma das ideias na cura pessoal no trabalho holográfico é criar a configuração adequada [instruções] e usar o ajuste correto. Já falamos sobre a configuração em nossa discussão sobre esses lugares de poder e ao realizar intervenções de cura holográfica pelo planeta.

Primeiro, vocês podem ir a um local de poder, como os 12 cristais etéricos, Jerusalém, Jobs Peak ou as escadas da ascensão, como Tomaree Mountain e Grose Valley na Austrália (que possui um enorme ponto de acesso para o trabalho planetário) ou Bell Rock em Sedona, Arizona. A configuração e o ajuste são importantes. Para a cura holográfica pessoal, podem usar um lugar de poder. Se vocês não morarem perto de um desses pontos, podem ir a um lugar sagrado no seu jardim. Transmitam luz ao redor da sua casa e coloquem cristais nos quatro cantos do seu jardim. As cidades de luz planetárias são lugares especiais que possuem uma energia que pode manter a luz da quinta dimensão. Essas cidades são configurações ideais para o trabalho de cura. A configuração inclui quando vocês organizam o trabalho de cura e o momento em que o realizam.

Vocês podem realizá-lo em um momento de poder, como em uma Lua Cheia, quando determinadas energias de cura estão disponíveis. Certamente, um dos princípios do trabalho holográfico é fazer a intervenção no momento certo. Existe um alinhamento de poder interessante neste momento [5 de dezembro de 2015], com a Lua, Marte, Júpiter e Vênus. Este é um momento de grande polarização, no qual parte das energias de guerra neste planeta está se intensificando. Ao mesmo tempo, os guerreiros espirituais estão se fortalecendo.

Na cura holográfica da quinta dimensão, também usamos a configuração da câmara de cura holográfica na nave estelar Athena. A câmara de cura holográfica é um campo energético especial que criamos. Vocês podem acessá-la após sua entrada no mundo etérico. Vocês são transformados em seres multidimensionais e podem ver todo o seu eu. Na Terra, vocês possuem um aspecto do seu eu, essa personalidade da Terra. No entanto, a verdade é que, se olharem para o eu da Terra pela perspectiva do eu superior, vão ver que tiveram muitas vidas em outros planetas e muitas vidas neste planeta. Cada vida parece acessar ou manifestar uma parte do seu eu. Na vida atual, cada um de vocês pode ter muitos aspectos do seu eu manifestado. Vocês devem permanecer em uma configuração na qual possam compreender, equilibrar e interpretar todas as partes do seu eu. Vocês não devem ficar sobrecarregados.

Um dos problemas ou efeitos colaterais ao acessar partes diferentes do seu eu pode ser distorção e instabilidade mental. Se vocês analisarem o conceito do transtorno de múltiplas personalidades, por exemplo, uma das observações que temos é que, nessa doença, a estabilidade mental é reduzida. Aqueles que sofrem dessa doença não são capazes de distinguir entre seu eu de vidas passadas e seu eu da vida atual; eles perdem memória entre cada um deles. Vocês podem ter sido guerreiros em outra vida, mas, neste ponto, a maioria de vocês não gostaria de ser um guerreiro. Vocês não devem acessar esse lado do seu eu sem orientação e proteção. Precisa haver uma certa consciência expandida superior, na qual possam integrar e processar os aspectos holográficos do seu eu.

Existem determinados planetas na galáxia que possuem um bom acesso para a energia holográfica do eu. Alguns planetas não são tão poderosos e não oferecem a vocês essa liberdade, mas a Terra tem a habilidade de proporcionar acesso holográfico às suas vidas passadas e às suas vidas em outros planetas. Vocês precisam ter a estabilidade mental para lidar com tudo isso. Integrar as partes holográficas do seu eu é muito importante. O aspecto final é transmitir um equilíbrio de cura para todas as partes do seu eu.

Ao integrar as vidas passadas, as pessoas podem acreditar que devem curar cada parte de si mesmas em cada vida. Vocês podem ter tido suas energias tiradas porque foram um xamã quando as pessoas não gostavam de xamãs. Existem muitos motivos diferentes pelos quais vocês podem ter assuntos não finalizados em outras vidas. Na verdade, vocês não poderiam completar todos os assuntos não finalizados em todas as suas vidas mesmo se trabalhassem 24 horas por dia neles. Um dos outros aspectos da cura holográfica é a necessidade de um terapeuta, guia ou mestre para trabalhar com vocês. É difícil se curarem, e um dos motivos disso é o risco de instabilidade mental. Vocês precisam ter alguém para os consolidarem.

Uma técnica que usamos é simplesmente transmitir uma energia equilibradora e unificadora a todas as partes do eu em todas as vidas que precisam de cura, incluindo a vida atual. Podem existir partes que vocês não conseguem terminar de resolver nesta vida. Talvez não tenham conseguido perdoar alguém ou resolver os seus sentimentos. Todos esses são sérios problemas.

Existe uma técnica de cura holográfica na qual vocês podem transmitir uma energia de cura a todas as partes do seu eu. Vocês transmitem essa energia a todas as partes que ficaram inacabadas, não resolvidas ou desequilibradas e que podem ter sido traumatizadas. Essas partes receberão energia de cura, unidade de cura e equilíbrio. Após essa cura, vocês poderão ter uma nova atitude de aceitação de que tudo é como deveria ser e de que todas essas coisas, apesar de terem ficado inacabadas, contribuíram para um novo estado de equilíbrio dentro de vocês. Então, vocês podem retornar com uma nova perspectiva e observar alguns desses outros acontecimentos nesta vida e em vidas passadas. Podem se perdoar e até mesmo remodelar algumas memórias traumáticas, a fim de que não interfiram no seu nível de funcionamento atual. É importante na cura holográfica pessoal transmitir as energias de cura para essas partes de si mesmos que foram traumatizadas. Depois, permitam que essas partes usem essa energia ao bem maior para a sua cura. Algumas vezes, a cura holográfica em um nível pessoal pode ser diferente do que vocês esperariam em sua consciência da terceira dimensão.

Concluindo, a cura holográfica é tanto pessoal quanto planetária, e nós apresentaremos a vocês exposições futuras sobre como usar mais efetivamente esses princípios para o trabalho planetário e pessoal. Eu sou Helio-ah. Bom dia!

Capítulo 19

Mantenham Seus Campos Energéticos com a Tecnologia Espiritual

Juliano e os arcturianos

Saudações. Eu sou Juliano. Nós somos os arcturianos. Quero falar sobre a tecnologia espiritual arcturiana em relação à terceira dimensão e o que está acontecendo atualmente nesta dimensão. Acredito que cada período tem tecnologias espirituais diferentes, portanto, se vocês vivessem em Jerusalém em 800 a.C. ou 500 a.C., essa tecnologia espiritual seria diferente da que existe atualmente. A tecnologia espiritual naquele período seria considerada adequada. Hoje em dia, é impressionante considerar que o sacrifício animal era muito difundido em Israel e Jerusalém em 590 a.C. No entanto, hoje em dia, certamente não seria considerado apropriado. As circunstâncias desta realidade atual possuem necessidades específicas, e devem existir diferentes tecnologias espirituais que os ajudarão hoje a ter a maior ressonância espiritual, a aura mais pura e as maiores aberturas em todos os seus quatro corpos. Vocês devem ter aberturas e desobstruções em seus corpos emocional, espiritual, físico e mental.

Algumas das técnicas utilizadas em 600 a.C. podem ainda ser apropriadas. Por exemplo, eles tinham grandes habilidades para realizar um trabalho de vibração sonora e outras técnicas avançadas. A fim de avaliar quais práticas espirituais são necessárias atualmente, devemos levar em consideração a situação principal que está ocorrendo neste planeta.

Quando as Galáxias Se Colidem

A terceira dimensão e a quinta dimensão estão se aproximando mais atualmente e começando a interagir de formas muito interessantes e complexas. As dimensões ainda não se tocaram, mas estão se aproximando. Vamos comparar a intersecção das dimensões a duas galáxias se intersectando ou colidindo. Vamos tomar como exemplo a galáxia vizinha conhecida como galáxia de Andrômeda e nossa galáxia, conhecida como galáxia da Via Láctea. Nossa galáxia pode estar a uma distância de 5 milhões de anos-luz da galáxia de Andrômeda. É uma enorme distância, mas, em termos de medição de distâncias no universo, essa não é uma grande distância. Considerem que algumas galáxias estão entre 10 bilhões e 12 bilhões de anos-luz de distância. A galáxia de Andrômeda está no caminho que, por fim, vai colidir com a galáxia da Via Láctea. Essa colisão ocorrerá em algum momento no futuro.

Existem exemplos na astronomia moderna de galáxias colidindo. Essas colisões aparentam ser muito bonitas e possuem padrões de luz interessantes. Se vocês estivessem em uma galáxia em um sistema estelar específico e uma estrela de outra galáxia colidisse com a sua, vocês poderiam não ter a mesma opinião.

As galáxias são enormes, e, quando duas galáxias colidem, nenhuma é destruída totalmente. No entanto, algumas explosões interessantes podem ocorrem com a interação. A intersecção resultante das duas galáxias pode criar uma supergaláxia diferente de qualquer galáxia nesta parte do universo.

Visualizem as galáxias espirais de Andrômeda e da Via Láctea. Elas estão bem distantes agora, a 5 milhões de anos-luz. Levará milhões de anos para essa colisão ocorrer. Sendo assim, isso não acontecerá durante a sua vida. No entanto, a galáxia de Andrômeda é a mais próxima da Via Láctea, e nós a consideramos como nossa galáxia irmã.

Alguns de vocês, sementes estelares, viveram na galáxia de Andrômeda em outras vidas. Existem diferentes civilizações e distintos padrões de crescimento e evolução na galáxia de Andrômeda. A intersecção dessas duas galáxias pode produzir uma civilização galáctica altamente evoluída e superinteligente. Como eu disse, isso também pode produzir algumas explosões e colisões.

Com essa analogia, vamos levar isso para a existência da terceira dimensão e da quinta dimensão. Eu vejo a terceira dimensão como uma esfera gigante. (É difícil oferecer a vocês uma descrição de toda a dimensão, porque ela não tem os limites das linhas.) É extremamente difícil encontrar um formato tridimensional de uma dimensão. Se vocês pedissem uma descrição do formato do universo, também seria difícil, porque o universo é infinito; portanto, não existe uma linha externa. No entanto, em razão de suas limitações, usaremos o exemplo de uma esfera tridimensional e o aplicaremos à quinta dimensão.

Existem forças atratoras de origem desconhecida por todo o universo. As galáxias são atraídas entre si. Nossa galáxia faz parte de um sistema ou um grupo de galáxias ligadas por uma força de atração, e esse conjunto de galáxias é chamado de grupo local, que consiste em 12, 13 ou 14 galáxias diferentes. Existe também uma força atraindo a intersecção da terceira e da quinta dimensões. Esse tipo de intersecção não estava acontecendo em 500 a.C. no Antigo Israel, na Antiga Grécia ou durante o Império Romano. Essa nova interação é, em parte, o motivo pelo qual devem existir mais tecnologias e métodos espirituais avançados e específicos, desenvolvidos para a situação atual. Essas duas dimensões estão se aproximando.

Resumindo, a intersecção de uma colisão da galáxia de Andrômeda com a galáxia da Via Láctea poderia resultar em algumas interações interessantes e altamente evoluídas. Algumas civilizações podem se tornar supercivilizações. Por outro lado, poderia haver algumas explosões e destruição conforme corpos grandes, sóis e sistemas estelares se aproximassem de outros corpos. Isso poderia criar todos os tipos de campos gravitacionais desconhecidos e atípicos, que lançariam as coisas para fora. Esse padrão de campo gravitacional atípico foi sugerido na galáxia da Via Láctea e até mesmo em seu sistema solar.

Retrocesso do Seu Processo Evolutivo

A intersecção da quinta dimensão e da terceira dimensão produzirá energia altamente evoluída, novas tecnologias espirituais e muitos avanços. Além disso, causará rupturas e desvios, padrões de pensamento incomuns e campos energéticos incomuns. A fim de assimilar e processar a intersecção dessas dimensões e a energia que ela traz, vocês devem realizar certas práticas e técnicas espirituais.

Uma das técnicas espirituais necessárias é a habilidade de ser receptivo a diferentes campos energéticos. Vocês precisam estar abertos a coisas como energia vibracional, aura, projeção do pensamento, bilocação, tremulação, o ovo cósmico e o templo arcturiano e o portal estelar. Essas são apenas algumas das tecnologias que os ajudarão a receber, assimilar e trabalhar com a energia da quinta dimensão. Se vocês não estiverem abertos aos campos energéticos vibracionais, aos campos de pensamento e ao trabalho com a aura, então a energia recebida dos reinos superiores será percebida como desorganizada e caótica.

Os efeitos nos seus padrões emocional e de pensamento poderiam causar um retrocesso da evolução da humanidade. Quando vocês permanecem em um estado energético confuso ou caótico, por exemplo, de acordo com sua psicologia moderna, podem retroceder a um momento anterior no qual tiverem problemas não resolvidos. Vocês podem usar mecanismos de enfrentamento que são muito primitivos. Isso parece com o que vocês estão observando atualmente na terceira dimensão?

De muitas formas, vocês estão observando retrocessos do seu processo evolutivo. Estão observando o aumento da energia primitiva, e isso se deve parcialmente às altas frequências recebidas e à inabilidade de muitas pessoas em processá-las. A tecnologia espiritual arcturiana está sendo oferecida para esse período, a fim de ajudá-los com essa realidade específica. Nossos exercícios e técnicas espirituais são oferecidos para auxiliá-los neste momento e neste ambiente único. Independentemente do que está acontecendo agora, de quanto caos existe ou de quanto retrocesso nas formas de pensamento e atividades, vocês ainda podem manter sua centralidade espiritual para o equilíbrio.

Campos Energéticos Sutis dos Seres Humanos

A tecnologia de computadores é uma continuação da mente da humanidade. Muitos dos processos e terminologias arcturianos se relacionam simbolicamente à sua tecnologia de computadores. Esses termos possuem significado especialmente quando descrevemos a evolução humana, o cérebro humano e a mente. Um dos nossos termos preferidos é "atualização". Vocês atualizam seu software de computador? Vocês fizeram o download das últimas alterações no seu software de antivírus? Vocês possuem o anti-malware mais recente em seu computador? Vocês podem perceber que essas atualizações ocorrem frequentemente, algumas vezes diariamente. Por que isso acontece? O motivo é que muitas pessoas neste planeta possuem energia negativa e tentam fazer coisas ruins. Uma das coisas ruins que as pessoas gostam de fazer é danificar os sistemas de computadores.

Vocês precisam atualizar constantemente seu campo energético espiritual. Uma das tecnologias espirituais arcturianas atualiza sua aura e seu campo energético com base nas novas configurações e energias existentes. Pode ser uma tarefa dinâmica aprimorar e atualizar seu campo energético. Por favor, não pensem que, uma vez que tenham alcançado uma compreensão e uma proteção adequadas, seu trabalho energético acabou. Não! A tecnologia espiritual arcturiana também os ajuda a atualizar seu campo energético, para ficar em alinhamento com as novas mudanças.

Alguns de vocês estão enfrentando as recentes tempestades magnéticas que ocorreram no Sol na semana passada* e a liberação

---

Nota do autor: Em 2 de janeiro de 2016, houve uma ejeção de massa coronal no Sol.

de energias negativas que vieram de certos bloqueios nos meridianos da Terra. Também houve uma transmissão de frequências superiores. O campo energético da Terra está mudando de forma radical diariamente, e todos vocês são incentivados a atualizar suas proteções e seus campos energéticos.

Como as coisas estão mudando tão rapidamente, agora é requerido atualizar os quatro corpos (físico, emocional, espiritual e mental). É algo que não era necessário em 500 a.C. Houve muitas mudanças nos âmbitos social, econômico e político, e ocorreram guerras naquele período no mundo antigo, mas a situação não era complexa em relação aos campos energéticos sutis dos seres humanos. Em contraste, até mesmo as energias das ondas de rádio atualmente neste planeta estão mudando os campos energéticos sutis das pessoas.

As radiofrequências e o campo energético eletromagnético deste planeta estão mudando radicalmente. A recente emissão magnética coronal solar afetou enormemente o campo energético eletromagnético do planeta. Alguns de vocês provavelmente perceberam essa mudança e talvez se sentiram um pouco confusos, cansados e desorientados. Essa reação está no topo de todos os outros acontecimentos ocorrendo neste planeta.

Vocês estão em um período altamente acelerado, notável por suas transformações imediatas e de longa duração. Estão ocorrendo mudanças neste planeta que normalmente levariam de 20 mil a 30 mil anos ou até mais tempo para ocorrer. Vocês estão observando essas mudanças acontecerem, em alguns casos em três meses ou até mesmo em menos tempo. Isso significa que, em termos de evolução, um período de 20 mil anos seria necessário para uma mudança climática ocorrer. Em 30 ou 40 anos, vocês observaram mudanças climáticas que normalmente levariam milhares de anos para ocorrer. Como seu campo energético se adaptou a essas mudanças climáticas radicais?

Seu sistema imunológico precisa ser atualizado quando ocorrem mudanças climáticas radicais. Vocês passaram por mudanças no seu campo energético eletromagnético que foram tão rápidas que vocês podem ter tido dificuldade de atualizar seu sistema. Tem tido muita dificuldade na proteção eletromagnética. Seu sistema imunológico está sob muito estresse por causa das mudanças transformacionais radicais que vocês estão testemunhando na Terra.

A quarta dimensão é uma dimensão inferior e possui vibrações inferiores. Existem níveis diferentes da quarta dimensão: a quarta dimensão inferior, mediana e superior. Existem alguns seres muito elevados na quarta dimensão. No entanto, a quarta dimensão inferior contém fantasmas e outros espíritos negativos que podem frequentemente ser maldosos. Alguns desses seres são parasitas e se prendem às pessoas na terceira dimensão. É um período na Terra no qual a aura e o campo energético das pessoas estão especialmente suscetíveis e vulneráveis, principalmente em virtude do alto consumo de drogas. A força da aura humana enfraqueceu no geral, muitas vezes resultando em confusão e desorganização.

Têm sido realizados alguns experimentos e atividades militares que danificaram a camada etérica protetora entre a terceira e a quarta dimensões, criando buracos nos campos energéticos da Terra. Estou me referindo a exemplos específicos de atividades de radiação de alta frequência (HAARP). Algumas das guerras recentes usaram técnicas que danificaram gravemente o campo energético etérico essencial de países no Oriente Médio. Isso aconteceu na Guerra do Iraque, na qual os militares usaram certos armamentos secretos que desorientaram e prejudicaram os soldados iraquianos, e isso também prejudicou a aura da Terra nessa região. Forças negativas da quarta dimensão inferior estão se prendendo a vocês e dando origem a atos violentos nessa região do Oriente Médio. Todos esses acontecimentos tornam necessário que vocês atualizem sua aura.

Meditação para a Atualização do Campo Energético

Visualizem sua aura como quatro camadas. Vocês têm a camada espiritual, a camada emocional, a camada mental e a camada física. Elas são todas campos energéticos separados. Ordenem que sua aura e os quatro corpos assumam o formato do ovo cósmico. Ordenem que todos eles interajam e se combinem em equilíbrio. Sua energia espiritual está em equilíbrio com sua energia mental, sua energia mental está em equilíbrio com sua energia emocional, e sua energia emocional está em equilíbrio com sua energia física. Permitam que todas elas respondam a este tom rítmico. [Entoa diversas vezes: To to to to toooo.]

Permitam que os quatro corpos entrem em equilíbrio na sua aura conforme todos eles assumam o formato do ovo cósmico e observem uma suavidade em torno de cada sistema. Saibam que, se um dos sistemas se desequilibrar, os outros, então, o ajudarão a se reequilibrar. Seu sistema emocional pode se desequilibrar em decorrência de um acontecimento negativo. Isso pode induzir medo ou ansiedade. Seu corpo espiritual é especialmente forte e pode conceder ao seu corpo emocional a energia de que ele necessita para se curar. Seu corpo emocional é receptivo à energia espiritual elevada e ao quociente de luz espiritual elevado que vocês estão carregando consigo agora.

Digam estas palavras: "Meu corpo espiritual é tão forte que pode curar quaisquer imperfeições no meu corpo emocional agora". *Repitam:* "Meu corpo espiritual é tão forte que pode curar quaisquer imperfeições no meu corpo emocional agora". *Meditem sobre essa afirmação. Ficaremos em silêncio. [Pausa.]*

Eu, Juliano, estou transmitindo uma atualização de luz e energia ao seu chacra coronário. Essa luz de energia entrará em seu corpo espiritual. [Entoa diversas vezes: Ohhhhhh.]. Há uma luz dourada da quinta dimensão entrando em seu chacra coronário e indo para seu corpo espiritual. Vocês são capazes de armazenar uma luz muito superior em seu corpo espiritual. Essa luz superior pode ser usada para curar seus corpos mental, emocional e físico.

Permitam que essa energia flua agora pelos seus três outros corpos. Vamos ficar em silêncio agora. [Pausa.]

A Terra Está Lutando por Equilíbrio

O campo energético da Terra também enfrenta essas mudanças energéticas dramáticas. Vocês são curadores planetários se esforçando para interagir com o espírito da Terra. A Terra está fazendo um esforço muito intenso para atualizar seus sistemas de ciclo de realimentação, a fim de que possa se manter em equilíbrio. No entanto, ela está enfrentando um problema. Algumas das expressões desse problema poderão ser vistas como reações mais violentas, por exemplo, padrões meteorológicos intensos, mudanças geológicas e mudança climática geral.

A Terra, como um espírito, realmente deseja manter, com o melhor de sua capacidade, o equilíbrio dos sistemas que permitirá que a humanidade exista. A Terra está lutando e atualmente está desequilibrada. Ela deseja manter as temperaturas existentes e os padrões meteorológicos que são mais vantajosos para a humanidade. A Terra não deseja o aquecimento global ou ver a humanidade destruída. Como eu disse anteriormente, é uma grande honra para o planeta possuir seres superiores.

Vocês estão trabalhando como curadores planetários, transmitindo luz e pensamentos à noosfera. Vocês estão trabalhando para aumentar o número de cidades de luz planetárias. Vocês estão realizando muitas outras coisas que são extremamente úteis. Estão ajudando a atualizar e trabalhar intensivamente com o espírito da Terra. A Terra possui um espírito planetário, e são necessárias atualizações. Por esse motivo é tão importante continuar a aumentar rapidamente as cidades de luz planetárias, porque elas ajudam no processo de atualização para conduzir luz sagrada e um novo equilíbrio para a Terra. Cada um de vocês está aberto a esse novo equilíbrio.

Usem Ferramentas Espirituais para Manter Seu Campo Energético

É importante atualizar seu sistema imunológico, e muitas dessas atualizações podem ser feitas ao trazer energia da quinta dimensão. Uma das melhores ferramentas que ensinamos é acessar sua presença multidimensional por meio da projeção do pensamento. Muitas das atualizações de que vocês precisam estão no corpo da quinta dimensão, portanto, quando realizarem bilocação ou tremulação e irem ao lago de cristal, encontrarão seu corpo da quinta dimensão e vão interagir com ele. Ao permanecerem em seu corpo da quinta dimensão, vocês podem receber essas atualizações e, então, conduzi

-las etericamente com as atualizações para sua aura e seu corpo. Essa é uma das ferramentas mais efetivas na atualização.

Um método semelhante é a bilocação, que é uma variação sutil da projeção do pensamento. A bilocação é descrita como estar em dois lugares diferentes no mundo físico. Em essência, usando a bilocação, vocês se transmitem por meio da projeção do pensamento para outro lugar. A tremulação é outra tecnologia que os ajuda a curar a aura. Na tremulação, vocês aceleram a pulsação da sua aura, de modo que ela entra em um alinhamento superior com a quinta dimensão.

Fiquem em uma posição confortável, respirem profundamente três vezes e sintam uma luz dourada descer suavemente ao seu redor. Ela é uma esfera de luz protetora que tem uma abertura para um corredor da quinta dimensão acima de vocês. Permitam que seu corpo espiritual, a sua aura, suba. Seu duplo etérico entra nesse corredor e viaja comigo na velocidade do pensamento para o templo arcturiano. [Canta: Ta ta ta ta ta ta ta ta ta ta ta ta.] Na velocidade do pensamento, vocês chegam imediatamente ao lago de cristal. Olhem para baixo, a fim de encontrar seu corpo da quinta dimensão nesse local em uma posição confortável. Alguns de vocês poderão ver seu corpo em uma posição de ioga; outros poderão ver seu corpo da quinta dimensão sentado em uma cadeira ou até mesmo de pé. Encontrem seu corpo da quinta dimensão.

Helio-ah e eu trabalhamos com seu corpo da quinta dimensão antes de vocês chegarem. Para usar um termo da computação moderna, atualizamos seu campo energético com o último "firmware". Essas atualizações resultarão em seu mais alto funcionamento na terceira dimensão agora.

Entrem em seu corpo da quinta dimensão agora. Novamente, a técnica mais elevada para aprimorar seu sistema imunológico, para atualizar os quatro corpos, incluindo seu corpo emocional, é encontrada no seu corpo da quinta dimensão. Entrem no seu corpo da quinta dimensão e recebam essas novas atualizações para seu sistema. Ficaremos em silêncio agora, enquanto vocês recebem essas novas atualizações. [Pausa.]

Essas atualizações incluem informações sobre como manter sua aura mais forte e como proteger seu sistema imunológico. Sei que alguns de vocês estão preocupados com determinados insetos e mosquitos que carregam doenças. Por exemplo, essa é uma preocupação atualmente no Brasil.

Essas atualizações são essenciais para seu sistema imunológico. Elas vão aprimorar seu corpo emocional e seu corpo mental. Vocês devem ter os pensamentos e ideias mais avançados sobre essa interação dimensional e como ela influencia tantas pessoas. [Canta diversas vezes: Ohhhhhh.] As atualizações foram concluídas.

Agora, libertem-se. Fluam para além do seu corpo da quinta dimensão, subam no topo do lago de cristal e segurem a minha mão enquanto viajamos na velocidade do pensamento de volta para o seu corpo físico na Terra. [Canta: ta ta ta ta ta ta ta ta ta ta ta ta.] Agora, vocês estão em um alinhamento direto com seu corpo físico e seu corpo etérico, com todas essas novas informações. Essas novas atualizações os ajudarão a operar com o ambiente em mudança, os campos energéticos em mudança, nos acontecimentos dramáticos que estão se desenrolando neste planeta. Vocês conseguirão manter seu campo energético unificado. Entrem em um alinhamento perfeito a cerca de 90 centímetros acima do seu corpo físico e, após a contagem até três, retornem. Um, dois, três! Seu corpo espiritual retornou ao seu corpo físico com todas as atualizações.

Levará aproximadamente 48 horas para transferir todas essas informações e atualizações. Mesmo estando na quinta dimensão por apenas alguns minutos, a quantidade de informações, energia e atualizações que vocês receberam foi muito grande, por causa da sua receptividade em adquirir informações e programas superiores. Vocês sentirão leves ondas de energia e luz durante as próximas 48 horas.

* * *

Abençoo cada um de vocês. Saibam que esta tecnologia é útil, especialmente neste momento. Vocês perceberão um aumento de muitas das suas habilidades agora, especificamente suas habilidades de cura planetária. Eu sou Juliano. Bom dia!

Capítulo 20

Consciência da Quinta Dimensão

Juliano e os arcturianos

Saudações. Eu sou Juliano. Nós somos os arcturianos. Acreditamos que o próximo passo na evolução da humanidade é obter a consciência da quinta dimensão. Podemos analisar a evolução da espécie humana e perceber que, durante muitas crises diferentes, foram feitas adaptações e mudanças na estrutura genética e na manifestação do corpo físico na Terra. Essas mudanças foram necessárias para a sobrevivência da humanidade na Terra. Agora, a humanidade está novamente em um ponto de crise de grande magnitude. A mudança necessária para a humanidade sobreviver e evoluir para um lugar melhor requer uma alteração e expansão da consciência específica e direcionada. A humanidade atualmente manifesta uma consciência reduzida.

É muito difícil descrever a consciência. Ela é algo que todos podem reconhecer quando estão cientes dela. Uma definição simples e modificada da consciência é a percepção e a autopercepção. A evolução ou expansão da consciência da quinta dimensão significa que o ser humano pode se tornar ciente da existência e da energia da quinta dimensão e dos pensamentos e vibrações contidos nela. Na verdade, as comunicações são transmitidas constantemente da quinta dimensão para a terceira dimensão. A consciência da quinta dimensão é um estado elevado que faz parte da sua estrutura genética inata e influencia todos os quatro corpos, nos quais ela existe: os corpos emocional, mental, físico e espiritual. A fim de ascender, é preciso possuir a consciência da quinta dimensão.

O Corpo Emocional

Conforme mencionamos, para entrar na quinta dimensão, vocês precisam aprimorar seu corpo emocional e fazê-lo avançar para um plano superior. Por exemplo, a inveja, o ódio e a violência não pertencem à quinta dimensão. As pessoas que vivenciam as vibrações inferiores, ou os sentimentos emocionais inferiores, não serão capazes de adentrá-la. Vocês não podem levar essas emoções para a quinta dimensão. Precisam estar em uma vibração superior, na qual sintam amor, união e aceitação. Aqueles que agem a partir do ódio e cometem atos terroristas não são permitidos.

Sei que muitos de vocês estão fazendo um trabalho muito sério para purificar e curar seu corpo emocional. Esse trabalho de purificação e cura é uma das missões pessoais na vida de todos os seres que vêm para este planeta. Essa é uma missão nobre e altamente reconhecida. Estou convencido de que seu trabalho será suficiente para permitir que vocês entrem na quinta dimensão. Entrar na quinta dimensão não requer perfeição. Se vocês não conseguirem purificar 100% seu corpo emocional, não se preocupem, porque vocês estão empenhados e trabalhando para alcançar esse nível de purificação, e sua intenção é importante. O fato de que vocês estão trabalhando nessas questões carrega um grande peso para os seres superiores que supervisionam a quinta dimensão e tomam decisões sobre quem pode adentrá-la.

Como seu corpo emocional reage ao drama cósmico que está ocorrendo atualmente na Terra? Esse drama cósmico contém muitos aspectos trágicos, e, mesmo que eu os resuma brevemente, tenho certeza de que isso evocará reações emocionais, como tristeza e confusão. Este planeta contém oceanos que estão morrendo, ar poluído e contaminação em todos os aspectos da biosfera. Este planeta está atualmente na fase intermediária de sua sexta extinção em massa. Extinções em massa também ocorreram em outros sistemas planetários por toda a galáxia. Chamo isso de um drama cósmico porque os temas que estão se desenvolvendo são comuns em toda esta parte da galáxia. Na verdade, alguns desses temas estão se manifestando propositalmente neste momento na esperança de purificação e resolução. Tenho certeza de que todo mundo tem uma reação emocional ao que está ocorrendo atualmente neste planeta.

Quando falo sobre a ascensão, geralmente digo que as sementes estelares devem desenvolver uma resposta de desapego ao que está ocorrendo. Ao mesmo tempo, existe um paradoxo, porque se desapegar não significa que vocês estão indiferentes ou que pararam de tentar ajudar a Terra e sua sociedade. Esse é um dos conceitos mais difíceis de explicar em relação à evolução emocional da quinta dimensão. Como uma pessoa pode estar desapegada e ainda assim se manter profundamente envolvida? Este não é um momento de vocês morarem em uma caverna e tentarem ignorar o que está acontecendo.

Equanimidade como uma Forma de Desapego Superior

Um dos estados superiores do ser para o corpo emocional é chamado de "equanimidade". Esse estado de consciência elevado é até mesmo classificado como uma emoção da quinta dimensão. Na realidade, vocês podem sentir inveja, raiva, medo, amor e outras emoções fortes. Essa é uma ocorrência natural na terceira dimensão. A equanimidade é definida como ser equilibrado ou não afetado pelo que está ocorrendo. Ela implica que, até mesmo se alguém os estiver insultando, sua atitude, sua autoestima e o seu sentimento de bem-estar não são afetados. Vocês são capazes de manter esse estado, que chamo de equilíbrio emocional. As poucas pessoas que alcançaram a equanimidade ainda são capazes de realizar um serviço valioso a este planeta, a si mesmas e aos outros. Esse estado de equanimidade é um tipo de desapego de nível superior. Na consciência da quinta dimensão, existe um grande valor e importância para a equanimidade.

O desapego significa que vocês não permanecem vinculados ou presos à consequência na Terra e podem deixar tudo passar.

Algumas sementes estelares reclamaram sobre essa descrição. Elas responderam que querem retornar à Terra após a ascensão. Muitas disseram que já tomaram a decisão de retornar à Terra. Para mim, esse é um sinal de que elas ainda estão conectadas e não estão totalmente desapegadas da consequência do drama da Terra. Eu entendo isso e gostaria de destacar que sua identidade, sua autoestima na maior parte, está presa ao seu eu da Terra. Estamos tentando trabalhar com vocês para ampliar sua identidade, a fim de incluir seu eu da quinta dimensão, mas, sinceramente, seu eu da terceira dimensão possui mais poder e atrai sua atenção com mais frequência.

Vamos analisar novamente o conceito de equanimidade como uma forma de desapego superior. Certamente, vocês que estão trabalhando para a ascensão possuem um comprometimento com a Terra e podem escolher continuar seu trabalho nela após ascenderem para a quinta dimensão. Louvo esse comprometimento. Vocês estão trabalhando para alcançar essa equanimidade como parte da sua preparação para a ascensão. É um desapego mais evoluído, que permitirá que vocês deixem a Terra com um nível de energia espiritual superior. A ideia de um apego é muitas vezes definida como prender-se à Terra, prender-se à terceira dimensão. Vocês têm família, filhos, animais de estimação e podem ter interesses financeiros extremamente atrativos a vocês. Estar desapegado significa deixar essas coisas partirem.

Por exemplo, vocês podem estar comprometidos com sua família na Terra, e a ideia de deixar seus entes queridos para trás durante a ascensão é extremamente difícil. Muitas vezes, os membros da família não compartilham da sua evolução da quinta dimensão e do seu desejo de trabalhar em sua consciência da quinta dimensão. É por esse motivo que estou expandindo esta discussão para alcançar a equanimidade. A equanimidade influencia tanto a forma como vocês observam o planeta e o drama planetário quanto a maneira como vocês observam sua vida pessoal, sua família na Terra, e como as pessoas os tratam. Trabalhar na consciência da quinta dimensão frequentemente causa raiva, crítica e comentários negativos. A maior parte da população normalmente ainda sente que falar sobre ascensão, evolução espiritual e consciência da quinta dimensão é proibido. Muitas pessoas na sociedade pensam que apenas pessoas loucas realizam práticas espirituais da quinta dimensão. Para dificultar, existem pessoas que querem explorar e controlar as sementes estelares que estão se esforçando muito para evoluir.

Consciência Egocêntrica e Proteger as Vulnerabilidades

Isso me leva ao próximo aspecto da evolução emocional em direção à quinta dimensão: o ego. É um assunto de muito debate na história da Psicologia, da Filosofia e da Religião. Ele é um estado de consciência. O ego está mais basicamente focado nos instintos animais que existem na humanidade – autossatisfação, autocontrole, ganância e dominação, os quais, atualmente, estão chamando muito a atenção de todos na Terra. É proveitoso que eles estejam surgindo em uma percepção global, porque isso torna mais difícil para as pessoas esconderem essa parte de si mesmas, especialmente no mundo político. Essas pessoas que são egocêntricas e querem dominar estão sendo reveladas a todos.

O ego está mais conectado aos aspectos do eu animal, que eram necessários para a sobrevivência no passado. No entanto, o que era necessário para a sobrevivência no passado em uma floresta algumas vezes pode ser um obstáculo ao que é necessário para a sobrevivência atualmente no mundo moderno. O ego é individualista, tendo como foco obter ganhos para si mesmo, e não necessariamente para a humanidade.

A consciência egocêntrica muitas vezes é o oposto da consciência da unidade. A consciência da unidade é um aspecto superior da quinta dimensão que pertence a um estado emocional mais evoluído. A consciência da unidade é difícil de ser alcançada quando vocês vivem em um planeta dominado por egocentrismo, ganância e controle. Existem determinadas vulnerabilidades a todos que estão no caminho de evolução para a quinta dimensão. Vocês devem estar cientes das suas vulnerabilidades e possuir determinados níveis de proteção.

Agora, permitam-me comparar isso novamente com a evolução. Se vocês analisarem os passos e ganhos evolutivos alcançados pela humanidade, perceberão que eles nem sempre foram imediatamente bem-sucedidos. Eu gostaria de destacar que os Cro-Magnon podem ter sido fisicamente mais fracos que os neandertais, apesar de que os Cro-Magnon tinham um funcionamento intelectual superior. Isso não quer dizer que os neandertais fossem tolos. Essa espécie também era relativamente inteligente. Os Cro-Magnon eram capazes de superar vulnerabilidades e usar seus poderes intelectuais superiores para proteção, e, por fim, essa espécie foi capaz de dominar, controlar e até mesmo contribuir para a extinção dos neandertais. Existem muitas pessoas que atualmente acreditam que a estrutura genética dos neandertais ainda existe na humanidade, pois houve fecundação cruzada entre as duas espécies. Como os Cro-Magnon conseguiram proteger suas vulnerabilidades? Por meio de sua inteligência, eles aprenderam a usar o fogo, produzir ferramentas e criar limites. Os Cro-Magnon estavam em um ciclo evolutivo superior, tanto emocional quanto intelectualmente, em comparação aos neandertais.

Atualmente, vocês, sementes estelares que pertencem à quinta dimensão e estão trabalhando a consciência dela, também possuem vulnerabilidades e sensibilidades. Existem pessoas que riem de vocês. Existem pessoas que não prestam atenção a vocês e existem até mesmo pessoas que querem dominá-los e controlá-los, pois vocês são uma pequena minoria neste planeta. Isso, então, leva à discussão sobre vulnerabilidade, proteção e limites. Como eu disse, os Cro-Magnon precisaram criar limites, e essa foi uma das chaves para o sucesso deles, porque foi feito de uma forma muito efetiva. Tenho sugestões de como aplicar isso às vulnerabilidades das sementes estelares modernas.

A Empatia é uma Vulnerabilidade com Vantagens

Primeiramente, vamos falar sobre o motivo de vocês poderem ter vulnerabilidades. O primeiro ponto é que vocês são muito sensíveis. Algumas pessoas chamaram muitas das sementes estelares de "empatas", ou seja, pessoas que percebem os sentimentos de outras pessoas e recebem ondas de pensamento e energias. Elas são diretamente influenciadas pelo que as outras pessoas pensam ou sentem. Existem algumas vantagens em relação a isso. Essa habilidade é geralmente um primeiro passo em direção a dons psíquicos, como a telepatia.

Um dos problemas de vocês serem tão sensíveis é que captam informações e energia que não querem ou com as quais não conseguem lidar. Em Arcturus e em outros planetas da quinta dimensão, tudo é telepático; não há como esconder os pensamentos ou sentimentos. Na evolução das emoções da quinta dimensão, não há necessidade ou desejo de esconder pensamentos. Ficar totalmente aberto dessa forma não funcionaria na terceira dimensão, como vocês sabem. Algumas das sementes estelares até mesmo reclamam, dizendo: "Eu queria não ser tão sensível. Queria não captar esses sentimentos. Estou captando muita energia. Não quero saber o que todo mundo está sentindo".

Além disso, em um nível planetário, essas pessoas são tão sensíveis que captam energia negativa de uma variedade de fontes. Parte da energia negativa pode ser de fontes galácticas. Parte dela pode ser de fontes extraterrestres que estão invadindo o planeta, e algumas podem até mesmo ser de fontes da quarta dimensão.

O véu entre a quarta e a terceira dimensões tem enfraquecido no planeta Terra. Existem muitos motivos para esse enfraquecimento. Alguns deles estão relacionados a experimentos militares que levaram à destruição de partes do véu ou a buracos na aura da Terra. Parte disso também resultou em buracos na aura das pessoas. Espíritos negativos passam por esses buracos. É uma observação complicada, mas facilmente documentada. Por exemplo, muitos atos de violência totalmente ilógica estão ocorrendo no planeta. Esses atos demonstram os resultados negativos de quando um espírito inferior entra em uma pessoa vulnerável e coabita negativamente com ela.

Formação Cultural e Sensibilidade

O segundo ponto sobre a vulnerabilidade está relacionado à sua formação cultural. Vocês são sementes estelares, e muitos de vocês estão despertando para sua percepção, seu trabalho e sua consciência da quinta dimensão posteriormente na vida. Quando vocês eram jovens, foram expostos a traumas comuns da Terra e a limitações psicológicas por terem sido criados em uma família na Terra, e, na maior parte, sua sensibilidade espiritual não foi estimulada. Isso geralmente significa que vocês cresceram escondendo sua verdadeira natureza. Têm acontecido catástrofes e dramas globais constantes desde a sua infância. Esses acontecimentos e guerras se proliferam, causando inúmeros traumas. É difícil lidar com a sensibilidade, a percepção espiritual e a energia da quinta dimensão quando se está traumatizado.

A sensibilidade espiritual pode ser desenvolvida durante experiências traumáticas, mas isso requer auxílio, persistência e geralmente aconselhamento de seres superiores, a fim de ajudá-los ao longo desses acontecimentos. Trauma na juventude muitas vezes significa que vocês acabam se limitando e se retraindo, e isso inclui retrair sua consciência. Geralmente, se vocês e suas válvulas de consciência estão totalmente abertos, vocês conseguem enxergar a realidade como uma vibração energética. Pode até mesmo ser prazeroso observar o mundo dessa forma. Alguns de vocês passaram por essa experiência com drogas psicodélicas – por exemplo, ver ondas energéticas, auras e até mesmo padrões de pensamento. No entanto, não é preciso dizer que vocês provavelmente ficaram sobrecarregados, e seria difícil se manterem nesse nível no cotidiano. Para uma pessoa se manter nesse nível e ser capaz de ver todas essas energias e vibrações (incluindo ser capaz de ler pensamentos e manter continuamente níveis de sentimento empático), ela precisaria de treinamento especial e de técnicas de limites para proteção.

Agora, como adultos, vocês podem continuar a desenvolver sua sensibilidade. Vocês precisam disso, porque é sua sensibilidade que está permitindo que vocês entrem na quinta dimensão e sintam e recebam as impressões e frequências de luz dela. No entanto, estejam cientes de alguns dos perigos e das necessidades de limites, proteção e blindagem.

Vocês São Receptáculos de Luz

Vamos comparar a necessidade de limites com a criação do universo. No pensamento místico antigo, é dito que a luz energética espiritual superior foi trazida a este universo, mas os receptáculos que deveriam guardar essa luz se destruíram. Essa é uma metáfora interessante para vocês, porque quero que pensem em si mesmos como receptáculos de luz. Vocês estão em um estado de evolução. Estão na liderança da evolução da humanidade. Vocês podem não conseguir manter toda essa energia e precisar moderá-la para se protegerem. Vocês podem precisar fechar as válvulas perceptivas às vezes, para não sentir tanto. Alguns dos seres inferiores entrando na Terra podem até mesmo tentar dominá-los e controlá-los. Digo isso sinceramente, porque uma das grandes lições na Terra é como viver em irmandade espiritual com todos.

A Terra tem um histórico de controle e dominação quando o assunto é trabalho religioso e espiritual. Se vocês forem estudantes de história, sabem a respeito de todas as guerras religiosas que foram combatidas neste planeta. Até mesmo hoje em dia, vocês observam confrontos de culturas e religiões que levaram a consequências terríveis e trágicas. É difícil manter a equanimidade diante dessas interações chocantes, destrutivas e trágicas. Guerras polarizadoras são exatamente o oposto da consciência da unidade necessária para avançar para a quinta dimensão. No entanto, vocês podem se proteger. Essa é uma coisa boa sobre a consciência da quinta dimensão, porque ela inclui proteção para os corpos emocional, mental, físico e espiritual.

Descubram uma Consciência do Novo Mundo

Quero analisar os outros três corpos e como eles se relacionam com sua evolução como seres da quinta dimensão. Alcançar a quinta dimensão é comparável à descoberta do Novo Mundo em 1492. É incrível que as pessoas na Espanha naquela época não sabiam sobre as Américas antes de Colombo ter desembarcado, e elas descobriram um Novo Mundo com uma nova energia e novas ideias. É interessante que elas imediatamente tentaram controlá-lo, provocando uma reação em cadeia para a dominação das Américas. A grande maioria dos povos nativos foi morta, e havia ganância e retração espiritual. Vejo a quinta dimensão como um Novo Mundo. Este é um momento no qual existem grandes conexões pelos corredores para a quinta dimensão. A interação da quinta dimensão com a terceira dimensão pode ser usada para resolver os problemas da Terra.

Existem pessoas que podem querer tirar vantagem da quinta dimensão, explorando-a para ganho pessoal e propósitos do ego. É exatamente por esse motivo que existe uma determinada frequência vibracional necessária; tanto que apenas aqueles nesse nível podem entrar na quinta dimensão. Neste momento na Terra, é necessário trazer mais energia da quinta dimensão, porque os sistemas de crenças e o pensamento da terceira dimensão se baseiam em lógica e padrões de energia finitos. Muitas pessoas estão usando a terceira dimensão para ganância e dominação. O pensamento e os sistemas de crenças da quinta dimensão podem mudar essas atitudes, e alguns desses sistemas de crenças de energia superior podem ser incutidos na consciência da terceira dimensão. Podem ser incutidos pela noosfera e pelo subconsciente planetário.

Alguns desses princípios superiores efetivamente precisam ser ensinados, incluindo a consciência da unidade, a cura quântica e a luz quântica, bem como a ideia de que a Terra é um ser vivo e um planeta que possui métodos de autorregulação. Outra observação da quinta dimensão é que é possível se comunicar com a Terra por meio de intervenções espirituais, como a biorrelatividade.

A Manifestação Segue a Consciência

Existem muitos paradoxos agindo atualmente na Terra. Um desses paradoxos é que as pessoas que buscam controlar o planeta possuem mais poder que as sementes estelares e os seres da quinta dimensão. Isso me leva a um princípio importante. A manifestação segue a consciência. Repito: a manifestação segue a consciência. Quando vocês estiverem na quinta dimensão e quiserem manifestar um templo, um cristal ou até mesmo uma nave espacial, trabalharão nisso primeiramente por meio da consciência. Como vocês terão mais poderes na quinta dimensão do que na terceira dimensão, poderão manifestar diretamente o que pensam. Isso deve vir primeiro à sua consciência, e, então, vocês serão capazes de manifestá-lo.

Todos vocês provavelmente estão tentando manifestar energia superior na terceira dimensão. Vocês desejam manifestar suas energias da quinta dimensão na terceira dimensão, mas estão descobrindo que existem bloqueios e limitações de tempo para a manifestação. Seus pensamentos, apesar de serem de uma alta vibração, não parecem se manifestar imediatamente, e, em alguns casos, eles podem levar anos para se manifestar completamente. Tenho escutado essas reclamações. Por que seus atos e pensamentos não estão se manifestando imediatamente? A resposta é complexa e paradoxal: a Terra está desacelerada. Isso significa que a Terra está em um ambiente mais lento e denso para o pensamento e a manifestação. A Terra é uma escola e, quando vocês estão na escola, existem classes e determinadas restrições aplicadas para permitir que vocês cometam erros. A escola deve ser estruturada com espaço para erros. É preciso permitir que os alunos cometam erros, mas fazer isso com bondade e compaixão.

A compaixão é outro aspecto importante das emoções superiores da quinta dimensão. Nós também aceitamos rigor, julgamentos e restrição quando esses traços são expressos com compaixão. Neste momento no planeta, quando a compaixão sozinha nem sempre funciona para muitas pessoas, elas continuarão a explorar e dominar a Terra. Existe uma necessidade de demonstrar justiça e força com compaixão. Como a Terra é uma escola que diminui a manifestação, vocês precisam de mais paciência. Vocês têm de ser mais consistentes e aprender alguns dos truques para a manifestação.

Um dos truques é trabalhar junto, em grandes grupos, o que muitas vezes pode neutralizar a resistência para mudar e as manifestações na terceira dimensão. Por favor, não fiquem desencorajados com esse processo. Vocês estão vivendo em um ambiente energético mais lento, isto é, a terceira dimensão. Existe um determinado nível de purificação que vocês devem alcançar em seu pensamento e no seu trabalho como "manifestadores" na Terra. Precisam aprender como pensar e como se manifestar adequadamente. Isso é uma preparação para seu trabalho da quinta dimensão. Se vocês decidirem continuar a trabalhar na Terra após ascenderem, poderão retornar como mestres ascensionados e oferecer grandes ensinamentos e demonstrações.

Existe também manifestação de energia da quinta dimensão no corpo físico. Parte dela pode ser alcançada por meio de dieta, medicina vibracional como o Reiki ou técnicas de cura do corpo que estão surgindo.

Existem novos padrões energéticos vindo para a Terra que têm incríveis habilidades de cura. Daqui a cem anos, as pessoas vão olhar para trás e ficar chocadas com quão primitivas e perigosas são muitas das suas técnicas médicas. No entanto, existe uma forma de conduzir seu corpo para uma cura vibracional e seu corpo mental para sistemas de crenças superiores que estão em alinhamento com a quinta dimensão. O melhor conselho é que vocês precisam aprender a se conectar e expandir sua identidade para incluir seu eu superior e seu corpo da quinta dimensão. Vocês foram treinados na sua criação para pensar em si mesmos apenas como seres da terceira dimensão. Este é o momento de expandirem sua consciência.

Eu os louvo em seu grande trabalho [canta: Oooo]. Agora, busquem a equanimidade. Criem a proteção necessária ao redor do seu campo energético vibracional que apenas permita entrarem luz superior, vibrações superiores e as energias que as energias inferiores não possam penetrar. Permitam que seus corpos emocional, mental e físico evoluam para os níveis da quinta dimensão. Permitam que seu corpo espiritual superior venha para seu corpo da Terra. Vocês, como receptáculos, podem manter uma energia superior na Terra. Visualizem agora seu corpo da quinta dimensão. Conectem-se com esse corpo e permitam que ele traga a vocês a força para proteger todas as suas vulnerabilidades e todas as suas sensibilidades. Sejam capazes de viver com equanimidade, força e unidade espiritual, e, por favor, saibam que vocês estão na liderança desse próximo passo na evolução humana – a consciência da quinta dimensão. Eu sou Juliano. Bom dia!

Capítulo 21

Ferramentas para a Mudança Dimensional

Juliano e os arcturianos

Saudações. Eu sou Juliano. Nós somos os arcturianos. Hoje, vou apresentar um novo tópico chamado mudança dimensional. Esse termo tem algumas implicações importantes para sua ascensão e para manter sua perspectiva superior na Terra durante este momento de mudança dramática e crises. A mudança dimensional está diretamente relacionada à sua habilidade de entrar em dimensões diferentes com sua consciência. Cada um de vocês entra em outra dimensão toda noite quando está no estado de sono. No estado de sono, vocês passam por diversos estados de consciência diferentes. Por fim, vocês entram no estado de sonho, caracterizado pelo movimento rápido dos olhos (*rapid eye movement* – REM). Nesse ponto, vocês entram oficialmente na quarta dimensão, que possui sistemas diferentes, classificados como níveis inferior, mediano e superior. Durante o estado de sono, vocês entram em outra dimensão, ou mudam para outra dimensão. Dimensionalmente, mudar é uma habilidade natural nos humanos. Isso faz parte do curso normal do funcionamento da consciência humana.

A mudança dimensional é um conceito-chave em sua ascensão. Vocês precisam ser capazes de mudar sua consciência para a quinta dimensão no ponto da ascensão. Vocês devem começar o processo de mudar sua consciência agora. Todas as noites, vocês praticam como mudar sua consciência no estado de sonho. Pensem em quantos dias existem em um ano e há quantos anos vocês estão vivos e multipliquem esses números para determinar o número de vezes que vocês experimentaram ou praticaram entrar nesse estado de sonho da consciência.

Percebo que nem todo mundo entra no estado de sonho com facilidade, mas basicamente todos vocês já passaram por essa experiência. Agora, com quanta frequência vocês mudaram para a consciência da quinta dimensão? Por que uso a palavra "mudar"? Existe uma nova tecnologia espiritual que oferecemos com base nos ensinamentos dos arcturianos e na ascensão. Essa nova tecnologia espiritual inclui exercícios básicos para a mudança dimensional, como tremulação, bilocação e projeção do pensamento. Esses exercícios se fundamentam no conceito da aura vibracional energética.

A Intersecção das Dimensões

A mudança dimensional envolve uma alteração básica em sua percepção. Na bilocação ou na projeção do pensamento, nós os ajudamos a mover seu corpo astral para a quinta dimensão. Nesse exercício chamado de mudança espiritual, vocês permanecem nesta realidade e percebem a interação da quinta dimensão na terceira dimensão. O motivo pelo qual isso é possível se relaciona à intersecção das dimensões. Vemos cada dimensão como uma esfera completa e separada. Talvez pudéssemos até mesmo usar a analogia de uma bola. A terceira e a quinta dimensões são esferas separadas que estão começando a interagir.

Comparem isso aos campos gravitacionais na Astronomia. Todos os planetas são influenciados pelos corpos maiores, como as estrelas, por causa da gravitação. Apesar de os planetas poderem estar separados por grandes distâncias, seus campos gravitacionais ainda se influenciam. Isso também é verdadeiro na descrição das dimensões. Estamos abordando um ponto que chamo de intersecção das dimensões, quando a atração entre as duas esferas aumenta por causa de duas dimensões que estão se aproximando. A intersecção dessas dimensões causará um fluxo intenso de energia espiritual e consciência espiritual, bem como a ascensão.

A energia da quinta dimensão é diferente. Ela opera em princípios diferentes. Vocês podem desafiar as leis da física na terceira dimensão em quatro tipos de forças: eletromagnética, nuclear forte, nuclear fraca e gravitacional. No entanto, essas forças não são aplicáveis à energia da quinta dimensão. Além disso, todo o conceito de espaço-tempo na quinta dimensão é extremamente diferente do espaço-tempo na terceira dimensão. O que vocês podem estar vivenciando atualmente é a proximidade dessas dimensões, o que está ajudando a expandir suas habilidades.

A quinta e a terceira dimensões ainda não se intersectaram. Contudo, seres de luz (mestres ascensionados) foram para a quinta dimensão e retornaram para a terceira dimensão. Muitos de vocês estão estudando para se tornar mestres ascensionados. Estão tendo como foco seus mestres na quinta dimensão, e muitos de vocês estão fazendo isso com muito êxito. Eu estou muito orgulhoso. Vocês estão seguindo sua intuição. Às vezes, vocês fazem isso sozinhos, porque pessoas mais conservadoras e ortodoxas neste planeta não estão abertas aos mestres ascensionados e aos ensinamentos deles. Como a quinta dimensão e a terceira dimensão estão mais próximas, existem mais oportunidades atualmente de receber a energia e a luz da quinta dimensão e interagir com elas.

Tremulem para Aumentar Seu Poder Espiritual

Existem muitas vantagens na mudança dimensional, por exemplo, a forma como a mudança influencia seus corpos físico, mental, espiritual e emocional. Para ajudá-los a entender esse conceito, falarei sobre mecânica. Vamos usar a transmissão de um automóvel como uma analogia para a mudança dimensional.

Um automóvel básico possui uma transmissão e um motor, e temos o conceito de rotações por minuto (RPM). No passado, automóveis antigos tinham três marchas, portanto a transmissão mudava da primeira para a segunda e para a terceira. As transmissões em carros mais novos possuem cinco velocidades: primeira, segunda, terceira, quarta e quinta! Espero que vocês já consigam perceber a analogia. Na mudança dimensional, estamos falando sobre a habilidade de mudar para um funcionamento e um movimento superiores. Ainda vejo o motor a gasolina como um motor antigo; no entanto, estamos falando sobre uma tecnologia em aprimoramento, porque atualmente o motor a gasolina moderno funciona com cinco velocidades. Ele pode funcionar em uma *performance* maior. Além disso, o motor não sofrerá desgaste facilmente, pois possui marchas adicionais.

Porém, se vocês sobem um morro ou encontram resistência, precisam mudar para uma marcha inferior, e, nessa marcha inferior, o motor e a transmissão trabalham mais e as RPMs aumentam. Essa analogia também é verdadeira na terceira dimensão. Quando vocês estão diante de bloqueios e muita resistência, precisam se esforçar mais para superá-los. Quando vocês estão diante de muita energia inferior, podem ter uma sensação semelhante à de subir um morro e seu motor trabalhar mais.

Agora, para esta discussão, vamos mudar de RPM para FPS (frequência por segundo). Como receptáculos nesse campo energético chamado de terceira dimensão, vocês devem trabalhar a uma determinada vibração de frequência por segundo. A terceira dimensão está em uma vibração de frequência inferior em relação à quinta dimensão. Se vocês quiserem compreender e experimentar a frequência superior, precisam ser capazes de mudar as marchas. Vocês precisam praticar mudar sua consciência e sua perspectiva para fazer o que chamo de mudança dimensional. Se vocês têm apenas três velocidades em sua transmissão, são capazes de funcionar em um determinado nível e podem ter alguns problemas em manter o seu motor. Um carro moderno, como um Honda Accord, com sua transmissão de seis velocidades, é capaz de subir morros talvez na quarta marcha e algumas vezes até mesmo na quinta marcha. Isso ocorre por causa da complexidade da transmissão e do motor. Espero que vocês possam perceber esses paralelos e sua aplicação, porque quero ajudá-los a compreender como mudar suas marchas e percepções dimensionais.

A tremulação é um exercício espiritual que aumenta a FPS da sua aura. Imaginem que vocês estão subindo um morro e precisam de mais RPMs. O motor pode se ajustar e providenciar a força de que precisam. A tremulação pode lhes oferecer mais poder espiritual.

Quando vocês sobem um morro, está quente do lado de fora e vocês não trocaram o fluido do radiador depois de um tempo, podem descobrir que há um bloqueio em seu sistema de arrefecimento. Seu motor pode superaquecer. O superaquecimento pode acontecer apesar de vocês estarem na marcha certa e possuírem a habilidade de mudar. Comparem isso ao trabalho que vocês precisam fazer para manter seu sistema de arrefecimento desobstruído no seu receptáculo. Vocês precisam praticar os exercícios de velocidade vibracional de frequência por segundo e se purificar para garantir que não existem bloqueios, assim como precisam limpar o sistema do radiador e remover quaisquer impurezas ou obstruções. Usar um aditivo para remover as partículas e os bloqueios no sistema garante que o arrefecimento seja suficiente até mesmo quando existe uma resistência, com a qual vocês se deparam quando sobem um morro.

Vocês estão em um ponto neste planeta no qual existe muita resistência quando vocês "sobem um morro". Vocês podem ter de mudar para uma marcha inferior para conseguir subir o morro. Vocês precisam mudar para uma vibração de frequência por segundo inferior para continuar seu movimento espiritual pela terceira dimensão. No entanto, seus sistemas são complexos. Vocês têm estudado a energia da quinta dimensão e os arcturianos. Vocês tiveram diversas encarnações em sistemas planetários. Vocês são almas mais antigas e experientes e possuem transmissões muito complexas, de modo que possam ajustar sua frequência por segundo. Vocês podem expandir seu campo perceptivo com base nas circunstâncias. Lembrem-se de que sempre podem mudar para a quinta dimensão; vocês não perdem isso. Contudo, precisam praticar a mudança dimensional.

Um dos problemas que observei ao trabalhar com muitos de vocês é que ficam presos em uma marcha na terceira dimensão, como a terceira marcha. É fácil perder sua perspectiva superior. Vocês podem até mesmo perder sua confiança de mudar para uma marcha superior. Quando mudarem para uma marcha superior, podem começar a observar o significado de todos os acontecimentos a partir de uma perspectiva superior, como pelos corpos mental, físico, espiritual e emocional. A tremulação é um exercício que funciona com sua aura e seu campo energético. A tremulação usa vibração de frequência por segundo de uma forma direta. Esse exercício os ajuda a aumentar imediatamente sua frequência, elevando a velocidade vibracional da sua aura, de modo que possam se preparar para a projeção do pensamento e a bilocação para se manter na energia vibracional da quinta dimensão.

Como dissemos, entrar na quinta dimensão requer uma determinada vibração. As pessoas que cometem terrorismo não podem entrar na quinta dimensão, porque isso é exatamente a vibração oposta, uma vibração inferior. Elas também entram em um carma inferior, que requer muitas encarnações para conduzi-las a um ponto de se tornarem capazes de entrar na quinta dimensão.

Pessoas "normais" como vocês podem ter determinados aspectos que necessitam de melhoria. Cada um de vocês está passando por purificações atualmente na Terra. Vocês precisam desobstruir o sistema de arrefecimento no seu automóvel, e assim vocês precisam purificar seus sistemas emocional, de pensamento e de crenças, e até mesmo seu corpo físico. Enquanto vocês elevam suas purificações pessoais e sua frequência aumenta, os bloqueios remanescentes algumas vezes são resistentes e requerem uma intervenção ou ferramenta específica que vocês podem não ter considerado antes. Existem muitas modalidades de cura novas surgindo da quinta dimensão, incluindo uma das nossas favoritas, chamada de medicina vibracional.

O Exercício do Ovo Cósmico

Tornem-se cientes da sua aura e vejam uma linha azul ao redor dela. Essa será a linha que separa seu campo energético do universo. Vocês podem desenhar a linha em sua mente. Ela tem uma realidade poderosa, porque vocês delimitam seu sistema energético nessa linha. A delimitação do seu sistema energético está agora no formato de um ovo, e chamamos esse formato de ovo cósmico. Esse é um formato arquetípico de luz e energia espirituais. Quando vocês transformam seu campo energético nesse formato arquetípico, isso permite que realizem os exercícios espirituais de maneira mais fácil e eficaz. Vocês podem criar campos de proteção e aprimorar diretamente o funcionamento dos seus corpos mental, espiritual e emocional.

Conforme vocês observam seu campo energético com a linha ao redor, tornem-se cientes de a quantos centímetros de distância essa linha está de seu corpo físico. Não tentem mudar essa distância. Pode ser cerca de 17, 20 ou 30 centímetros. A coisa mais importante é que essa é uma distância com a qual vocês se sentem confortáveis, sabendo que podem ter uma influência e um controle diretos das energias. Conforme dissemos anteriormente, eu preferiria que vocês se entendessem a 20 centímetros e se sentissem mais confiantes e tivessem uma efetividade maior do que se estendessem a 35 centímetros. Estendam-se a 20 centímetros e, então, fiquem no formato de um ovo cósmico. Conforme vocês fizerem isso, sentirão (eu espero) uma percepção maior de organização em seus quatro corpos.

É fácil ficar confuso. Existem muitas influências diferentes que afetam seu campo energético, incluindo os efeitos da radiação e de outras energias eletromagnéticas. O efeito dessas energias pode ser descrito como uma desorganização no seu campo energético. (A desorganização também pode ser causada por consumo de substâncias, principalmente substâncias ilícitas. Nem todo o consumo de substâncias é ruim, mas o abuso grave de substâncias pode criar sentimentos de desorganização no campo energético.) Quando vocês colocam sua aura no formato de um ovo cósmico, podem ter uma sensação de organização e controle.

Um dos maiores problemas neste planeta atualmente é a invasão de energias de vibração inferior nas auras das pessoas. É o caso que chamo de coabitação de espíritos negativos, ou que vocês chamam de fantasmas. O ovo cósmico proporciona um campo de proteção, a fim de que energias inferiores não consigam penetrar seu campo energético e obter controle sobre ele.

Conforme vocês visualizam esse ovo cósmico e a linha azul, observem-no repleto de luz espiritual azul arturiana. Observem-no como um balão em seu chacra coronário. Vocês estão recebendo uma transmissão especial por esse incrível tubo de luz espiritual azul arcturiana, e isso está enchendo seu ovo cósmico como um balão. Vocês perceberão que a parte interna da aura está ficando mais forte e mais vibrante e possui a habilidade de pulsar. Ficarei em silêncio por apenas um minuto enquanto vocês visualizam isso.

[Entoa: Oooommmm.] Os tons que estou usando agora são como desobstruir seu sistema de radiador espiritual de quaisquer bloqueios. O sistema de arrefecimento no seu motor espiritual pode operar em sua mais alta performance. *[Entoa: Oooommmm, oooommmm.] Algumas das variações nos sons são para bloqueios específicos, mais difíceis de remover do que um simples tom. Vocês vão escutar um exemplo de um tom com uma variação distinta que é capaz de remover bloqueios mais complexos e resistentes. [Entoa vários tons.]*

Agora, sua energia no ovo cósmico fica repleta dessa luz azul e tem uma alta vibração. Vocês estão prontos para tremular. Observem a pulsação da aura, a linha azul, indo a uma frequência relativamente uniforme. Vocês desejam que a pulsação esteja em uma frequência uniforme, de modo que, quando avançarmos em uma velocidade mais alta, ela mantenha o equilíbrio harmônico. Oferecerei a vocês um tom ou modelo a ser seguido para a pulsação da sua aura. [Entoa: Ta, ta, ta, ta, ta, ta, ta, ta, ta.]

Sei que todos querem fazer a aura vibrar mais rápido, mas é tão importante quanto isso ser capaz de ter a aura igualmente equilibrada na frequência. Quando observamos um alcance de rádio para analisar um sinal, por exemplo, podemos observar a forma da frequência. Um sinal harmonioso aparenta ser liso e redondo e não tem distorções.

[Entoa aumentando a velocidade: Ta, ta, ta, ta.] Vocês agora estão prontos para realizar a mudança dimensional. Mudem para a perspectiva da quinta dimensão agora! A sua aura, seu ovo cósmico, apoia sua mudança. É incrível ter a habilidade de permanecer na consciência da quinta dimensão e ter capacidades perceptivas da quinta dimensão enquanto se está na terceira dimensão. Agora, vamos permanecer em meditação e em silêncio por alguns minutos. [Pausa.]

Lentamente, retornem para a consciência verbal. Vocês ainda estão na consciência da quinta dimensão. Vocês mudaram para a consciência da quinta dimensão com êxito.

Essa é uma forma ideal de mudar sua consciência. Vocês também podem realizar o exercício do ovo cósmico usando as instruções que acabei de oferecer para aprimorar suas habilidades de mudança dimensional. Haverá momentos nos quais vocês não conseguirão realizar este exercício com tantos detalhes. A segunda parte deste exercício conectará, ou consolidará, a habilidade de realizar uma mudança dimensional.

Comecem este exercício colocando sua mão direita no seu chacra do terceiro olho e digam: "Mudar dimensionalmente agora!". Então, lentamente, retirem sua mão direita do seu terceiro olho e sintam a expansão do seu chacra do terceiro olho.

Faremos isso mais uma vez. Nós estamos consolidando isso como uma conexão para tornar mais fácil a vocês entrarem na experiência de mudança. Isso significa que, quando vocês estão em uma situação na terceira dimensão e precisam estar nessa consciência e percepção superior, podem colocar sua mão direita em cima do seu terceiro olho. Façam isso agora.

Se possível, coloquem a palma da sua mão (o ponto que é o centro energético da palma da mão é chamado de lao gung *na medicina chinesa) em cima do seu terceiro olho e, depois, digam em voz alta: "Mudar dimensionalmente agora!", e retirem lentamente a mão do seu terceiro olho.*

A consolidação pode ser usada em uma emergência ou quando vocês não dispõem de tempo suficiente para o exercício de mudança dimensional completo.

Mudança Dimensional e os Quatro Corpos

Quando vocês estão mudando dimensionalmente, podem ter um corpo mental e um sistema de crenças expandidos, analisar a ideia do infinito e do tempo como sendo circulares e ver as encarnações passadas e futuras. Vocês podem trabalhar com ideias mais complicadas sobre o desenvolvimento da alma ou trabalhar com ideias complexas de camadas protetoras na aura e das dimensões. Ao realizar essa mudança dimensional, vocês perceberão um aumento em sua habilidade de ter sistemas de crenças mais expandidos.

Perceberão a habilidade de usar afirmações mais positivas. Os sistemas de crenças da quinta dimensão são poderosos. Muitos sistemas de crenças novos serão apresentados a vocês, portanto chegará um momento em que trabalharemos mais diretamente com seus sistemas de crenças.

Agora, vocês também podem usar a mudança dimensional no corpo físico. Podem ter determinadas doenças, reações alérgicas, inflamações ou até mesmo cânceres. Por exemplo, seu corpo pode ter bloqueios. Vocês podem ser incapazes de assimilar tratamentos ou suportar intervenções. No entanto, quando vocês praticam o exercício e dizem: "Mudar dimensionalmente agora", abrem o seu corpo para o que chamo de cura quântica, ou cura que transcende a lógica. A cura da quinta dimensão também pode ser recebida. Talvez outra forma de observar seja dizer que seu corpo se abre para a possibilidade de um milagre. Também poderíamos usar os termos "luz quântica" e "cura quântica", mas talvez o termo que seja mais aceito em seu sistema de crenças atualmente seja "milagre". É útil usar uma afirmação positiva sobre seu corpo físico, e a mudança dimensional ajudará isso mais efetivamente. Por exemplo, vocês podem dizer: "Meu corpo está aberto agora para as energias de cura da quinta dimensão".

A mudança dimensional também funciona para o corpo emocional. O corpo emocional é um corpo primário, sobre o qual muitos de vocês estão aqui para aprender. As emoções superiores da quinta dimensão são compaixão, aceitação e compreensão. Determinar limites para compartilhar sua energia emocional com outras pessoas também é um conceito da quinta dimensão superior. Determinar limites com compaixão, por exemplo, seria uma forma de compreender como a mudança dimensional pode influenciar o corpo emocional. Mudar para uma perspectiva superior com seu corpo emocional os ajudará a obter uma compreensão maior do motivo pelo qual as pessoas agem de determinadas formas. Vocês ainda podem ficar nervosos com os outros, mas podem ficar nervosos e sentir compaixão, e podem escolher reagir com compaixão.

Por fim, temos a mudança dimensional no corpo espiritual, e vocês provavelmente estão mais abertos a isso. A mudança com o corpo espiritual inclui praticar a projeção do pensamento e mover o corpo espiritual. Por meio da mudança dimensional, vocês também podem vibrar e fortalecer o corpo espiritual para conduzi-lo aos reinos superiores.

Não espero que vocês possam fazer a mudança dimensional e imediatamente influenciar todos os quatro corpos. Vocês devem usar apenas um corpo primeiro, e escolher qual dependendo da situação em que estão. Vocês não usam a quinta marcha para todos os lugares para os quais vão em seu automóvel. Algumas vezes, enquanto vocês estão dirigindo, seu carro requer a terceira marcha. Algumas vezes vocês precisam voltar para a terceira dimensão e se retrair um pouco ao encontrar resistência ou subir um morro. Tudo bem. Saibam que vocês possuem a habilidade de expandir e usar as marchas superiores. Saibam que vocês têm a habilidade de mudar dimensionalmente, e essa habilidade os ajudará em seu caminho no planeta Terra. Bênçãos. Eu sou Juliano.

Capítulo 22

Os Quatro Mundos Energéticos

Juliano e os arcturianos

Saudações. Eu sou Juliano. Nós somos os arcturianos. Vocês estão muito cientes da quinta dimensão e das muitas alegrias e da energia expansiva que existem nela. Vocês estão esperando com grande expectativa sua ascensão. Muitos de vocês escolheriam deixar a vida da terceira dimensão pela vida da quinta dimensão imediatamente. Com certeza, existem algumas exceções. Alguns de vocês possuem vínculos e um trabalho pessoal que os mantêm na terceira dimensão. Digo isso sem julgamento. Vocês estão esperando a ascensão; porém, deparam-se com estar aqui na terceira dimensão.

Muitos imaginam como criar ou direcionar a energia da quinta dimensão em sua vida da terceira dimensão. Vocês querem saber como usar a consciência expandida e a percepção da luz superior, a fim de que possam transferir e usar a luz da quinta dimensão para melhorar sua vida na terceira dimensão. Para facilitar essa discussão, a aplicação da energia da quinta dimensão é dividida em quatro áreas: mental, física, emocional e espiritual. Aqueles que estudam a Cabala as conhecem como os quatro mundos, e existem descrições e designações cabalísticas específicas desses quatro mundos.

Essas quatro áreas também se referem aos quatro corpos etéricos que estão energeticamente ligados a vocês: os corpos mental, emocional, etérico e físico. Quando vocês permanecem em um estado de consciência expandido, podem ver esses quatro corpos. Quando vocês partem deste planeta, primeiramente o corpo espiritual sai; no entanto, todos os quatro corpos interagem. Para o propósito desta discussão, separamos os quatro corpos, mas eles também interagem em unidade. O corpo espiritual, especificamente, carrega impressões dos outros três corpos.

O planeta Terra (também chamado de Gaia ou Joia Azul) possui quatro corpos. Existem exercícios específicos e trabalho energético que vocês podem fazer para ajudar a transmitir energia da quinta dimensão a todos os quatro corpos dela ou até mesmo a um ou dois dos corpos. Muitas das minhas recomendações podem ser aplicadas à Terra com algumas modificações.

O Mundo Mental

O corpo mental contém o mundo do pensamento. Esse é o mundo da crença e do seu diálogo interno. O mundo mental universal é o conceito que mantém a terceira dimensão coerente. A realidade da terceira dimensão é composta de um campo de pensamento. A sua realidade pode ser descrita como uma energia de pensamento em grupo acordada. Vocês foram aculturados, treinados e educados para participar desse campo de pensamento.

Muitas ferramentas estão sendo usadas para ajudar a solidificar e manter o campo de pensamento mental unido. Alguns desses poderes estão envolvidos na educação e por meio da mídia (como a televisão e a internet). Alguns deles são crenças intrínsecas em seu inconsciente coletivo, sendo transmitidas a vocês pelo seu subconsciente. Na verdade, o subconsciente é uma fonte poderosa da energia do campo de pensamento, e parte da educação e do controle do campo de pensamento está ocorrendo em um nível subliminar, ou abaixo do consciente. O subconsciente do planeta – o subconsciente da humanidade – precisa ser limpo e purificado.

Exemplos de pensamentos da quinta dimensão incluem: "Nós somos todos um. A verdadeira realidade é eterna. Minha alma é eterna. Existem multidimensões, e sou capaz de participar e receber informações das dimensões superiores, bem como das dimensões inferiores". Acredito que vocês têm essa ideia agora. O pensamento pode abrir portais na sua consciência. A crença no Criador é um pensamento que pode levar a uma expansão poderosa da sua perspectiva nesta realidade. Pensamentos poderosos adicionais são: "Todas as coisas são para o bem" e "Existe um propósito maior para tudo o que está acontecendo". Essas crenças da quinta dimensão podem ser trazidas para a terceira dimensão, a fim de serem usadas diariamente em sua aplicação e compreensão da vida e de seus acontecimentos. Crenças e pensamentos são percepções e energia que vocês podem controlar.

A Terra é uma zona de livre-arbítrio, o que possui muitos significados. Em um nível, vocês poderiam ir para onde quisessem e fazer o que quisessem, mas todos nós sabemos que existem restrições. Algumas vezes as pessoas vivem em sociedades ou situações repressoras. O que é verdade é que vocês possuem a liberdade de pensar e acreditar no que quiserem. Tentem incorporar crenças, ideias ou pensamentos da quinta dimensão no seu corpo mental. Até mesmo a psicologia moderna dirá que aquilo no qual vocês pensam influencia o que vocês sentem, até mesmo fisicamente. Quanto mais vocês trabalharem com pensamentos superiores, mais ficarão em harmonia. Vocês também podem ensinar aos outros o pensamento da quinta dimensão.

O Mundo Emocional

Existem emoções da quinta e da terceira dimensões. As emoções da quinta dimensão são geralmente demonstradas por grandes profetas, gurus ou líderes espirituais. Elas incluem bondade afetuosa, aceitação, graça, compreensão e, evidentemente, amor em geral. As emoções da quinta dimensão são extremamente poderosas. Isso certamente demonstra uma consciência superior da quinta dimensão, quando vocês podem vivenciar verdadeiramente as profundezas dessas emoções.

Vocês podem aplicar essas emoções superiores ao seu diálogo interno pessoal. Vocês podem expressar bondade afetuosa em relação a si mesmos e aos outros, e também podem sentir aceitação. Às vezes é difícil fazer isso por causa da guerra, do conflito, da destruição e da polarização que vocês testemunham. Não é fácil. A bondade afetuosa e a aceitação na quinta dimensão também devem incluir o discernimento.

Existe um sistema de reencarnação maior, e aqueles que estão cometendo atrocidades e destruições atualmente no planeta Terra terão de lidar com as consequências de suas ações. Quando vocês veem a destruição ocorrendo atualmente, ainda é possível observar as pessoas fazendo isso com bondade afetuosa e aceitação; porém, por favor, compreendam que haverá julgamento, uma consequência, para as ações delas. Infelizmente, vocês podem não ver as consequências acontecerem, mas assumir uma perspectiva da quinta dimensão os eleva. Vocês serão capazes de ver as consequências futuras para aqueles que cometem más ações. Isso não torna o que eles fazem certo e não é uma justificativa para o que eles fazem.

A perspectiva superior da quinta dimensão demonstra a vocês que existirá uma reação na jornada da alma deles. Pode ser mais fácil e talvez mais aceitável observar as consequências imediatamente. Em alguns casos, existe um efeito direto nas pessoas que cometem um mal, e as pessoas sofrem as consequências de suas ações. Vocês que estão mais acelerados no desenvolvimento da sua alma observam as consequências de suas ações mais rapidamente, e, em alguns casos, existem consequências aceleradas atualmente. Na perspectiva da quinta dimensão, integramos a bondade afetuosa com julgamento.

A coisa mais difícil de todos compreenderem atualmente é a extensão da destruição que este planeta pode suportar. É difícil ver um planeta querido e especial que é tão precioso ser destruído desnecessariamente. É preciso ter uma perspectiva da quinta dimensão para enxergar que existe um plano maior para a Terra, e as pessoas que estão cometendo ações negativas ao planeta sofrerão as consequências.

Gosto de falar sobre Albert Einstein porque ele tinha a habilidade de se conectar com a quinta dimensão. Outro matemático sobre o qual provavelmente vocês não ouviram falar é Aryeh Kaplan, um famoso cabalista e físico judeu. Kaplan realizou seus pensamentos e resoluções de problemas mais importantes em sua banheira. Ele relatou que enchia uma banheira com água morna e ficava muito relaxado, e, então, deixava sua mente livre. Em vez de usar uma abordagem acadêmica, ele tentava resolver problemas matemáticos abrindo sua mente a reinos superiores, a fim de que a solução aparecesse. Ele dizia que recebia informações importantes dessa maneira.

Albert Einstein usou um processo semelhante para libertar sua mente. Criou experimentos mentais nos quais libertava sua mente para resolver problemas que criava. Há pouca chance de que Einstein tenha elaborado sua incrível Teoria da Relatividade apenas por meio de seu treinamento e educação. Ele foi um homem brilhante, com habilidades especiais, mas, sinceramente, existiram outros cientistas e matemáticos que foram ainda mais brilhantes do que ele. Então, como esse homem foi capaz de elaborar uma das teorias científicas mais complexas e detalhadas de que se tem conhecimento? A resposta é que ele teve de libertar sua mente e se conectar com dimensões superiores.

Certamente, seria preciso saber como transferir o que é recebido da quinta dimensão em uma linguagem ou símbolos que pudessem ser usados na terceira dimensão. Outro exemplo de uma pessoa grandiosa que recebeu energia da quinta dimensão é Mozart. Ao compor sua música, Mozart era capaz de se conectar com o reino angélico. Ele tinha a habilidade mental de escrever as notas do que estava escutando no reino da quinta dimensão. Se ele não tivesse essa habilidade, não teria sido capaz de transcrever essa música bela e superior, que nós, os arcturianos, adoramos.

Meditação para Resolver Problemas na Quinta Dimensão

Pensem a respeito de algum problema que enfrentam na terceira dimensão, podendo ser ele emocional ou mental. Pode ser que vocês estejam trabalhando para tentar resolver alguma coisa, como uma poluição radioativa ou uma tecnologia solar. Pode ser que vocês estejam tentando criar um motor ou mecanismo. Pode ser que vocês estejam tentando resolver um relacionamento pessoal difícil que estão vivenciando. Pode ser que vocês sintam depressão emocional ou falta de energia.

Fechem os olhos e respirem fundo. Sintam relaxamento e liberdade para vivenciar seus corpos emocional e mental. Saibam que ambos esses corpos possuem altas habilidades para se conectar com a quinta dimensão. Pensem sobre seu problema a partir da perspectiva da terceira dimensão, descrevendo-o em uma frase na sua mente. Conectem-se com seu corpo emocional e descrevam as emoções.

Cada um dos quatro corpos possui o formato do seu corpo físico, quase como um duplo etérico. A parte de cima do seu corpo mental é chamada de coroa, a qual possui uma antena etérica que sobe até a quinta dimensão. Seus corpos mental e emocional da quinta dimensão existem acima de vocês nesse plano superior. Vocês possuem a habilidade de se conectar e receber informações desses corpos.

Vejam e sintam a antena etérica da sua coroa se estender para cima. [Entoa: Oooohhhh, oooohhhh.] Visualizem a antena se estendendo para cima até os reinos superiores, até o plano superior. Ela sobe cada vez mais, saindo da terceira dimensão e entrando na quinta dimensão, onde é capaz de receber luz superior e informações. Não se preocupem em receber informações em linguagem verbal direta. Isso virá na parte seguinte. Apenas recebam quaisquer energias que houver para vocês.

Não analisem ou julguem de alguma forma o que vocês estão recebendo. Sua antena está em um lugar muito alto, conectada com a quinta dimensão, e vocês estão recebendo informações mentalmente, por meio de ideias ou pensamentos e energia emocional. As emoções podem ser sentimentos de aceitação e bondade, mas saibam também que pode haver julgamento envolvido.

Agora, desçam sua antena dos reinos superiores com essas informações e essa energia. Conforme vocês descem sua antena, permitam que palavras se formem.

Lembrem-se de que eu disse que Mozart tinha a habilidade de transcrever a música que ele ouvia na quinta dimensão em notas. Vocês têm a habilidade de trazer as emoções e os pensamentos superiores que vivenciaram em palavras, a fim de que possam analisar, compreender e armazenar as informações. Um dos objetivos no trabalho da quinta dimensão é armazenar isso para que possam utilizar.

Esperem um momento para permitir que esse processo ocorra conforme sua antena desce. Ficaremos em silêncio por um momento, a fim de que possam traduzir essas informações. [Pausa.] Sintam e saibam que transferiram e armazenaram as informações com êxito. Vocês receberam, por meio da sua antena, emoções e pensamentos superiores. Vocês poderão retornar para essa energia superior sempre que quiserem.

O Mundo Físico

Como vocês podem usar a energia da quinta dimensão para mudar o corpo físico e o planeta físico? O corpo físico tem um papel a desempenhar no seu carma. Sendo assim, a forma como vocês tratam seu corpo é importante. Todos vocês já ouviram a afirmação de que devem tratar seu corpo como um templo. Ele é seu receptáculo e seu recebedor de energia e luz. Existem muitos padrões de proteção que vocês podem usar para seu corpo. Isso inclui proteger seu corpo energeticamente com determinados escudos, e isso também significa protegê-lo de agentes patogênicos, como vírus Zika ou Ebola, bem como de cânceres. Vocês podem já ter algumas dessas doenças, e existem maneiras de fortalecer seu corpo, até mesmo se vocês têm esses problemas. Existe uma forma de se curarem.

Neste momento no planeta, todas as pessoas, até mesmo aquelas na luz mais elevada, estão sendo expostas a determinadas viroses e doses mais altas de radiação. É importante fortalecer seu sistema imunológico e seu campo energético. Nós não sugerimos viver em uma caverna para evitar ser exposto a essas condições. Existem certas precauções que vocês podem tomar que incluem até mesmo o alimento que consomem.

Vocês podem perceber que essa energia e esse pensamento da quinta dimensão podem influenciar diretamente sua ingestão de alimentos e quais vitaminas vocês usam. Alguns de vocês são sensíveis ao glúten e podem decidir que precisam parar de comer alimentos que causam inflamações em seu sistema. Outros podem decidir que seu corpo não precisa de carne, e vocês podem parar de comê-la, ou vocês podem decidir não comer alimentos geneticamente modificados. Infelizmente, não existe uma prescrição para todos. No entanto, existe uma forma de se conectarem com sua verdade maior, o seu curador interior na quinta dimensão, que oferecerá orientações e recomendações sobre o que é melhor para vocês.

Isso está presente em outro ensinamento muito importante, que é uma integração do pensamento da quinta dimensão do corpo mental com o corpo físico e a manifestação de energia física e cura física. Ocorre desta forma: "Posso atrair os curadores dos quais necessito para voltar ao equilíbrio. Posso trabalhar, descobrir e aprender com os curadores. Estou enviando agora o chamado para trazer esses curadores para a minha vida, de modo que eles possam me ajudar". Parte da transmissão de cura da quinta dimensão inclui sua habilidade de se aproximar daqueles que possuem as habilidades de cura de que vocês necessitam. Nunca neste planeta existiram tantos curadores de alto nível em um mesmo período.

O Mundo Espiritual

Existem modalidades de cura da quinta dimensão sendo transmitidas diariamente por muitas fontes poderosas. Algumas dessas fontes são curas pelo som, curas pelos cristais, curas pela forma-pensamento, curas pela geometria sagrada e curas pela medicina vibracional – a habilidade de usar vibrações para eliminar doenças e agentes patogênicos. Por fim, chegará um momento em que alguém desenvolverá uma blindagem de ondas de rádio, quase como micro-ondas. A melhor forma de descrevê-la é como um dispositivo semelhante a um detector de metais. Ele tira algo semelhante a uma foto usando ondas de rádio. Imaginem que seus curadores estão perto de desenvolver um tipo de energia de cura por frequência que pode ser transmitida por um dispositivo semelhante. Então, se vocês tivessem um determinado agente patogênico, como HIV, Zika ou Ebola, poderiam andar embaixo do dispositivo, e ele eliminaria os agentes patogênicos.

Cada agente patogênico possui uma assinatura vibracional que reagirá a uma radiofrequência específica. Esse nível de cura estará disponível no futuro. Algumas pessoas estão tão avançadas em suas habilidades de cura que podem emitir a radiofrequência necessária para destruir agentes patogênicos com suas mãos. Existem curadores na China que praticam um método de cura chi gung (qigong) chamado chi-lel. É uma prática de cura antiga na qual diversas pessoas se juntam a um grupo e, com um treinamento especial, transmitem vibrações de energia de cura pelas mãos para destruir um tumor. É uma cura de vibração superior verdadeira. Os praticantes de Reiki e outros curadores de luz estão começando a se aproximar desse nível de cura.

Para o próximo exercício, vocês entrarão em um estado de relaxamento. *Purifiquem sua mente e visualizem sua antena etérica subindo. Digam a si mesmos que querem atrair para a sua vida aquilo de que necessitam para se tornarem mais saudáveis fisicamente. Estejam abertos para receber aquilo de que necessitam e peçam para ser guiados ao curador ou ao exercício de cura de que necessitam. Talvez exista algo que vocês precisam mudar em sua dieta, ou exista um determinado exercício que precisem fazer. Vamos ficar em silêncio enquanto vocês se abrem para essa energia. [Pausa.]*

Retraiam a antena agora e saibam que vocês receberam as informações de que necessitam. Vocês sabem com quem precisam entrar em contato. A pessoa aparecerá ou surgirá em sua vida em breve, porque vocês estão usando luz e energia da quinta dimensão e pedindo que essa energia superior venha em direção à sua cura. Pedir para a energia superior vir em sua direção é uma parte essencial da transferência de energia da quinta dimensão em sua vida da terceira dimensão. Isso os abre para novas técnicas de cura e novos curadores.

Algumas dessas técnicas de cura, como a medicina vibracional, dependem totalmente da sua abertura em relação a elas. As medicinas vibracionais podem não funcionar se a mente da pessoa estiver fechada a elas. Alguém disse isto se referindo à cura vibracional: "Posso não compreender esse método, mas nem penso mais nele de maneira lógica. Estou aberto a ele porque acredito que possa funcionar. Não vou bloqueá-lo". Estejam cientes da sua mente lógica. Vocês devem remover todo o seu julgamento e seu pensamento lógico. É igualmente importante não bloquear a cura energética que vem de níveis superiores.

Cura Sinergética

A Terra possui os mesmos quatro corpos da quinta dimensão – mental, físico, emocional e espiritual – e é receptiva à expressão física da energia superior da quinta dimensão. É por esse motivo que transmitimos os 12 cristais etéricos arcturianos na Terra e que muitos de vocês ainda usam os cristais etéricos em diferentes partes dos seus países. Vocês também transmitem as energias da quinta dimensão às cidades de luz planetárias e para as reservas de luz do oceano planetário. A criação de rodas medicinais é um exemplo de transmissão de energias da quinta dimensão para a Terra.

Existem coisas que vocês estão fazendo para a cura planetária relacionadas a criar espaços físicos sagrados na Terra. Com a criação de espaços sagrados na Terra, a energia da quinta dimensão pode ser transmitida mais facilmente por todo o planeta. Vocês podem pensar que isso é impressionante, pois estariam sozinhos ou talvez em um grupo de quatro ou cinco pessoas. Vocês imaginam como podem mudar todo o planeta com apenas algumas pessoas.

A seguir, temos um exemplo de um programa de televisão ao qual o canalizador assistiu recentemente. Havia um jovem de cerca de 21 anos que vivia no Havaí. Ele decidiu retirar garrafas de plástico da costa do oceano ao redor. Criou um sistema usando um barco e uma rede e recolheu as garrafas das águas. Um entrevistador de televisão perguntou ao jovem: "Bem, isso é incrível. Você é um verdadeiro anjo por fazer isso, mas o que faz você pensar que seu barco e sua prática isolada vão salvar o oceano?".

Ele respondeu: "Bem, nós temos de começar de algum lugar. Uma pessoa pode iniciar um movimento inteiro".

Conto a vocês essa história por uma razão muito simples: cada um de vocês possui uma esfera de influência em seu ambiente. Talvez mais pessoas no Havaí começarão a retirar o plástico após ver esse exemplo. Esperamos que seja esse o caso. Sua influência cármica e sua missão consistem em fazer o que vocês podem em sua própria esfera de influência. Vocês podem trazer energia e luz da quinta dimensão para sua esfera de influência. É possível que grandes partes deste planeta sejam destruídas, mas a prática de criar lugares sagrados como as cidades de luz planetárias ainda permanecerá na Terra.

Nós observamos a necessidade de um aumento em seu poder espiritual, e isso pode ser realizado por meio da unificação de grandes grupos, a fim de aumentar a efetividade. Nós temos práticas para tornar muitos lugares sagrados e observamos práticas de outras culturas e outros sistemas que estão criando lugares sagrados. Houve uma tentativa bem-sucedida de criar um templo arcturiano no Brasil, por exemplo. Esse templo arcturiano mantém um espaço sagrado. Eu incentivo essas atividades.

Ao lidar com um planeta grande, é importante se conectar com um grupo para aumentar o poder e a efetividade. Lembrem-se de que a energia espiritual é mantida em um receptáculo que pode ser descrito como um espaço ou tempo sagrados. Vocês estão realizando um excelente trabalho ao se conectarem com a energia espiritual da quinta dimensão. Vocês estão começando a reconhecer os diversos métodos de transmitir essa energia da quinta dimensão para sua realidade da terceira dimensão. Eu sou Juliano. Bom dia!

Capítulo 23

A Experiência do Portal Estelar Arcturiano

Juliano e os arcturianos

Saudações. Eu sou Juliano. Nós somos os arcturianos. Os arcturianos são destinados a ser os supervisores, guardiões e protetores do portal estelar. Existem três portais estelares na galáxia da Via Láctea. Esta parte da galáxia possui um portal estelar, e nós o supervisionamos. Uma das nossas missões é explicar o que é o portal estelar e como utilizá-lo. Ele pode ser descrito como um portal ou corredor, mas é realmente maior. É como uma estação de trem na quinta dimensão. Considerem a entrada principal de uma estação de trem. Vocês podem ver os acessos para muitas cidades em seu país e têm a capacidade de escolher para onde querem ir. Vocês compram um tíquete e vão para o terminal correspondente. Quando o trem chega, embarcam nele e viajam para a cidade escolhida. De uma forma semelhante, vocês podem imaginar que, ao completar sua encarnação na Terra, podem viajar para uma incrível estação interdimensional chamada de portal estelar. Vocês entrarão no portal estelar por meio de uma bela porta e observarão uma vista impressionante de portais de entrada para diferentes planetas da quinta dimensão por toda a galáxia. Nele, vocês são uma alma livre, sem vínculos com a terceira dimensão ou a Terra. Vocês obtiveram a escolha poderosa de ir para qualquer planeta da quinta dimensão. Apenas aqueles com energia vibracional mais elevada podem passar por esse portal estelar.

No portal estelar, vocês perceberão muitos nomes de planetas familiares: os pleiadianos e o seu planeta Era, os arcturianos e nosso planeta Arcturus, os lirianos e seu planeta Lira. Existe Alano, o planeta lunar perto do Sol Central. Existe Sirius, o sistema estelar famoso por suas conexões e interações com os egípcios. Existem até mesmo entradas para galáxias próximas, como Andrômeda.

Vocês terão a escolha de ir para qualquer planeta da quinta dimensão que desejarem. Também perceberão seu planeta natal. Seu planeta natal é seu lugar de origem nesta galáxia. Como vocês escolherão? Todos os planetas na quinta dimensão parecerão convidativos, e certamente eles permanecem em um estado superior, o que significa que cada um deles possui consciência superior, luz da quinta dimensão e evolução espiritual avançada.

Quando vocês entrarem no portal estelar, encontrarão muitos dos seus guias e mestres espirituais. Vocês terão a oportunidade de pedir o conselho deles sobre qual planeta da quinta dimensão é mais interessante a vocês. Na realidade, o portal estelar possui poderes especiais. Quando vocês olham pelo corredor da estação de trem no portal estelar, podem ver sua vida futura nesse planeta da quinta dimensão. Vocês conservarão sua consciência e todas as suas memórias das vidas passadas. Isso é diferente de estar no planeta Terra da terceira dimensão. Quando vocês vêm para a Terra, por exemplo, também entram em um corredor. Vocês adentram a Terra com a consciência da terceira dimensão. No entanto, existe uma diferença entre entrar na Terra na terceira dimensão e entrar em um planeta da quinta dimensão pelo portal estelar.

Antes de vocês entrarem na Terra, as memórias de outros sistemas estelares, vidas passadas e experiências de alma são temporariamente apagadas. Vocês se esquecem de quem são. Isso é feito de propósito, de modo que entrem nesta Terra da terceira dimensão e tenham uma tábua rasa. Vocês possuem algumas memórias de impressões da alma, mas as memórias da alma são afastadas. É possível recuperar essas memórias da alma e experiências de outros planetas; contudo, isso requer uma técnica específica.

Os adultos nas culturas ocidentais não incentivam as crianças pequenas a se lembrarem de suas experiências de alma passadas. Isso é muito diferente de entrar no portal estelar e nos planetas da quinta dimensão. As memórias de vidas passadas são incentivadas nesses locais. Quando estiverem no portal estelar, vocês escolherão o próximo planeta para o qual irão e vão entrar nesse planeta totalmente conscientes, com memória completa. Sua memória não será reprimida. Além disso, vocês serão capazes de ver o que vivenciarão nessa vida no planeta da quinta dimensão.

Seu Planeta Natal

O portal estelar representa uma transição importante na sua jornada de alma – a graduação da Terra. Isso também representa uma conclusão de todas as suas lições na Terra e uma elevação da sua alma aos reinos interdimensionais superiores. A alma é eterna. Sua alma existia antes do Big Bang. (Conservadoramente, este universo começou com o Big Bang há 13,7 bilhões de anos. No entanto, esse não foi o início da sua alma.) Sua alma existia antes do início deste universo. Sua alma decidiu iniciar uma série de encarnações na galáxia da Via Láctea. A Terra tem aproximadamente 4,5 bilhões de anos, portanto não é tão antiga quanto a galáxia. Alguns de vocês tiveram experiências de alma e encarnações apenas na Terra. Certamente houve tempo suficiente na Terra para muitas encarnações.

Vocês são sementes estelares, e uma das definições de sementes estelares inclui a experiência de encarnações em outros sistemas planetários. Existem 5 mil planetas nesta galáxia da Via Láctea que possuem vida avançada semelhante à da Terra, o que significa que existem consciência, religião, espiritualidade e até mesmo viagem espacial. Como sementes estelares, vocês provavelmente tiveram encarnações em outros planetas além da Terra. Nós usamos o termo "planeta natal", e sei que cada um de vocês está ansioso para descobrir o nome e a localização de seu planeta natal.

O que significa ter um planeta natal? O planeta natal é o primeiro planeta no qual vocês encarnaram durante este ciclo do universo. Sua alma pode ter tido experiências e encarnações em outros universos. Para nossos propósitos, estamos nos referindo apenas a este universo e ao fato de que sua alma encarnou primeiro em um planeta nesta galáxia.

Vocês podem se lembrar dos registros da sua alma desse planeta natal. Eu sei que vocês anseiam por retornar. Muitas pessoas tiveram apenas encarnações na Terra. Vocês, sementes estelares, são avançados, porque encarnaram em tempos anteriores em outros sistemas planetários. Isso indica que vocês têm um maior avanço da alma. Isso também indica que vocês entendem melhor o portal estelar e a ascensão e podem se recordar e integrar seu conhecimento e suas experiências desses outros sistemas planetários. Como seres estelares (sementes estelares), vocês se lembram de muitas experiências do seu planeta natal ou de outros planetas.

Vocês também podem ter tido o que chamo de encarnações multiplanetárias. Tenho utilizado frequentemente as expressões "carma cósmico", "arqueologia cósmica" e "antropologia cósmica". A antropologia cósmica é o estudo das civilizações nesta galáxia para avançar o conhecimento sobre o ciclo de encarnação. Isso significa que existem sementes estelares que encarnaram em seus planetas natais e sementes estelares que escolheram encarnar em diversos outros planetas. Isso pode ser comparado a visitar quatro ou cinco países diferentes. Aqueles que são sementes estelares avançadas possuem múltiplas experiências em outros planetas, e alguns de vocês até mesmo renunciaram ao seu comprometimento ou às suas conexões com seu planeta natal, sentindo como se fossem cidadãos da galáxia, o que, evidentemente, é bom e bonito.

Na estação do portal estelar, vocês podem escolher para onde querem ir em sua próxima encarnação. As encarnações não acontecem imediatamente, e, em alguns casos, as pessoas podem esperar por longos períodos antes de encarnar. Em outros casos, as pessoas podem escolher encarnar imediatamente.

Oportunidades de Ascensão

Vamos analisar a relação do acesso ao portal estelar e a ascensão. O acesso ao portal estelar depende de diversos fatores e não está disponível o tempo todo. Existem determinados alinhamentos que devem ocorrer para que a ascensão aconteça e para que o acesso ao portal estelar seja concedido. Esses alinhamentos podem ser comparados a um eclipse solar. Para um eclipse solar acontecer, precisa haver um alinhamento específico do Sol, da Lua e da Terra, o que acontece apenas em determinados momentos. Algumas vezes ocorre uma vez por ano; outas vezes, uma vez a cada dois ou três anos. Um eclipse solar não fica visível em todos os lugares na Terra. às vezes fica visível na Austrália, e outras, apenas na América do Norte ou na África.

Se vocês forem verdadeiros cientistas das estrelas, provavelmente visitarão determinadas partes do planeta para observar um eclipse solar. Existem oportunidades científicas que podem ser testadas e observadas apenas durante o eclipse solar.

Usando o modelo do eclipse solar, podemos ilustrar os alinhamentos necessários para a ascensão e para acessar o portal estelar. Diversos alinhamentos importantes ficaram em primeiro plano em relação à ascensão. A Terra entrou em alinhamento com o Sol Central, e esse é um alinhamento importante para acessar o portal estelar e a ascensão.

Um alinhamento complicado é difícil de ser explicado sem mapas da galáxia. Isso ocorre periodicamente quando o Sol, a sua estrela, entra em um alinhamento específico com o centro da galáxia, conhecido como o Sol Central, que é multidimensional. Vocês podem ter lido que o centro da galáxia é um buraco negro, mas essa realidade é apenas um aspecto tridimensional das suas propriedades. O Sol Central é multidimensional e existe em reinos superiores, além de ter uma relação com o buraco negro no centro desta galáxia.

Outros alinhamentos da Terra incluem a precessão, ou a Terra oscilando em seu eixo. Uma oscilação ocorre aproximadamente a cada 26.500 anos. Essa oscilação cria um alinhamento único. Muitos de vocês vieram para a Terra neste momento porque sabiam que esses alinhamentos ofereceriam a vocês acesso ao portal estelar e à ascensão.

Então, se vocês soubessem que haveria um eclipse solar visível na Austrália em outubro de 2017, poderiam comprar uma passagem de avião para estar lá. De forma semelhante, se soubessem que haveria alinhamentos poderosos e importantes na Terra entre 2010 e

2018 que dariam a vocês acesso específico a dimensões superiores, poderiam decidir encarnar na Terra e, então, ter essas experiências superiores.

Algumas sementes estelares na Terra atualmente estão prontas para ascender. Pode não ter havido oportunidades de fazer isso antes. Por exemplo, não houve oportunidades em 1920 ou 1830. Contudo, houve oportunidades durante o período dos atlantes e dos lirianos. Houve oportunidades periódicas para a ascensão e o acesso ao portal estelar por toda galáxia, mas elas ocorreram em diferentes épocas e em outros séculos.

A Intersecção da Terceira Dimensão e da Quinta Dimensão

A intersecção da terceira dimensão com a quinta dimensão é mais difícil de observar cientificamente. Não é algo que acontece todo ano, mas sim em distintas épocas e diferentes partes da galáxia. Quando a terceira dimensão se aproxima da quinta dimensão, existe um acesso maior ao portal estelar. Outros canalizadores comparam o portal estelar a um corredor ou portal para naves espaciais ou outros sistemas em diferentes dimensões. O portal estelar arcturiano é mais do que um portal, é mais do que apenas um corredor. Vocês usam um portal ou um corredor para alcançar o portal estelar arcturiano, mas o portal estelar arcturiano possui funções maiores.

O portal estelar possui uma abertura a qual chamo de vestíbulo, que é tipicamente um pequeno corredor. Vocês devem passar por essa sala para entrar no portal estelar. Do seu ponto de vista, ela pareceria bem grande. Vocês a veriam como um grande jardim com uma linda lagoa ou lago. Vocês podem visitar esse jardim, ou entrada, em suas meditações. O guardião do portal estelar é o Arcanjo Metatron, e ele tem a autoridade máxima sobre quem entra. Ele tem um exército de trabalhadores ajudando-o.

Os códigos de ascensão são como uma senha usada para entrar no portal estelar, que é a famosa expressão "Santo, santo, santo é o Senhor dos Exércitos" (*Kadosh, Kadosh, Kadosh, Adonai Tzevaot*). Esta é uma frase de alta vibração, e, quando vocês dizem ou pensam essa frase, estão vibracionalmente prontos para entrar no portal estelar. Contudo, vocês devem estar em uma frequência vibracional que inclui o seguinte:

Vocês não têm vínculos do ego na Terra e completaram todas as lições da Terra com o melhor da sua capacidade.

Vocês são capazes de vivenciar emoções superiores da quinta dimensão e deixar de lado emoções inferiores, como inveja, ódio e apegos.

Vocês possuem consciência e percepção da sua jornada de alma. Devem entender que possuem múltiplas encarnações da alma e receberam o direito de escolher conscientemente onde e quando encarnarem novamente nesta galáxia.

Vocês Contarão com Ajuda para Elevar Sua Vibração

É possível encarnar de um portal estelar para outra galáxia, como a galáxia de Andrômeda. A entrada no portal estelar parece uma porta gigante, e a luz atrás dessa porta é intensa. Até mesmo quando apenas uma fresta é aberta, a luz vertida pelo portal estelar é tão forte que é suficiente para elevá-los imediatamente para a quinta dimensão. Contudo, a porta só pode ser aberta para aqueles que completaram suas encarnações na Terra. É por esse motivo que o Arcanjo Metatron vigia o portal. Ele assegura que vocês tenham alcançado a frequência vibracional certa requerida para entrar. Ele pode ler a história da sua alma e a sua aura e pode ver se vocês completaram vibracionalmente tudo o que precisam na Terra. Tudo é registrado em uma impressão vibracional na sua aura. Não se espera que ninguém esteja 100% pronto vibracionalmente. Se vocês fossem perfeitos, já teriam ascendido.

Essa ascensão é repleta de graça. As pessoas tentando, com o melhor de sua capacidade, ir para a luz superior receberão a oportunidade de passar pelo processo de ascensão. Algumas vezes as pessoas que tentam entrar são avaliadas e recebem a oportunidade de passar por um treinamento especial na evolução humana. Elas recebem a chance de processar e resolver experiências inacabadas. Alguns de vocês já estão passando por esse processo de avaliação para resolver experiências desta e de outras vidas na Terra. Agora, vocês buscam reparar essas experiências.

Parte da cura envolve compreender suas experiências na Terra. Outras partes envolvem eliminar a dor e a raiva. Vocês verão o propósito maior de tudo o que têm feito. As lições de cura nessas miniáreas de aprendizado estão disponíveis na entrada para aqueles que precisam de mais avanço. Os guias e mestres estarão lá para ajudá-los. Vocês passarão pelo aprendizado necessário para completar todas as lições de encarnação na Terra de uma forma acelerada. Providenciaremos a vocês tudo o que for necessário para terem a consciência e a vibração superiores para entrar no portal estelar, e o Arcanjo Metatron permitirá que vocês passem.

Passar pelo portal estelar é uma experiência que só pode ser descrita como repleta de êxtase e de extrema alegria! Vocês ficarão livres de todos os seus fardos terrestres. Vocês se sentirão próximos de seus guias e mestres, cercados pelos mestres ascensionados que vocês amam, incluindo Sananda, Arcanjo Miguel e o Cacique Águia Branca. Vocês terão uma sensação de atemporalidade. Acima de tudo, terão a incrível escolha do local para onde ir na próxima encarnação.

Alguns de vocês vão querer retornar para a Terra, e existe uma porta do portal estelar para fazer exatamente isso. Retornar para a Terra seria muito diferente das encarnações anteriores. Primeiro, vocês não vão perder sua memória, seu conhecimento ou suas habilidades. Vocês não precisarão começar do zero se escolherem reencarnar na Terra da terceira dimensão novamente.

Meditação do Portal Estelar

Visualizem um corredor azul acima de vocês. Eu, Juliano, coloco um corredor azul poderoso acima de cada um de vocês. Esse corredor está diretamente ligado à entrada do portal estelar. Respirem fundo três vezes. Deem permissão para seu espírito sair do seu corpo físico e entrar no corredor acima. [Entoa: Ooooo, ooooo.]

Na velocidade do pensamento, viajem comigo para a entrada do portal estelar. Seu cordão astral está preso com segurança ao seu corpo da terceira dimensão. De forma imediata e surpreendente, vocês estão na entrada do portal estelar e se descobrirão sentados em um lindo jardim com um pôr do sol de luz laranja e dourada. Nós sentamos juntos na presença do Arcanjo Metatron, e uma sensação de bem-estar, compaixão e expansão preenche sua consciência. Nós ficamos em silêncio conforme vocês sentem essa luz alegre e pacífica.

O Arcanjo Metatron abre a porta do portal estelar em alguns centímetros. Conforme a porta se abre, vocês sentem e veem uma luz enorme se expandindo, diferente de todas que vocês já viram ou sentiram. Essa luz os limpa e purifica. Ela os cura e os conduz a uma sensação incrível de equilíbrio. O Arcanjo Metatron fecha a porta, mas, até mesmo com ela fechada, a luz ainda está na sala. Vocês a absorvem em seu corpo astral em um nível celular profundo e, quando retornarem para seu corpo físico, transformarão essa luz da ascensão do portal estelar em seu corpo da terceira dimensão.

Nós nos juntamos e entramos novamente no corredor que nos trouxe até aqui, a fim de viajarmos de volta ao nosso lar na Terra. [Entoa: Ta ta ta ta ta taa, ta ta ta ta taa, ta ta ta ta taa.] Viajamos na velocidade do pensamento. Vocês encontrarão seu corpo da Terra e se posicionarão a cerca de dois metros acima dele. Digam a si mesmos que vocês vão entrar novamente em seu corpo físico em um estado de perfeito alinhamento. Toda a luz e a energia superior serão absorvidas em seu corpo físico de uma forma curativa. Um, dois, três: entrem novamente em seu corpo físico. Agora, vocês sentem uma enorme cura e uma enorme sensação de paz e equilíbrio.

No momento certo no futuro, vocês encontrarão facilmente seu caminho para o portal estelar arcturiano. Eu sou Juliano. Bom dia!

Capítulo 24

A Intervenção Humana Pode Ajudar a Reequilibrar a Terra

Juliano e os arcturianos

Saudações. Eu sou Juliano. Nós somos os arcturianos. Vocês podem aperfeiçoar suas habilidades, a fim de trabalhar com o sistema de ciclo de realimentação da Terra. Talvez seja surpreendente para alguns que o sistema de energia da Terra opere sob circunstâncias um tanto semelhantes ao sistema de um ser humano. Muitos de vocês são bem dedicados a ser curadores planetários. Um dos princípios essenciais da biorrelatividade e de uma cura planetária eficaz é aprender como trabalhar de forma inovadora e direta com o sistema de ciclo de realimentação da Terra.

O corpo humano também tem um sistema de ciclo de realimentação. Isso inclui a capacidade de regular sua temperatura interna, a pressão arterial, os níveis de açúcar e inúmeras funções em seus sistemas simpático e parassimpático. Esses sistemas permitem que vocês se mantenham vivos e se autorregulem. A chave para esse sistema de ciclo de realimentação pessoal consiste em sua capacidade de se autorregular, e vocês observarão esse mesmo princípio operando no planeta Terra.

Meridianos no Corpo Humano

O corpo humano possui um sistema de ciclo de realimentação muito complexo. Os chineses e os taoistas identificaram centenas de pontos de acupuntura que parecem se correlacionar com um sistema de ciclo de realimentação pessoal que mantém o equilíbrio no corpo humano. Na medicina chinesa, os canais de energia que fluem pela sua aura e pelo seu corpo são denominados de meridianos.

Existe um princípio bem conhecido na medicina chinesa de que uma doença de qualquer tipo é um reflexo de um bloqueio em um dos meridianos. Quando o corpo é incapaz de superar um bloqueio, ele frequentemente responde com uma inflamação ou outra medida reativa, como a criação de anticorpos para combater a intrusão e o bloqueio do fluxo de energia natural do corpo. A acupuntura estimula o bloqueio, a fim de oferecer energia e auxílio. Com o retorno de energia da agulha ou apenas pressionando os pontos de acupressão, o corpo pode se autorregular e começar a se curar.

O que quero dizer com se autorregular? Em essência, vocês estão se comunicando com seu sistema imunológico. Vocês podem se comunicar com o sistema autorregulador por meio de agulhas e dizer para seu corpo que necessitam de mais auxílio e energia em uma região específica para se reequilibrarem. É como se vocês estivessem enviando uma mensagem para o sistema autorregulador, o sistema nervoso, o sistema linfático e outros sistemas, a fim de que eles se tornem diretamente envolvidos nesse bloqueio. Vocês estão dizendo ao seu corpo para trazer mais energia e mais cura no ponto de bloqueio.

O corpo humano se autorregula. Na realidade, seu corpo está constantemente trabalhando para remover bloqueios e criando anticorpos; está continuamente trabalhando para eliminar toxinas, mas o mundo no qual vocês vivem é extremamente complexo, por causa das toxinas, dos poluentes e dos níveis de radiação.

Vocês estão vivendo em um período estressante, e enfatizo a palavra "estresse". É difícil descrever o tanto de estresse ao qual vocês estão sendo submetidos. O motivo é porque sua experiência física geral frequentemente bloqueia a experiência de estresse, de modo que possam operar de forma eficiente e feliz. Muitas vezes, o que seu corpo está vivenciando como estresse não chegará à sua consciência. Sob estresse, o sistema imunológico e o sistema de ciclo de realimentação do corpo humano podem se deteriorar.

Vocês estão enfrentando novos estressores, toxinas e poluentes com os quais seu corpo não está treinado a lidar. Existem muitos motivos pelos quais os bloqueios acontecem em seu corpo. A cura pela acupuntura e pelos pontos de acupressão pode ajudar imensamente a despertar e ativar seu sistema imunológico. Utilizando a acupuntura, vocês podem pedir para seu sistema imunológico se reequilibrar. Acima de tudo, vocês obtêm isso incentivando que os bloqueios sejam removidos do seu corpo, de modo que a energia positiva possa fluir.

Nós vemos a Terra como um organismo vivo que também inclui um sistema imunológico e um sistema de ciclo de realimentação. Chamamos esse organismo planetário de Joia Azul. Vocês frequentemente o chamam de Gaia, o nome espiritual para o planeta Terra. Ainda é controverso chamar a Terra de um organismo vivo, mas quero destacar três fatores evidentes:

A Terra possui um sistema de ciclo de realimentação que é análogo ao sistema de ciclo de realimentação de todos os organismos vivos.

A Terra possui um equilíbrio planetário único que deve manter para a humanidade e seus habitantes vivos. O equilíbrio da biosfera mantém o campo energético da força vital. A biosfera deve manter o oxigênio e o nitrogênio em um determinado nível e diversos outros sistemas planetários estáveis.

Os sistemas da Terra são extremamente complexos. Eles incluem uma variedade de ocorrências terrestres, geológicas e meteorológicas, como correntes oceânicas, ventos e correntes de jato e sistemas de placas tectônicas. As florestas influenciam diretamente a quantidade de oxigênio na atmosfera, o que inclui um sistema de blindagem eletromagnética muito complexo e interativo.

Forças cósmicas e radiação estão continuamente bombardeando a Terra; consequentemente, ela precisa de uma atmosfera de blindagem eletromagnética suficiente para bloquear os efeitos danosos das ondas de radiação. Até mesmo o Sol envia constantemente ondas perigosas para a Terra. A filtragem na atmosfera permite que a biosfera mantenha seu equilíbrio adequado, que ajuda em uma existência confortável para os seres humanos e outras formas de vida.

O sistema linfático do corpo humano filtra as toxinas e infecções; a Terra possui um sistema semelhante. A Terra tem um sistema comparável ao seu sistema nervoso. Existem muitas partes desconhecidas dos sistemas vivos da Terra que ainda não foram totalmente expostas e explicadas. Apesar disso, a humanidade deve, por fim, aprender a ajudar a Terra, de modo que ela possa se regular e manter seu equilíbrio. Essa regulação ocorre com o funcionamento do sistema de ciclo de realimentação.

Fluxo de Energia da Terra

Lembrem-se de que eu disse que o corpo humano possui pontos meridianos, canais meridianos e canais de energia. Há diversas estimativas de quantos meridianos existem no corpo humano. De forma semelhante, a Terra, como um organismo vivo, possui muitos caminhos e canais de energia. Quando existe um bloqueio no sistema de meridianos, o ser humano fica doente. Esse bloqueio pode ser nos meridianos dos pulmões, do fígado ou do coração. A Terra também fica doente quando existem bloqueios em seu sistema energético. O termo "doente" está sendo usado como um ponto de referência, e o termo "bem" será usado para descrever um *continuum* de bem-estar na Terra.

A saúde e o bem-estar máximos na Terra são medidos em relação a quão bem a Terra consegue manter sua biosfera, de modo que a humanidade possa viver confortavelmente. Existem extremos nas temperaturas, chuvas e ações geológicas que fazem com que viver seja difícil ou até mesmo insuportável. Quando a atmosfera fica muito obstruída com dióxido de carbono, torna-se insuportável respirar, e isso causa morte.

Tem sido documentado que grandes partes do oceano estão morrendo. Existe uma região no Golfo do México, ao redor da Luisiana e do Mississippi, na qual quantidades enormes de fertilizantes foram despejadas do Rio Mississippi até o Golfo do México. Essa região está repleta de fertilizantes tóxicos que estão destruindo o Golfo do México e extinguindo o oxigênio do oceano. Existem grandes regiões ao redor do Golfo do México nas quais peixes e outros organismos não conseguem viver, pois não há oxigênio na água. Essa região do planeta está doente. Como vocês ajudam a Terra a reequilibrar um oceano morto? Uma resposta específica da Terra é necessária.

Uma possibilidade para curar uma parte de um oceano morto é criar muita chuva para aumentar a água nessa região. Se uma parte do oceano está morrendo, o sistema de ciclo de realimentação da Terra percebe esse bloqueio e tenta corrigi-lo. É a mesma coisa que acontece quando vocês têm uma infecção e seu corpo responde enviando anticorpos. No entanto, depois de um ponto, vocês podem descobrir que seu corpo enviou todas as forças que podia reunir e ainda não obteve êxito.

Existe um bloqueio da energia da força vital no Golfo do México, bem como em outras regiões, e precisa ocorrer algum tipo de intervenção. Com um bloqueio no corpo humano, é possível usar a acupuntura e colocar uma agulha na região, a fim de lembrar o sistema imunológico de criar o retorno necessário para abrir o fluxo de energia. Contudo, a autocorreção do planeta Terra é muito mais complexa.

Existem dois pontos que quero destacar: (1) a Terra tenta se corrigir quando está desequilibrada, e (2) isso significa que a Terra sabe onde a humanidade e todas as formas de vida estão vivendo. A Terra tenta manter um equilíbrio e se autocorrigirá para alcançar um equilíbrio para as suas formas de vida.

Um exemplo de uma autocorreção planetária é acrescentar mais chuva ao Golfo do México para diluir o fertilizante. Outro exemplo é causar dano a uma usina de fertilizantes localizada no Rio Mississippi. Isso pode parecer muito extremo. Houve até mesmo algumas sugestões de que secas ou incêndios no Canadá estavam relacionados especificamente à extração de petróleo que estava sendo particularmente nociva ao meio ambiente. Houve um incêndio muito forte perto das operações de areias betuminosas em Alberta, no Canadá, onde também houve uma seca extrema. Vocês não sabem tudo o que há para saber acerca da Terra e sobre como ela responde a determinadas interferências na biosfera.

É significativo observar a seca extrema e o forte incêndio perto dessas regiões de extração de petróleo em Alberta. Essa extração poderia estar causando danos ao meio ambiente. É uma coincidência que a Terra teve essa resposta ou isso é resultado de algum outro motivo? Minha resposta é que vocês têm de estar abertos a todos os fatores. Neste ponto do desenvolvimento da Terra, essas coincidências não são acidentes; elas estão ensinando e indicando circunstâncias graves e nocivas. Vocês precisam prestar atenção e manter sua mente aberta a todas as possibilidades. Devem trabalhar juntos para ajudar o sistema de ciclo de realimentação da Terra a se corrigir.

A seguir, temos algumas sugestões de intervenções que podem ser usadas para ajudar a reequilibrar a Terra. Algumas delas vocês já estão usando, e outras ainda serão desenvolvidas. Tudo se relaciona diretamente à biorrelatividade, que vocês manifestam como uma comunicação telepática ao sistema de ciclo de realimentação da Terra, a fim de equilibrar e corrigir irregularidades e desequilíbrios na biosfera da Terra.

Conduzir Cerimônias Sagradas

Conduzam cerimônias e trabalho sagrado em linhas de ley, ou meridianos da Terra, ou em lugares perto delas. Os povos nativos costumavam usar essa intervenção. Esse é um método importante de se comunicar com o sistema de ciclo de realimentação da Terra. Ele incentiva alterações e mudanças nos padrões de autorregulação da Terra. Existe uma variedade de cerimônias que podem ser usadas, como cerimônia de roda medicinal, círculos de conversa e tocar tambores.

Cerimônias para pessoas doentes são métodos eficientes para fortalecer o sistema de ciclo de realimentação humano. Vocês podem conhecer a cerimônia de cura na tenda e a tenda do suor. Existem muitas variações possíveis sobre esse tema que podem ser usadas para cura e desenvolvimento pessoal.

Recentemente, uma incrível tentativa de criar rodas medicinais ao longo das linhas de ley da Terra foi feita por um nativo americano chamado de Trovão Azul. Isso é maravilhoso, mas requer um forte nível de coordenação. A ideia é equivalente à forma como a medicina chinesa observa o sistema humano de autocura.

Vocês, como pessoas modernas, têm a vantagem de obter imagens da Terra vindas da Lua e podem estimar onde estão as linhas de ley da Terra. É necessário que haja novas percepções, descobertas e desenhos das linhas de ley. As linhas de ley são semelhantes aos meridianos. Muitas vezes as linhas de ley e os meridianos seguem os caminhos dos rios. As linhas de ley percorrem o Rio Mississippi nos Estados Unidos, o Rio Ganges na Ásia e o Rio da Prata na Argentina e no Uruguai, bem como o Rio Amazonas na América do Sul. Muitos rios são meridianos de força vital. No caso da Terra, a humanidade bloqueou equivocadamente essas linhas de ley, portanto vocês enfrentam uma situação grave.

Seu corpo estabelece bloqueios para produzir anticorpos e combater doenças. Por outro lado, a humanidade tem equivocadamente construído barragens, poluído oceanos e rios e permitido fertilizantes mortais nos canais de energia da Terra, bloqueando esses caminhos vitais. Isso já ocorreu inúmeras vezes. Os motivos para as barragens são justificados como uma necessidade de hidroeletricidade. Além disso, existem usinas nucleares construídas em linhas de ley. Algumas falhas geológicas, como a Falha de San Andreas e o Anel de Fogo, também são importantes linhas de ley da Terra.

A humanidade ainda não completou mapas das linhas de ley e dos canais de meridianos da Terra. Se vocês concordam que a Falha de San Andreas representa uma linha de ley e um poderoso meridiano energético para este planeta, então devem ficar surpresos com o fato de que a humanidade construiu uma usina nuclear perto dela. A Terra é sensível à exposição radioativa. A usina nuclear de Fukushima está em uma linha de ley. Contudo, existem exemplos de linhas de ley que não estão bloqueadas. Existem linhas de ley em Greenwich, na Inglaterra. Existe uma na linha do Equador, e uma do Polo Norte ao Polo Sul.

Um método para incentivar a Terra a manter o fluxo de energia ativo é realizar cerimônias nos caminhos das linhas de ley. Esse pode ser um processo muito complexo. Vocês podem não conseguir ir ao Rio Amazonas e realizar uma cerimônia nele, porque pode ser difícil viajar para esse local. Por outro lado, vocês podem conseguir realizar cerimônias ao longo da Falha de San Andreas, porque essa região fica perto de grandes centros populacionais na Califórnia.

Louvo o trabalho com rodas medicinais por toda a América do Norte e a América do Sul como um maravilhoso esforço para abrir canais. Essa é uma tarefa monumental. Talvez, se em algum ponto o Grupo de Quarenta for capaz de fortalecer sua adesão e sua capacidade operacional, ele poderá ajudar com esse trabalho.

Construir Estruturas Sagradas

Outra intervenção para ajudar a Terra a fortalecer seu sistema de ciclo de realimentação é construir estruturas sagradas. Exemplos delas são as pirâmides no Egito e as estruturas maias e astecas. Os maias tinham um entendimento particularmente forte sobre as linhas de ley da Terra e como trabalhar com essa energia de uma forma sagrada. Vocês podem usar construções sagradas para se conectar com a energia cósmica e a luz cósmica. Conectar-se com essa energia e trazê-la a determinados pontos no sistema energético da Terra é uma das técnicas de cura mais fortes disponíveis à humanidade. Nós sabemos que o Rio Nilo está no sistema energético de uma linha de ley, ou sistema de meridianos. As pirâmides não foram construídas exatamente no Rio Nilo, mas estão próximas a ele.

Os antigos egípcios estavam muito alinhados com os sirianos. Eles se mostravam cientes da relação entre as energias sirianas e a civilização egípcia. Existe uma especulação de que muitas das pirâmides foram construídas em alinhamento direto com Sirius, e, por causa desse alinhamento, os egípcios foram capazes de realizar um trabalho energético cósmico poderoso que fortaleceu a civilização deles e sua região na Terra e abriu corredores interdimensionais entre o Antigo Egito e os sirianos.

Os maias também construíram templos cósmicos, que eles associaram ao centro da galáxia. Existem muitos exemplos de como os seres humanos construíram locais energéticos sagrados (igrejas e templos) em meridianos poderosos. Outro bom exemplo é o Stonehenge, no qual existe um meridiano profundo que os povos antigos da Inglaterra usaram para múltiplos propósitos. Essa linha de ley ainda é tão poderosa quanto era naquela época, e muita cura da Terra pode acontecer atualmente nesses pontos.

Por meio da biorrelatividade ou de exercícios de cura da Terra, vocês podem entrar em uma linha de ley e transmitir energia para liberar um ponto de bloqueio. A fim de entrar em uma linha de ley e no sistema de meridianos, é melhor acessá-los por um ponto forte. É por isso que muitos de vocês têm sido tão atraídos a ir até as pirâmides e o Stonehenge. Vocês sentem os poderes deles para a cura da Terra. Realizar exercícios de cura da Terra perto do Anel de Fogo pode ser muito poderoso. Lembrem-se de que estabelecemos um cristal etérico no Vulcão Poás, localizado no Anel de Fogo perto de San José, na Costa Rica.

Usar a Ponte do Sistema de Meridianos

Infelizmente, existem tantos bloqueios no sistema de meridianos da Terra atualmente que pode ser além da capacidade da humanidade reparar todos esses bloqueios no curto espaço de tempo necessário para completar a cura. Gosto de usar o exemplo da cirurgia de ponte de safena para essa intervenção. Um cirurgião pode olhar para seu coração e dizer: "Bem, não podemos reparar 'esta' veia, então vamos colocar uma ponte de safena. A energia ainda está fluindo e será tão forte quanto era antes. Estamos usando uma veia da sua perna para contornar o bloqueio no seu coração".

Uso esse exemplo porque transmitimos 12 cristais etéricos ao longo de determinados caminhos ao redor deste planeta. Esses caminhos estão parcialmente em linhas de ley existentes. O Vulcão Poás está em um dos caminhos para os 12 cristais etéricos arcturianos e no Anel de Fogo. O Monte Shasta está no Anel de Fogo, bem como o Monte Fuji. Estabelecemos um sistema de pontos fortes nessas áreas que é como uma cirurgia de ponte de safena para o planeta. Vocês podem criar um fluxo de energia e luz poderoso usando os 12 cristais etéricos como uma linha de ley nesse sistema de meridianos novo e em desenvolvimento.

Esse é um sistema de meridianos sobreposto pelos arcturianos. É necessário desenvolver esse novo sistema de ponte porque às vezes vocês não terão o poder ou a capacidade de remover todos os bloqueios no sistema de meridianos existente na Terra. Sendo assim, a terceira intervenção para fortalecer o sistema de ciclo de realimentação é usar esse sistema de ponte.

Usando esses tipos de sistemas de meridianos (o Rio Mississippi e o Rio Amazonas, a grade de cristais arcturiana ou o sistema do Anel de Fogo), vocês podem se comunicar com o sistema de ciclo de realimentação da Terra de forma mais poderosa. Novamente, faço a comparação com o corpo humano. Vamos supor que vocês tenham um problema na região dos pulmões e acessam o meridiano dos pulmões. Vocês desbloqueiam a região no meridiano dos pulmões e, então, podem se curar. Existem problemas ao redor do Anel de Fogo e no Golfo do México. Vocês podem achar necessário ir até a linha de ley, ou meridiano, mais próxima e realizar o exercício nesse local. Entendo que, por causa das limitações, vocês podem não conseguir fazer isso. Contudo, podem estar perto de outro cristal etérico arcturiano, como o que está em Bodensee (Lago de Constança), na Alemanha. Este pode ser seu ponto de entrada para se comunicar mais diretamente com o sistema de ciclo de realimentação para a cura da Terra.

Dançar na Chuva

Outro exemplo simples para a cura da Terra é a dança na chuva que os nativos americanos usam em uma cerimônia para pedir que a Terra leve chuva para uma região. Os nativos transmitem esse pensamento para um lugar específico. Isso é semelhante a acessar o sistema de meridianos da Terra. Vocês podem ir para algum lugar perto do Anel de Fogo e dizer: "Nós queremos equilibrar a Terra. Por favor, transmita a energia de tranquilidade pelas placas tectônicas. Por favor, transmita chuva para as regiões afetadas pela seca". Em outras palavras, vocês estão dando orientações para a Terra sobre como se reequilibrar.

O sistema do seu corpo também pode ficar confuso. Seu sistema humano pode não saber como se reequilibrar, e vocês precisam dizer isso. Ao realizar acupuntura e colocar agulhas nos pontos de acupuntura, vocês estão essencialmente dizendo: "Certo, sistema nervoso, sistema linfático e sistema muscular, vamos repensar sobre isso. Vamos nos expandir e relaxar, e incluir uma nova fonte de energia, um novo paradigma". Seu corpo responderá. O mesmo acontece com a Terra. A Terra pode estar bloqueada e não saber como se reequilibrar e se realinhar. Nesses pontos, vocês oferecem à Terra instruções: "Precisamos de mais chuva na Califórnia, na Venezuela e em São Paulo".

Ativar o Anel da Ascensão

Os círculos nas plantações são exemplos de uma energia cósmica que veio para a Terra. Os círculos nas plantações se comunicam em um nível profundo com o sistema de ciclo de realimentação da Terra. Existem muitos fatores envolvidos no equilíbrio e na manutenção do planeta, incluindo a biosfera da Terra, as correntes oceânicas, os padrões meteorológicos e as falhas geológicas. No entanto, alguns dos sistemas da Terra não são tão evidentes. Eu os chamo de forças interdimensionais cósmicas; eles estão envolvidos em manter este planeta e a biosfera equilibrados. Essas forças cósmicas misteriosas são imensuráveis.

Não existem fatos científicos disponíveis para descrever ou mensurar os efeitos das forças cósmicas interdimensionais neste planeta. Ainda assim, a nossa observação é de que essas forças misteriosas possuem um efeito na biosfera geral e no sistema de ciclo de realimentação da Terra. Sendo assim, as intervenções em uma parte do planeta podem influenciar outras partes dele. Desse modo, os círculos nas plantações em uma região do mundo podem influenciar todo o planeta!

O efeito cósmico interdimensional vem de forças galácticas poderosas, como o alinhamento com o Sol Central, trazendo luz cósmica de determinados sistemas, como Arcturus, e ativando o anel da ascensão. O anel da ascensão foi criado como interativo, de modo que as sementes estelares possam sentir o efeito da luz interdimensional. Isso ajuda as sementes estelares a aplicar a luz de cura interdimensional ao sistema de ciclo de realimentação da Terra, a fim de equilibrá-la. O anel da ascensão transmite luz da quinta dimensão que pode ser usada para curas especiais da Terra.

Concluirei nossa breve exposição de hoje com uma meditação: *Visualizem o anel da ascensão como uma luz da quinta dimensão ao redor da Terra. Ele aparece como um halo de luz dourada. Saibam que a luz dourada do anel da ascensão possui poderes de cura cósmica. Visualizem esse anel da ascensão também como uma fonte eletromagnética dourada, altamente recarregada de energia de cura e equilíbrio. Conforme a luz do anel da ascensão envolve o planeta, observem o sistema de meridianos da Terra se iluminar. Vejam o Rio Mississippi ou o Rio Amazonas repletos de luz da quinta dimensão. Visualizem os meridianos na Terra abertos e fluindo.*

Agora, visualizem um halo de luz acima do seu chacra coronário. Visualizem um pequeno círculo de luz como uma pequena cópia do anel da ascensão. Ele é colocado acima do seu chacra coronário. Permitam que essa luz seja transmitida ao seu sistema energético agora, abrindo todos os seus meridianos, removendo quaisquer bloqueios e aumentando seu fluxo energético de força vital. [Entoa: Oooo, aaaa.] Permitam que a força de cura dessa luz fortaleça seu sistema imunológico e seu campo energético. Que os meridianos do seu corpo sejam abertos e totalmente recarregados.

Eu sou Juliano. Bom dia!

Glossário

Abraham Maslow: psicólogo norte-americano que descreveu uma estrutura hierárquica das necessidades psicológicas e emocionais. Para adentrar a consciência expandida de forma segura, as necessidades básicas devem ser atendidas primeiro.

Adonai: palavra hebraica para Deus no Antigo Testamento. Significa literalmente "Meu Senhor". É também a palavra galáctica para Deus.

Adonai Tzevaot: hebraico para "Senhor dos Exércitos".

Alano: planeta lunar arcturiano localizado perto do Sol Central.

Andrômeda: grande galáxia em espiral a 2,2 milhões de anos-luz da Via Láctea. Andrômeda é o maior membro do nosso aglomerado galáctico local. Ela é comumente referida como galáxia irmã da Terra.

Andromedanos: raça de seres avançados de dimensões superiores da galáxia de Andrômeda. Um grupo específico de andromedanos está atualmente trabalhando com os arcturianos em seus esforços para facilitar o processo de ascensão planetária da Terra.

Anel da ascensão: estrutura etérica transmitida com a ajuda dos arcturianos e dos mestres ascensionados para auxiliar a ascensão da Terra. O anel transmite energia da quinta dimensão para a terceira dimensão.

Antropologia cultural galáctica: estudo de como as sociedades se desenvolvem em outros planetas.

Arcanjo: termo que se aplica geralmente a todos os anjos acima do grau de anjo. Designa também o grau mais elevado de anjos na hierarquia angélica. A Cabala cita dez arcanjos. Eles são considerados mensageiros portadores dos decretos divinos.

Arcturus: a estrela mais brilhante na constelação de Boötes, que também é conhecida como Boieiro. Essa é uma das mais antigas constelações registradas. Arcturus também é a quarta estrela mais brilhante vista da Terra. É uma estrela gigante, com cerca de 25 vezes o diâmetro do Sol e cem vezes mais luminosa. Ela está relativamente perto da Terra, a aproximadamente 40 anos-luz de distância. No alto do céu, no final da primavera e início do verão no Hemisfério Norte, Arcturus é a primeira estrela que pode ser vista após o pôr do sol. Nesse hemisfério, é possível encontrar Arcturus facilmente seguindo a alça do asterismo Grande Carro.

Árvore da Vida: no misticismo judaico, a Árvore da Vida é um plano galáctico para a criação desta realidade. Ela inclui dez emanações de energia depositadas em esferas na forma de uma árvore. Cada esfera possui uma energia específica e um nome sagrado de Deus associado a ela. Essas esferas são usadas para cura individual e planetária. As três espiritualidades do Triângulo Sagrado estão incluídas na Árvore da Vida. A Árvore da Vida não é plana; em vez disso, é multidimensional e holográfica, com caminhos para manifestação.

Árvore da Vida Arcturiana para a Cura Planetária: versão atualizada da Árvore da Vida cabalística, com a característica adicional de equilibrar as esferas especificamente para a cura e ajudar a Terra a se conectar com a quinta dimensão. A Árvore da Vida planetária arcturiana foi concebida para corresponder às 12 regiões sagradas no planeta e atualmente está ajudando a estabelecer um sistema energético de cura. Cada área sagrada designada foi transmitida com um cristal etérico arcturiano da quinta dimensão para ajudá-la a se tornar mais receptiva à luz de cura superior.

Ascensão: ponto de transformação alcançado pela integração dos eus físico, emocional, mental e espiritual. A unificação dos corpos permite transcender os limites da terceira dimensão e avançar para um reino superior. Isso tem sido comparado ao que é chamado de "Arrebatamento" na teologia cristã. Também foi definido como uma aceleração espiritual da consciência, que permite que a alma retorne aos reinos superiores e, assim, seja libertada do ciclo de carma e renascimento.

Ashtar: o comandante de um grupo de seres espirituais dedicados a ajudar a Terra a ascender. Os seres que Ashtar supervisiona existem principalmente na quinta dimensão e vêm de muitas civilizações extraterrestres diferentes.

Atlântida: antiga civilização avançada que supostamente existiu há 10 mil anos ou mais. Foi descrita nas leituras de Edgar Cayce, e referências vagas a esta civilização foram feitas por Platão. Nunca existiu uma confirmação histórica ou científica desta civilização.

Bilocação: habilidade de estar em dois lugares ao mesmo tempo: fisicamente em seu corpo e mental ou espiritualmente em outra dimensão.

Biorrelatividade: técnica que contempla o uso de telepatia mental e processos de pensamento para interagir com a Terra e seu espírito. A transmissão de energia por corredores pode ser vista como uma aceleração da biorrelatividade. Quando vocês se conectam a uma consciência em grupo com o exercício da biorrelatividade, criam uma força interativa poderosa. Quando vocês estão acessando um corredor, essa conexão aumenta progressivamente suas habilidades de comunicação telepática. No nível mais avançado, os corredores e acessar a energia deles são combinados com técnicas de biorrelatividade.

As técnicas de biorrelatividade transmitem energia de cura ao planeta em uma prática semelhante a um grupo. Os nativos americanos sabem como orar para a Terra como um grupo, frequentemente pedindo por chuva, por exemplo. Em exercícios de biorrelatividade, grupos de sementes estelares ao redor do planeta transmitem pensamento de cura para regiões específicas no mundo. Tempestades, furacões e até mesmo terremotos podem potencialmente ser evitados ou diminuídos.

Biosfera: termo usado para descrever todo o meio ambiente da Terra, incluindo os oceanos, a atmosfera e outros componentes necessários que mantêm e apoiam toda a vida.

Cabala: a maior ramificação do misticismo judaico. A palavra hebraica "*Kabbalah*" pode ser traduzida como "receber". O estudo da Cabala pode elevar o nível de consciência de uma pessoa a novos patamares e auxiliar a desvendar os códigos para a transformação para a quinta dimensão.

Cacique Águia Branca: guia nativo americano da quinta dimensão muito conectado a Jesus e a outros seres da quinta dimensão.

Canalização: processo de entrar em um transe meditativo a fim de invocar outras entidades para falar por meio de si. Ver *canalização em transe.*

Canalização em transe: fala automática em um transe leve ou um estado hipnótico, quase sonâmbulo. O transe é um tipo de hipnose no qual a pessoa entra em um estado de consciência alterado. O transe profundo é a forma que Edward Cayce usou para canalizar. Em canalização em transe leve, a pessoa ainda se mantém desperta enquanto transmite mensagens.

Chacras: centros de energia do sistema do corpo humano. Esses centros proporcionam integração e transferência de energia entre os sistemas espiritual, mental, emocional e biológico do corpo humano.

Cidades de luz planetárias: cidades que foram ativadas com a energia da quinta dimensão. Uma cidade de luz planetária também faz parte de uma rede global de outras cidades de luz planetárias na Terra.

Coabitação: termo cabalístico para ocupar a energia de outra alma na aura de alguém. Isso pode ser feito para propósitos positivos, caso em que uma energia positiva altamente evoluída, como o Arcanjo Miguel, pode coexistir no campo energético de uma pessoa. Isso permite que a pessoa conquiste, desempenhe e aprimore sua capacidade de realizar tarefas maiores e mais positivas na vida. Isso é referido como uma coabitação positiva (*Ibbur* na Cabala). Existe também a coabitação negativa, que é a ocupação da energia terrestre de uma pessoa por um espírito inferior negativo, como um fantasma (*Dybuk* na Cabala). Espíritos negativos ocupando um campo energético podem fazer uma pessoa agir irracionalmente e até mesmo cometer crimes e atos violentos.

Códigos de ascensão: chaves celulares para a ascensão que algumas vezes são descritas como as Chaves de Enoque. Os códigos de ascensão estão contidos em alguns sons e tons que podem ativar campos energéticos para se abrir à quinta dimensão.

Consciência: "Penso, logo existo" (uma afirmação de Descartes) é a base da consciência ocidental, o que implica que a consciência se baseia no pensamento. "Eu Sou o que Sou" é uma interpretação mais recente, que significa "Eu estou ciente do meu ser".

Conselho dos Anciãos: grupo de líderes espirituais que busca conduzir a Terra em direção a um plano espiritual superior.

***Continuum* espaço-tempo:** *continuum* quadridimensional de um tempo e três coordenadas espaciais no qual qualquer acontecimento ou objeto físico está localizado. Quando vocês colapsam o espaço, também colapsam o tempo.

Corpo de luz: corpo espiritual etérico superior conectado à energia de alma mais elevada.

Corredor: caminho ou túnel etérico na Terra que leva a uma dimensão superior. Os corredores podem ser encontrados em lugares de energia elevada, como locais sagrados na Terra. Os arcturianos acreditam que podemos estabelecer corredores em nossas áreas de meditação na Terra.

Cristais etéricos: cristais invisíveis que contêm a energia da quinta dimensão e que foram enviados para a Terra pelos arcturianos. O propósito desses cristais etéricos é fornecer energias de cura para os meridianos da Terra.

Cristais etéricos arcturianos: cristais da quinta dimensão que são originados do mundo etérico e interagem diretamente com a noosfera planetária. Esses cristais são grandes receptáculos da luz da quinta dimensão. Eles podem manter a consciência da unidade da quinta dimensão em meio à dualidade e às polarizações deste planeta. Os cristais detêm códigos e programações especiais para a ascensão planetária.

Doze cristais etéricos foram trazidos, cada um correspondendo a uma determinada esfera no mapa da Árvore da Vida. Os cristais arcturianos estão localizados em: Monte Fuji, Japão; Istambul, Turquia; Bodensee, Alemanha; Montserrat, Espanha; Serra da Bocaina, Brasil; Vulcão Poás, Costa Rica; Lago Puelo, Argentina; Lago Moraine, Canadá; Barranca del Cobre, México; Monte Shasta, Califórnia, Estados Unidos; Grose Valley, Austrália; Lago Taupo, Nova Zelândia.

Cro-Magnon: seres humanos modernos primitivos da Europa. Eles viveram há 43 mil anos. Foram considerados ancestrais dos europeus modernos e coexistiram com os neandertais.

Cura planetária: exercícios usados para reequilibrar a Terra e ajudar a biosfera a se tornar saudável novamente. Os exercícios de cura planetária podem incluir cerimônias de roda medicinal e meditações de biorrelatividade.

Diálogo interno: termo na Psicologia moderna que descreve a conversa privada contínua que uma pessoa tem internamente em sua mente. O diálogo interno pode ser tanto positivo quanto negativo.

Dimensão: refere-se ao nível de frequências de energia. Por exemplo, a energia etérica se expande para níveis de dimensões superiores, incluindo a quinta dimensão. A percepção aumenta e a energia avança pelas dimensões. Essa frequência de energia crescente na quinta dimensão ajuda as pessoas a vivenciarem uma unidade maior. Isso quer dizer que, conforme uma pessoa entra em dimensões superiores (como a quinta dimensão), ela vivencia uma unidade maior – uma unidade que não é vivenciada na terceira dimensão, na qual a dualidade e o conflito são comumente vivenciados.

Doppelgänger: palavra alemã que descreve o duplo astral de uma pessoa. "Doppelgänger" significa que existe uma cópia, um duplicado, do seu corpo. Seu corpo astral forma energeticamente uma cópia do seu corpo físico. Quando vocês visualizam durante uma viagem astral, trabalham com o doppelgänger. Sua cópia etérica possui poderes e habilidades muito além do corpo físico. O corpo físico possui limitações, porque está na terceira dimensão, mas o corpo etérico pode saltar, viajar remotamente, atravessar portas e realizar todo tipo de coisas divertidas.

Drama cósmico: termo usado para descrever conflitos-padrão que diferentes planetas enfrentam durante seus ciclos evolutivos. Alguns grupos de alma vêm de outras partes da nossa galáxia e, então, encarnam na Terra para tentar resolver seus conflitos.

Efeito borboleta: conceito de que pequenas causas possuem grandes efeitos. Na teoria do caos, uma pequena mudança em um estado pode resultar em uma grande diferença em outro estado. Nas mudanças meteorológicas e da Terra, o bater de asas de uma borboleta distante poderia ter uma consequência significativa em padrões meteorológicos globais.

El Na Refa Na La: frase em hebraico que significa "Por favor, Deus, cure-a agora". Este é um canto de cura famoso da Cabala.

Energia arcana: energia de forma-pensamento descrita como viajar em uma onda de arco. Na biorrelatividade, usamos cristais etéricos implantados na nossa energia arcana para aumentar o poder das orações e das intenções.

Energia etérica: frequência vibracional que está a um nível superior da realidade física. A energia etérica geralmente é referida em termos de corpos energéticos etéricos, o que pode ser descrito como frequências de energia vibracional ao redor de objetos e pessoas que algumas vezes podem ser vistas por pessoas que possuem habilidades psíquicas.

Espécie de Adão: termo que os arcturianos usam para se referir aos seres humanos.

Espelho Iskalia: espelho etérico que os arcturianos ajudaram a colocar no Polo Norte. Visualizem um espelho gigante de cerca de 1,5 a 3 quilômetros de diâmetro no reino etérico acima do Polo Norte, em um alinhamento especial com o Sol Central. O propósito do espelho Iskalia é agir como um amplificador, permitindo que um campo energético puro alcance a Terra a partir do Sol Central.

Espiritualidade galáctica: filosofia espiritual que aceita a existência de seres superiores por toda a galáxia e a compreensão de que a espiritualidade e a evolução planetária fazem parte de uma família galáctica de civilizações.

Estados de consciência alterados (superiores): termo na Psicologia moderna usado para descrever diferentes estados de consciência. Isso inclui o estado de sonho, transes, estados de consciência de meditação e estados de consciência elevados, nos quais uma pessoa tem uma percepção maior da realidade. Este estado costuma ser descrito como uma condição na qual uma pessoa pode enxergar a verdade máxima e vivenciar o presente de forma mais completa. Na década de 1960, este termo também foi usado para descrever alterações de consciência induzidas por drogas, como a experimentada com drogas que alteram a mente.

Etérico: termo usado para designar os corpos superiores no sistema humano. Na Índia, "etérico" é usado para descrever a energia e os pensamentos invisíveis dos seres humanos.

Eu inferior: descrição na Cabala da natureza animalesca dos seres humanos, incluindo os instintos.

Eu multidimensional: visão do eu existente em diferentes dimensões, incluindo o mundo dos sonhos, a quarta dimensão e a quinta dimensão. Aspectos do eu podem existir em outras dimensões.

Eu superior: na Cabala, o eu que se relaciona diretamente com as dimensões superiores, transcendendo o ego.

Experiências de pico: descritas por Abraham Maslow como períodos de estados de consciência e percepção elevados durante os quais uma pessoa tem sensações de bem-estar e até mesmo de êxtase. São experiências da consciência expandida que resultam em estados de consciência alterados. Durante estas experiências de pico, vocês podem observar a terceira dimensão por meio de uma nova lente perceptiva. Desse modo, conceitos difíceis de serem compreendidos (como energia unificada, teoria do campo unificado ou teoria dos fios de luz luminosos) inesperadamente fazem sentido. Vocês conseguem resolver problemas que anteriormente poderiam parecer impossíveis.

Explosão dimensional: a explosão sônica que ocorre quando uma nave espacial vem do hiperespaço e faz sua reentrada perto de um planeta. O planeta em que a nave está reentrando pode ser tirado do equilíbrio por uma explosão dimensional.

Família estelar: grupo de mestres e mentores superiores, semelhante ao Conselho Galáctico de sistemas planetários relacionados à Terra. A família estelar supervisiona a evolução das energias da Terra, bem como outras energias planetárias por toda a galáxia.

Fraternidade Branca: hierarquia espiritual de mestres ascensionados que residem na quinta dimensão. A palavra "branca" não é usada aqui como um termo racial. Ela se refere à luz branca, ou frequência mais elevada, que esses mestres alcançaram.

Os mestres incluem Sananda, Kuthumi, Maria, mãe de Deus, Quan Yin, Sanat Kumara, Arcanjo Miguel, Saint Germain e muitos outros seres ascensionados.

Graça: remissão do carma negativo em razao de boas ações. Esta remissão pode ser concedida como uma bênção pelos guias espirituais.

Grupo de Quarenta: conceito de consciência coletiva sugerido pelos arcturianos para ajudar os seres humanos no processo de ascensão. De acordo com os arcturianos, 40 é um número poderoso espiritualmente. Os arcturianos enfatizam o valor e o poder de se reunir em grupos. Um Grupo de Quarenta consiste em 40 membros em todo o mundo que se concentram em meditar juntos em um determinado momento a cada mês. Os membros concordam em ajudar uns aos outros no desenvolvimento espiritual. Esses grupos auxiliam a curar a Terra e fornecem uma base para a ascensão individual dos membros.

Grupos de alma: pessoas semelhantes que vêm da mesma raiz ou ramificação de alma. Uma pessoa pode frequentemente sentir conexões profundas com pessoas que vieram do mesmo grupo de alma. O termo "grupo de alma" se refere a pessoas que pertencem à mesma família de alma ou origem de alma. Muitas vezes os grupos de alma reencarnam juntos na Terra e formam grupos. Outras vezes, as pessoas na Terra podem encarnar sozinhas e distantes de seus grupos de alma. As pessoas no mesmo grupo de alma frequentemente têm sentimentos, pensamentos e inclinações semelhantes. Quando uma pessoa está com membros de seu grupo de alma, ela se sente profundamente conectada. É como estar com a família.

Guias espirituais: mestres dos reinos superiores que são guias e mentores. Eles oferecem aconselhamento espiritual e recomendações, além de conhecimento sobre os mundos superiores e a consciência superior.

Gurhan: mestre ascensionado da sétima dimensão na galáxia de Andrômeda.

Helio-ah: mestra ascensionada arcturiana que é a parceira de Juliano. Ela é especialista em discutir sobre energia holográfica.

Heylang: mestre ascensionado da galáxia de Andrômeda.

Homeostase da Terra: equilíbrio mantido de determinados níveis de oxigênio e nitrogênio, bem como de muitos outros fatores químicos, na biosfera.

Inconsciente coletivo: este termo, em parte desenvolvido pelo psiquiatra suíço Carl Jung, é usado para descrever os antigos arquétipos e símbolos da Terra utilizados em cada cultura ao redor do globo.

Intermediários: referem-se aos guias entre a terceira e a quinta dimensões que estão aqui para ajudar com a ascensão.

Joia Azul: o nome que os arcturianos usam para descrever o planeta Terra. *A Joia Azul* é o nome de um filme sobre a cura planetária realizado pelo produtor de filmes alemão Oliver Hauck, que conta com a participação de David K. Miller.

Juliano: o principal guia arcturiano e mestre ascensionado que trabalha para ajudar a ativar a Terra e as sementes estelares arcturianas para a ascensão.

Kachina Galáctica: intermediário entre o Sol Central e este planeta. Na tradição dos nativos americanos pueblo, uma kachina é um intermediário entre o mundo espiritual superior e este mundo.

Kachinas: intermediários dos povos nativos americanos que fazem a ponte entre este mundo da terceira dimensão e o mundo espiritual. As kachinas possuem uma moradia em San Francisco Peaks, perto de Flagstaff, Arizona. Kachinas também são dançarinos mascarados que incorporam esses espíritos, bem como bonecos esculpidos representando-os.

Kadosh, Kadosh, Kadosh, Adonai Tzevaot: hebraico para "Santo, santo, santo é o Senhor dos Exércitos". Este é um canto hebraico sagrado usado para desbloquear as chaves para a ascensão.

Kuthumi: um dos mestres ascensionados que serve a Sananda. Em uma vida passada, Kuthumi encarnou como São Francisco de Assis. Ele geralmente é reconhecido como assumindo a posição de mestre do mundo na Fraternidade Branca planetária. Um vasto registro de seus ensinamentos pode ser encontrado nas obras de Alice Bailey.

Lago de cristal arcturiano: lago da quinta dimensão em Arcturus, estabelecido para interagir com a Terra e a terceira dimensão.

Lições da Terra: termo na psicologia da alma que está relacionado às lições que uma pessoa deve aprender durante sua encarnação na Terra.

Lições de alma: na psicologia da alma, lições de vida que uma pessoa veio à Terra especificamente para aprender nesta existência.

Linhas de grade: outro nome para as linhas de energia que percorrem o planeta. Na medicina chinesa, as linhas de energia que percorrem o corpo são chamadas de "meridianos".

Lirianos: grupo de seres avançados que viviam perto da constelação de Lira, na galáxia da Via Láctea.

Luz harmônica: luz da quinta dimensão que frequentemente aparece como esferas douradas de energia etérica. Esta luz pode ser transmitida pela noosfera (o inconsciente coletivo) e pode difundir energia de equilíbrio e harmonia para onde for direcionada. Ela pode ser direcionada pelos pensamentos e orações das sementes estelares ao redor do planeta.

Luz ômega: luz da quinta dimensão que possui elevadas propriedades de cura. A luz pode ajudar a transcender o mundo de causa e efeito; portanto, pode ajudar a produzir curas milagrosas. Os efeitos dessa luz de cura podem ser intensificados entoando os sons "luz ômega".

Luz quântica: luz de cura da quinta dimensão que transcende a energia de causa e efeito normal na terceira dimensão. Esta luz pode criar curas milagrosas.

Memória cósmica: energias ou acontecimentos aos quais as pessoas são atraídas, relacionados a experiências anteriores contidas em suas estruturas celulares. Na teoria da memória celular, vocês tendem a atrair situações importantes para o desenvolvimento da sua alma, sejam elas positivas ou negativas.

Merkabah, Merkavah: termo hebraico para "carruagem". Na espiritualidade moderna, refere-se a uma carruagem na forma etérica usada para conduzir os pesquisadores espirituais a dimensões superiores. Na Cabala, o termo significa trono-carruagem de Deus, referindo-se à carruagem na visão de Ezequiel. É também usado para descrever uma ramificação na Cabala chamada de "misticismo *Merkabah*".

Mestres ascensionados: mestres espirituais que graduaram da Terra ou mestres em dimensões superiores, incluindo arcanjos, seres superiores do mundo galáctico e profetas. Um guia espiritual de qualquer religião da Terra, incluindo tradições nativas americanas. Eles graduaram do ciclo de encarnação da Terra e ascenderam à quinta dimensão.

Metatron: a tradição associa Metatron a Enoque, que "andou com Deus" (Gênesis 5:22), subiu ao céu e foi transformado de ser humano a anjo. Seu nome foi definido como "o anjo da presença" ou "aquele que ocupa o trono ao lado do Trono Divino". Outra interpretação de seu nome se baseia na palavra em latim *"metator"*, que significa "um guia ou medidor". No mundo do misticismo judaico, Metatron detém o posto de mais supremo dos anjos – o posto de arcanjo. De acordo com os arcturianos, Metatron está associado ao portal estelar arcturiano e ajuda as almas em sua ascensão a mundos superiores.

Miguel: seu nome é na verdade uma pergunta, que significa: "Quem é como Deus?". Ele talvez seja o mais conhecido dos arcanjos e é reconhecido pelas três tradições sagradas ocidentais. Foi chamado de Príncipe da Luz, lutando uma guerra contra os filhos das trevas. Nesse papel, ele é descrito, na maioria das vezes, como alado e portando uma espada desembainhada, o guerreiro de Deus e matador do dragão. Seu papel na ascensão está focado em nos ajudar a cortar os cordões do apego ao plano terrestre, o que nos permitirá avançar para uma consciência superior. Na Cabala, ele é considerado o precursor de *Shekhinah*, a Mãe Divina.

Missão planetária: na psicologia da alma, a visão de que as pessoas vêm para a Terra e encarnam nela para realizar um trabalho de alma especial, a fim de ajudar o planeta.

Mônada: a força criadora elemental original. Cada um de nós contém uma porção dessa força no centro da nossa verdadeira essência.

Mudança dimensional: habilidade de mudar a consciência de alguém da terceira dimensão para dimensões superiores.

Neandertais: espécie humana extinta, possivelmente uma subespécie dos *Homo sapiens*. Os neandertais são estreitamente relacionados aos seres humanos modernos. Eles viveram em partes da Europa de 350 mil a 32 mil anos atrás.

Noosfera: campo de pensamento de todo o planeta. A noosfera possui muitos níveis e pode, de algumas formas, ser comparada aos registros akáshicos. Ela interage com Gaia, bem como com os níveis dimensionais e a estabilidade do planeta. A noosfera faz parte do campo energético etérico, que está tendo um efeito enorme em todos os acontecimentos manifestados na Terra.

Ondas dimensionais: ondas de luz da quinta dimensão pré-ascensão vindas para o planeta, geralmente sentidas pelas sementes estelares. Vocês podem invocar a onda de energia dimensional para ajudá-los a sentir mais a luz da quinta dimensão.

Órion: incrível constelação altamente reconhecível. A parte mais notável dessa constelação é o cinturão, que consiste em três estrelas brilhantes. Nenhuma outra constelação contém tantas estrelas brilhantes.

Órions: cultura extraterrestre que descende de outra antiga civilização perto da constelação de Órion. Os órions foram extremamente influentes na composição genética do ser humano atual, refletidos atualmente nos seres humanos compartilhando traços físicos, emocionais e mentais.

Ovo cósmico: o formato ideal da sua aura para benefícios à saúde. Quando sua aura está no formato de um ovo, vocês estão expressando possibilidades energéticas máximas. O ovo é um formato universal do todo, portanto também é referido como ovo cósmico.

P'taah: mestre ascensionado e guia espiritual do sistema estelar das Plêiades.

Personalidades múltiplas: na Psiquiatria moderna, uma doença mental que é descrita como uma pessoa ter diversas personalidades ao mesmo tempo. Cada personalidade não tem consciência das outras personalidades nem as percebe.

Plano astral: o nível não físico da realidade, considerado o local para onde a maioria dos seres humanos vai quando morre.

Plêiades: pequeno aglomerado estelar conhecido como as Sete Irmãs em algumas mitologias. Alguns nativos americanos acreditam ser descendentes das Plêiades. Esse sistema fica perto da constelação de Touro, a cerca de 450 anos-luz da Terra, e é o lar de uma raça chamada pleiadianos, que frequentemente interagiu com a Terra e suas culturas. Dizem que os pleiadianos possuem uma ancestralidade comum com os seres humanos.

Ponto de encaixe:

1. Conceito que aparece no mundo xamânico. O ponto de encaixe é um ponto na aura. Algumas pessoas pensam que ele fica nas costas, abaixo do pescoço. Esse ponto é como uma válvula. Quando esse ponto é aberto, vocês recebem uma percepção superior. Significa que podem ver os mundos dimensionais; podem ver os espíritos que nos rodeiam o tempo todo.

2. O lugar onde as coisas se unem e, por meio de sua ressonância de frequências, o todo se torna maior do que as suas partes. É incrível que existam muitos pontos de encaixe (de frequência) nas letras hebraicas que se relacionam às Sefirot (esferas) na Árvore da Vida. Quando vocês chegam a um ponto de encaixe e conhecem essa frequência, ressoam com ela e a internalizam até a unidade em ressonância levar a um arrastamento. Além disso, o ponto de encaixe pode se difundir e se expandir nesse arrastamento. Os pontos de encaixe são necessários para a interação interdimensional.

Portal: abertura no fim de um corredor que permite que os seres entrem no espaço interdimensional. Isso pode permitir aos seres irem para a quinta dimensão.

Portal estelar: portal multidimensional para reinos superiores. O portal estelar arcturiano está localizado muito próximo ao sistema estelar de Arcturus e é supervisionado pelos arcturianos. Esse ponto de passagem poderoso requer que os terráqueos que desejam passar por ele completem todas as lições e encarnações na Terra associadas à experiência da terceira dimensão. Ele serve como uma entrada para a quinta dimensão. Novas missões de alma são oferecidas nele, e as almas podem, então, ser enviadas para muitos reinos superiores diferentes na galáxia e no universo. O Arcanjo Metatron e muitos outros seres superiores estão presentes no portal estelar.

Muitas pessoas atualmente estão usando o termo "portal estelar" para se referir a aberturas na Terra para dimensões superiores, quando, na verdade, estão descrevendo corredores. O portal estelar é uma incrível estrutura etérica, semelhante a um templo, que pode processar e transformar muitas almas.

Presença multidimensional: existência em várias dimensões diferentes. Os arcturianos estão tentando ajudar os seres humanos a se tornarem cientes de sua existência não apenas na terceira dimensão, mas também na quinta dimensão.

Projeção do pensamento: habilidade de colocar a mente e a consciência em pensamentos. Essa consciência pode estar no presente, no passado ou no futuro. Na projeção do pensamento, uma pessoa pode transmitir a consciência para outras realidades, para outras localidades na terceira dimensão ou até mesmo para outras dimensões. Em sua forma mais elevada, a projeção do pensamento pode ser usada para transmitir o corpo astral de uma pessoa para localidades distantes, tanto nesta dimensão quanto na quinta dimensão.

Projeto das cidades de luz planetárias: projeto que atua para a cura e o equilíbrio planetários estabelecendo cidades de luz ao redor do planeta. Cada cidade de luz possui um campo energético da quinta dimensão que contribui com o campo energético unificado superior da Terra. A chave é que as cidades de luz planetárias se tornem unidas em uma rede. Para alcançar a ascensão planetária, a Terra deve possuir uma rede poderosa de cidades planetárias trabalhando juntas em um nível interativo.

Psicólogo da alma: termo usado para descrever um terapeuta ou conselheiro que usa informações de vidas passadas, carma, lições de vida, outras dimensões e guias e mentores espirituais para ajudar a curar os pacientes. Os métodos usados pelos psicólogos da alma podem incluir terapia de vidas passadas, canalização de guias e mestres e terapia de vida entre vidas. Os problemas pessoais apresentados aos psicólogos da alma são vistos pela perspectiva do histórico de alma de uma pessoa, o que inclui outras vidas. Essa perspectiva transcende o reino tradicional das práticas psicológicas ocidentais modernas. Observem que o termo "psicólogo" usado neste contexto não se refere à prática tradicional da Psicologia no século XXI.

Quinta dimensão: uma dimensão superior da existência, que transcende as circunstâncias da terceira e da quarta dimensões. É o reino de energia e amor infinitos e pode ser comparada ao Jardim do Éden. Na quinta dimensão, uma pessoa transcende (ascende) o ciclo de encarnação e se gradua da Terra. Jesus é um dos mestres ascensionados que residem na quinta dimensão.

Quociente de luz espiritual: termo usado pelos arcturianos para indicar quão bem desenvolvida uma pessoa é espiritualmente. Uma pessoa com um quociente de luz espiritual alto, por exemplo, pode compreender e utilizar conceitos espirituais superiores, como medição, consciência da unidade e ascensão. O quociente de luz espiritual de uma pessoa pode aumentar com a idade.

Registros akáshicos: biblioteca coletiva etérica nas dimensões superiores que contém todas as informações, os pensamentos e acontecimentos de todos os seres por todas as galáxias e ao longo de suas vidas, incluindo experiências do passado e do presente.

Resistência: termo na Psicologia moderna que descreve um mecanismo de defesa no qual uma pessoa impede a si mesma de enxergar uma verdade e não deseja aprender novas ideias ou abordagens por causa de medo de mudanças.

Roda medicinal: padrão circular de rochas e cristais criado no chão pelos nativos americanos. É usada para cerimônias, incluindo para se comunicar com a terra.

San Francisco Peaks: cadeia de montanhas de cerca de 3.800 metros perto de Flagstaff, Arizona, que é o lar sagrado dos índios navajos. Dizem que os espíritos das kachinas vivem nesse local.

Sananda: conhecido por muitos como Mestre Jesus. Seu nome galáctico, Sananda, representa uma imagem evoluída e galáctica de quem ele é em sua totalidade. Sananda é conhecido como Joshua ben Miriam de Nazaré, que pode ser traduzido como Jesus, filho de Maria de Nazaré.

Sangramento dimensional: processo que pode ocorrer quando não existem proteções suficientes entre as dimensões. Muitos dos atos de violência, distorções e acontecimentos estranhos que ocorrem na Terra são por causa do sangramento da quarta dimensão inferior na terceira dimensão. Em muitos casos, em razão de esses vazamentos, seres inferiores da quarta dimensão conseguem descer para a terceira dimensão e causar um grande prejuízo. Essas regiões na quarta dimensão inferior frequentemente têm espíritos inferiores, fantasmas e, normalmente, seres de energia inferior.

Sementes estelares: pessoas que nasceram com a percepção da consciência galáctica. As sementes estelares também podem ter memórias de vidas passadas em outros planetas e se sentir conectadas a civilizações de outros planetas, como as Plêiades ou Arcturus. Algumas sementes estelares vieram neste momento para a Terra a fim de ajudá-la em sua transformação evolutiva.

Sistema de ciclo de realimentação da Terra: mecanismo de autorregulação da Terra que mantém a biosfera em equilíbrio. Ele recebe informação do planeta e, então, realiza ajustes pertinentes.

Sol Central: centro espiritual da quinta dimensão, localizado no centro da galáxia da Via Láctea, do qual uma energia espiritual elevada é emitida. A Terra entrou em alinhamento direto com o Sol Central em 2012.

Supermente: parte superior da mente que se conecta com a consciência galáctica e universal.

Táquion: pequena partícula que viaja mais rápido do que a velocidade da luz. Uma pedra taquiônica é um objeto que contém partículas de táquions e é utilizada para curas praticamente do mesmo modo que os cristais são utilizados.

Templo de cristal: templo etérico da quinta dimensão que foi disponibilizado pelos arcturianos. O templo de cristal contém um lago com mais de 1,5 quilômetro de diâmetro, que abriga um enorme cristal da metade do tamanho do lago em si. Um enorme domo de cristal recobre todo o lago e a área ao seu redor, permitindo que os visitantes observem as estrelas.

Terceira dimensão: plano terrestre no qual os humanos vivem atualmente. Existem dimensões superiores além da Terra.

Tomar: mestre ascensionado arcturiano especializado em usar e descrever a energia do templo arcturiano.

Tons ou sons sagrados: sons que produzem uma ressonância vibratória que ajuda a ativar e alinhar os chacras.

Trabalhadores da luz: termo usado para descrever as pessoas que possuem interesses espirituais nas dimensões superiores, incluindo estudar e receber energia das dimensões superiores. A energia das dimensões superiores geralmente é chamada de "luz" – por isso o termo "trabalhadores da luz".

Trabalho holográfico: descrito cientificamente como uma parte de alguma imagem criada por um *laser* que reproduz a imagem original completa. No trabalho da quinta dimensão, a holografia é a habilidade de acessar toda a energia universal de qualquer ponto no universo. A cura holográfica é baseada na suposição de que os seres humanos podem acessar seus eus superiores por meio da energia holográfica.

Transmutação dimensional alquímica: conceito que se refere ao trabalho de avançar para a quinta dimensão usando energias alquímicas e quânticas.

Tremulação: representação de um campo energético em interações telepáticas entre as sementes estelares e os trabalhadores da luz da terceira dimensão e a energia da quinta dimensão. A luz tremulante é um campo de força etérico telepático acelerado pelo trabalho com os cristais etéricos. Ela pode ser descrita como um campo energético circular que é distribuído ao redor do planeta.

A evolução da humanidade é representada por novas habilidades e novas energias. Essas novas habilidades e novas energias estão relacionadas em parte à energia tremulante, uma metodologia e força na qual os objetos, as pessoas e até mesmo o clima da terceira dimensão são atualizados para uma modalidade da quinta dimensão. Em um nível pessoal, a tremulação permite que seu campo áurico vibre em uma frequência que possibilita que a aura mude os elétrons. A estrutura atômica das suas células transmuta em um campo energético vibratório que muda elipticamente as estruturas celulares na quinta dimensão, causando uma modalidade de ir e vir ou tremulante. Essa modalidade tremulante de ir e vir realmente influencia os níveis atômico e quântico das suas estruturas celulares.

Essa energia tremulante é precursora da ascensão, que é uma energia tremulante acelerada e ampliada, na qual nos elevamos à quinta dimensão permanentemente. A energia com a qual estamos trabalhando atualmente na tremulação é um prelúdio poderoso e necessário para a ascensão da quinta dimensão. Essa tremulação é uma vibração de campo de força. A rede global é a escala com que estamos trabalhando em termos de ascensão em grupo do planeta. A energia tremulante também está possibilitando que correntes de energia poderosas sejam distribuídas por todo o planeta.

Triângulo Sagrado: os ensinamentos do Triângulo Sagrado se concentram na união dos três paradigmas espirituais. Cada paradigma (espiritualidade galáctica, Fraternidade Branca e os ensinamentos dos povos nativos) não é forte o suficiente sozinho para manifestar a energia da quinta dimensão necessária para curar a Terra, mas os três paradigmas trabalhando juntos podem trazer uma energia de cura poderosa para a Terra.

Unificação: um processo espiritual na Cabala. Uma pessoa pode unir energias diferentes em uma tentativa de trazer cura ou reparo ao mundo ou a si mesma. Existem unificações na vida e no sistema pessoal de um indivíduo que precisam ser concluídas. Uma unificação é um alinhamento e uma junção das energias, de modo que elas estejam em harmonia.

Vidas paralelas: a ideia de que as pessoas vivem simultaneamente em outros universos e mundos enquanto vivem neste mundo da terceira dimensão.

Vywamus: psicólogo da alma da quinta dimensão conhecido por seu conhecimento sobre psicologia dos problemas na Terra e resolução de questões relacionadas às sementes estelares encarnadas na Terra.

MADRAS® Editora
CADASTRO/MALA DIRETA

Envie este cadastro preenchido e passará a receber informações dos nossos lançamentos, nas áreas que determinar.

Nome _____
RG _____ CPF _____
Endereço Residencial _____
Bairro _____ Cidade _____ Estado ____
CEP _____ Fone _____
E-mail _____
Sexo ❏ Fem. ❏ Masc.   Nascimento _____
Profissão _____ Escolaridade (Nível/Curso) _____

Você compra livros:
❏ livrarias   ❏ feiras   ❏ telefone   ❏ Sedex livro (reembolso postal mais rápido)
❏ outros: _____

Quais os tipos de literatura que você lê:
❏ Jurídicos   ❏ Pedagogia   ❏ Business   ❏ Romances/espíritas
❏ Esoterismo   ❏ Psicologia   ❏ Saúde   ❏ Espíritas/doutrinas
❏ Bruxaria   ❏ Autoajuda   ❏ Maçonaria   ❏ Outros:

Qual a sua opinião a respeito desta obra? _____
_____

Indique amigos que gostariam de receber MALA DIRETA:
Nome _____
Endereço Residencial _____
Bairro _____ Cidade _____ CEP _____

Nome do livro adquirido: ***Conectando-se com os Arcturianos 2***

Para receber catálogos, lista de preços e outras informações, escreva para:

MADRAS EDITORA LTDA.
Rua Paulo Gonçalves, 88 – Santana
CEP: 02403-020 – São Paulo/SP
Tel.: (11) 2281-5555 – (11) 98128-7754
www.madras.com.br

MADRAS® Editora

Para mais informações sobre a Madras Editora,
sua história no mercado editorial
e seu catálogo de títulos publicados:

Entre e cadastre-se no site:

www.madras.com.br

Para mensagens, parcerias, sugestões e dúvidas, mande-nos um e-mail:

marketing@madras.com.br

SAIBA MAIS

Saiba mais sobre nossos lançamentos,
autores e eventos seguindo-nos no facebook e twitter:

@madrased

/madraseditora